COUVERTURE SUPERIEURE ET INFERIEURE EN COULEUR

LANGUEDOC ET PROVENCE

GUIDE

Historique et Pittoresque

DANS

NIMES ET LES ENVIRONS

Comprenant en outre la description de

**Montpellier, Cette, Aiguesmortes, Beaucaire
Arles, Avignon, Vaucluse, Orange, La Salle, Alais,
Le Vigan et leurs environs**

Avec 20 gravures imprimées à deux teintes, le plan de la ville de
Nimes et la nomenclature des rues, places et boulevards

PAR

L^s BOUCOIRAN

HUITIÈME ÉDITION

NIMES
IMPRIMERIE TYPOGRAPHIQUE LAFARE FRÈRES
1, Place de la Couronne, 1.

1888

Ouvrages du même Auteur :

Ariège, Andorre et Catalogne

Histoire de l'ancien comté de Foix et de la vallée d'Andorre

Un vol. in-8° avec grav. et plans : **4 fr.**

Monographie de la Fontaine de Nimes

Un vol. in-8° avec 16 grav. et plans : **4 fr.**

Languedoc and Provenza

Guide for travellers in the town of Nimes and at the surrounding places

With many engravings and maps : **4 fr.**

Monographie historique et pittoresque de l'Amphithéâtre de Nimes.

Avec douze gravures : **2 fr.**

Dictionnaire analogique et étymologique

des idiomes méridionaux qui sont parlés depuis Nice jusqu'à Bayonne et depuis les Pyrénées jusqu'au centre de la France. — 2 volumes.

Grand in-8° jésus. Ensemble 1,350 pages en cinq séries à **5 fr.** chacune.

LANGUEDOC & PROVENCE

LANGUEDOC & PROVENCE

GUIDE

Historique et Pittoresque

DANS

NIMES ET LES ENVIRONS

Comprenant en outre la description de

**Montpellier, Cette, Aiguesmortes, Beaucaire
Arles, Avignon, Vaucluse, Orange, La Salle, Alais,
Le Vigan et leurs environs**

Avec 20 gravures imprimées à deux teintes, le plan de la ville de
Nimes et la nomenclature des rues, places et boulevards

PAR

L^s BOUCOIRAN

HUITIÈME ÉDITION

NIMES
IMPRIMERIE TYPOGRAPHIQUE LAFARE FRÈRES
1, Place de la Couronne, 1.

1888

AVANT-PROPOS

Voyageurs ou étrangers de diverses régions qui se déplacent par curiosité ou pour affaires, et surtout pour rassembler des souvenirs ou élargir le cercle de leurs connaissances, piqués aussi par des récits ou par certaines lectures, ils ont voulu éprouver les sensations que d'autres ont éprouvées; mais ce que chacun a désiré voir, ne l'a pas toujours satisfait, et comme le touriste en montagne, nous voulons aspirer plus loin, au delà du pic ou de la montée, pour nous donner la joie du nouveau et de l'imprévu.

Ayant quelque peu voyagé moi-même, j'ai trouvé parfois une grande satisfaction à être bien renseigné par l'expérience d'autrui, et ce que l'on a fait avant moi, j'ai senti le besoin de le faire pour ceux qui veulent bien visiter Nimes, ma ville natale, si riche en monuments antiques, qu'on avait pu, à juste titre la nommer la *Rome des Gaules*.

Les débris de la domination romaine ne sont

pas seulement rassemblés dans Nimes, mais quelques uns sont disséminés dans tous les environs, et je prends à tache de citer les plus intéressants, sans trop m'éloigner de mon centre d'observation ; toutefois je ne serai pas fâché d'inspirer au voyageur le désir d'aller à Arles voir le Théâtre, les Arènes, le cloître des Alyscamps, et à Orange où il verra un Arc triomphal et la Scène d'un théâtre antique.

Nîmes — La Fontaine Pradier

NIMES

On arrive à Nimes par les diverses lignes, P.-L.-M. au débarcadère de notre réseau méridional. C'est là que, prenant celui qui voudra bien accepter ce petit livre comme un *cicerone*, nous lui ferons traverser l'Avenue Feuchères, où se trouve à gauche la Préfecture, ensuite l'Esplanade, au centre de laquelle s'élève la fontaine construite par l'architecte Questel et ornée de cinq statues en marbre du sculpteur Pradier.

Celle qui domine est la personnification de l'antique cité (*Nemausa*) faisant un gracieux accueil aux arrivants; aux quatre angles sont figurés le Rhône et le Gardon, la source de Nimes et celle d'Eure, dont les eaux étaient amenées par un antique aqueduc, dont les tronçons non utilisés subsistent encore dans la campagne.

L'Église Sainte-Perpétue s'élève à droite, entre l'hôtel du Luxembourg et la manutention militaire; en face est le Palais de Justice qui se détache sur les arcades sombres des Arènes.

Une porte de l'enceinte romaine se trouve

non loin de là, près de la route de Montpellier, on l'appelait autrefois *le Pourtalas*, et elle a conservé le nom assez impropre de *Porte de France*, bien qu'elle regarde le sud-ouest ou l'Espagne.

L'AMPHITHÉATRE

VULGAIREMENT APPELÉ LES ARÈNES

L'époque précise de l'érection de ce monument est assez incertaine ; on l'a attribué au règne de Vespasien ou de Titus, et d'autres à celui d'Antonin qui aurait embelli la patrie de ses aïeux, en la dotant de plusieurs édifices importants.

C'est donc entre les années 120 et 150 de notre ère que l'on peut raisonnablement faire remonter la construction de notre Amphithéâtre.

Il décrit une vaste ellipse dont le grand axe mesure en dehors $133^m 40$, et le petit $101^m 40$.

Le grand diamètre du cirque intérieur, ou l'arène, est de $66^m 14$, le petit de $38^m 34$.

Le Colysée, construit à Rome, sous Titus et Vespasien pouvait contenir 85,000 spectateurs,

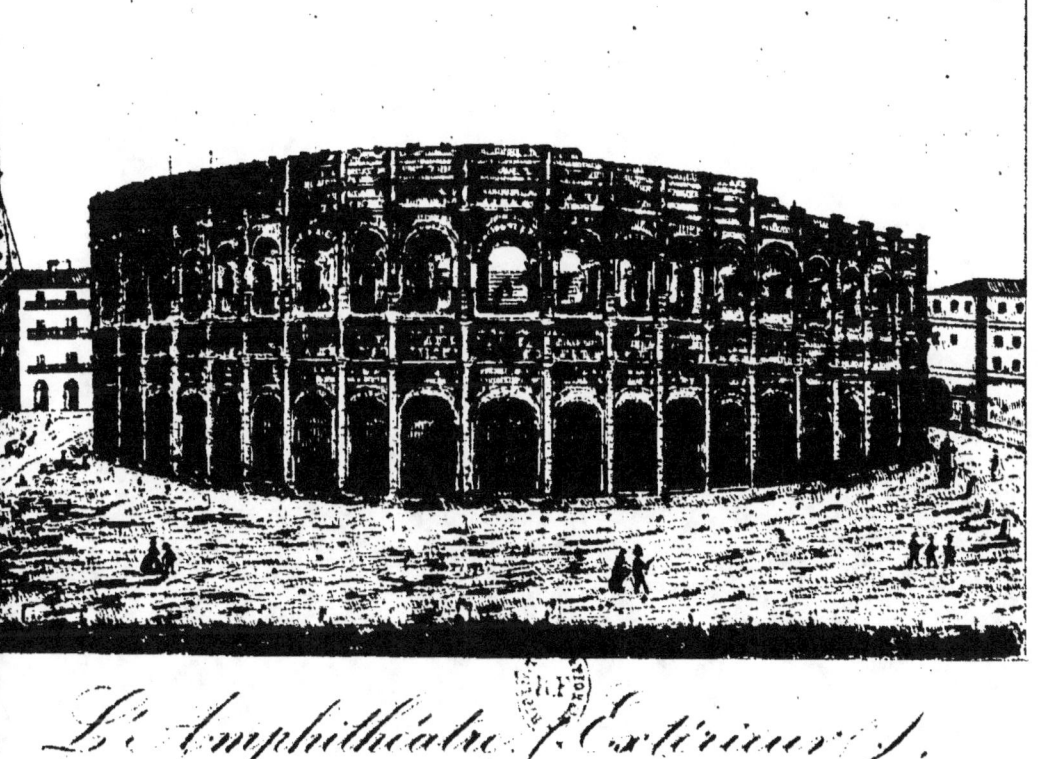

Nîmes.

L'Amphithéâtre (Extérieur).

car son grand axe avait près de 200 mètres et le petit 166, tandis que nos Arènes en pouvaient contenir de 22 à 25,000.

Il y a une trentaine d'années, il fut effectué des travaux de déblaiement au centre de l'arène, et l'on y découvrit un ensemble de constructions souterraines dont on soupçonnait par analogie l'existence. On peut lire deux inscriptions identiques, mais sans date, encastrées à la même hauteur, contre les murs verticaux de ce qui devait former les parois d'une petite naumachie, ou selon les besoins du spectacle,

T. CRISPIUS
REBVRRVS
FECIT

figurer des grottes où pouvaient se réfugier, soit des hommes, soit des animaux.

Le pourtour extérieur a deux étages, percés de soixante portiques, séparés en bas par des pilastres et en haut par des colonnes engagées d'ordre toscan : l'attique qui couronne le tout, porte en saillie des consoles percées qui étaient destinées à recevoir des bigues auxquelles étaient fixés, au moyen de cordages, les divers segments d'une tente (*velarium*) qu'on pouvait manœuvrer à volonté, dans tout son pourtour, pour mettre les spectateurs à l'abri du soleil d'été.

Les quatre principaux portiques du rez-de-chaussée communiquaient seuls avec l'intérieur de l'arène, pour les jours de fête ou pour l'entrée des lutteurs, des gladiateurs ou des animaux.

Trente-quatre gradins compris dans quatre divisions, montaient du podium à l'attique; ils étaient destinés, comme dans nos théâtres, aux diverses classes des citoyens qui fréquentaient les spectacles.

Les gradins supérieurs avaient un peu plus de hauteur que ceux d'en bas, ce qui doit faire supposer que sur ceux-ci, on pouvait au besoin, placer des coussins.

La première division comprenant quatre gradins divisés en loges, avec places désignées, était destinée à la classe riche et aux principaux personnages. Comme la plus rapprochée de l'arène, elle était garantie de tout danger par des chevaux de frise, fixés sur le couronnement du *podium*.

La seconde était formée de onze gradins et séparée par un mur de 2 mètres.

La troisième précinction renfermait dix rangs destinés à ce que nous appellerions la bourgeoisie. On observe sur le linteau d'un des vomitoires, côté sud, un signe caractéristique qui semble désigner les places des matrones et des courtisanes.

La quatrième précinction, séparée de la précédente par un plus haut gradin, contenait également dix rangs destinés aux dernières classes; c'était, on doit le penser, l'agglomération la plus remuante du cirque, qui était plutôt retenue par les rigueurs d'une nombreuse police militaire, que par le frein actuel des institutions morales.

Ces quatre divisions étaient desservies par un grand nombre d'escaliers et de vomitoires venant des diverses galeries, de sorte que les places pouvaient être instantanément quittées ou reprises, dans les cas de brusques variations atmosphériques, et les escaliers allaient s'élargissant, du sommet au sol, afin de recevoir la foule croissante qui quittait le spectacle.

Toutes les précautions étaient parfaitement prises pour les cas d'orages soudains, et l'écoulement des eaux était ménagé depuis le sommet, de telle sorte qu'elles ne causaient ni obstruction ni dommage sur les innombrables voûtes qui supportaient les murs et les gradins.

Les sièges supérieurs avaient un peu plus de

hauteur que les inférieurs, ce qui permet de faire quelques observations sur les tendances peu démocratiques de l'époque; on remarque aussi des doubles marches entaillées, de distance en distance, dans un même gradin, pour la commodité de ceux qui avaient accès aux places privilégiées, tandis que ces doubles marches n'existent pas en haut. « *Le peuple peut lever la jambe,* pensait-on alors, et il ne s'en faisait pas faute pour gagner sa place les jours de fêtes. »

Des escaliers rapides et obscurs conduisaient la foule dans une sombre galerie supérieure que l'on n'aperçoit pas du dehors, car elle ne prend jour que par d'étroites meurtrières ménagées dans la haute muraille, à côté des colonnes qui supportent l'attique.

Cette galerie, peu éclairée, n'avait pas un palier uni comme les autres, car il faut pour la parcourir en entier, descendre et remonter soixante fois cinq marches rampantes au dessus des arceaux supérieurs de l'édifice ; le haut de cette galerie ayant à supporter trois rangs de gradins, ne formait qu'une demi-voûte buttant contre le mur intérieur de l'attique, de telle façon que son poids, aidé sans doute, par les intempéries de tant de siècles, a contribué à l'entr'ouvrir à certaines places.

Nimes

Bas reliefs des Arènes

Un unique et étroit escalier, ménagé dans l'épaisseur de la muraille de couronnement, existe au-dessus de la porte du nord. Il était destiné au service des bigues et des tentes, et le peu d'élévation du mur le rendait du reste à peu près inutile.

On ne doit monter sur ce faîte que si l'on ne craint pas d'être pris de ce singulier vertige qui attire certains tempéramments du côté du précipice, et l'on découvre de là les boulevards et les rues de la ville ; de l'autre côté apparaît un vaste cratère béant et ruiné, dont les détails pittoresques vous portent à réfléchir sur les œuvres les plus durables de l'homme. On se demande, en présence d'une aussi stupide dévestation, si les monuments ne sont pas comme les hochets des civilisations qui passent en les mutilant, ou en les conservant suivant leurs besoins ou leurs goûts.

Comme de telles constructions ne s'improvisent pas en quelques années, les détails d'ornementation qui devaient être terminés sur place, tels que chapiteaux, consoles, corniches, etc., entrepris du côté du midi, n'ont pu être achevés sur tout le pourtour de l'édifice. Il y a sur deux pilastres, du côté du nord-est, certaines sculptures qui semblent résulter plutôt de quelque caprice des ciseleurs de cette immense construction, que se rattacher à un plan d'ensemble.

De ce nombre sont la louve allaitant deux petits enfants, ce qui rappelle la légende de la fondation de Rome, où le symbole du droit civique dont jouissaient les habitants de la colonie; une autre qui offre la représentation aussi obscène que bizarre de la fécondité, espèce de vœu étrange pour l'accroissement de la population, et que l'on trouvera plusieurs fois reproduite à la Maison-Carrée. Du même côté, on découvre à grand peine, sur l'un des gardefous de la seconde galerie, deux gladiateurs combattant, ce qui peut faire supposer que chacune des soixante plaques devait offrir en bas reliefs la représentation des jeux ou exercices qui étaient exécutés dans l'arène.

Un peu plus loin on remarquera la porte du Nord, surmontée d'un fronton au-dessus duquel sont des taureaux à mi-corps, qui devaient avoir la même signification que ceux de la Porte d'Auguste.

Pour construire leurs immenses édifices, les Romains avaient tiré les plus gros et les plus durables matériaux des carrières de Barutel, à sept kilomètres de la ville, où l'on peut voir encore, comme monument correspondant, la place qu'ont occupée les gradins et les linteaux des galeries et de l'attique, on y remarque aussi plusieurs collines formées par les débris de leur taille, quelques-uns de ces blocs qui étaient restés là gisant pendant des siècles, furent employés lorsque l'on exécuta les grands travaux de la Fontaine.

Nous ne pouvons pas énumérer ici toutes les phases historiques qui se sont déroulées autour de ce monument; il a dû voir trop souvent son arène ensanglantée par le sacrifice de malheureux captifs, plus tard par ceux qui étaient soupçonnés, ou qui s'avouaient les disciples d'une morale ou d'une religion nouvelle, et qui pour cela étaient livrés aux bêtes féroces par une théocratie fanatique.

Longtemps après, cette même arène devint un champ de mars pour un ordre de chevalerie guerrière ; deux tours furent construites sur la porte orientale, laquelle devint une citadelle où s'organisait la défense dans les temps d'invasion.

En 720, pendant le passage des Maures d'Espagne, on vit flotter l'étendard et le croissant sur les tours qui avaient été élevées par les Visigoths.

En 737, Charles Martel, après une formidable poursuite, les chassa des Arènes en employant le fer et le feu, dit-on, au moyen des fascines apportées dans les fossés qui les entouraient.

On prétend même que le pourtour du monument eut beaucoup à souffrir de cet acte de vandalisme ; on attribue la couleur noirâtre des arcades supérieures à cet incendie, mais elle est bien due aussi aux fumigations quotidiennes qu'elles eurent à subir de la part de la population qui en occupa dans la suite toutes les arcades.

Lorsque les chevaliers des Arènes eurent abandonné ce château pour un autre (la Porte d'Auguste), les galeries et les arceaux subirent en détail un long et dernier outrage, car ils furent concédés à une population mêlée qui y construisit son nid à sa guise, et dont le pot au feu de chaque jour contribua à enfumer ces vénérables pierres.

François Ier, qui visita Nimes en 1533, ordonna la démolition de quelques masures qui obstruaient le plus ses portiques, mais les travaux furent lents à s'exécuter puisqu'ils furent quittés et repris à diverses époques, et que ce n'est que de 1809 à 1820, qu'on parvint à le dégager des ignobles substructions qui en avaient envahi l'enceinte et le pourtour.

» A Nimes, j'allai voir les Arènes, dit Rous-
» seau dans ses *Confessions*; c'est un ouvrage
» plus beau que le Pont du Gard, et qui me fit
» beaucoup moins d'impression.

» Ce vaste et superbe cirque est entouré de
» vilaines petites maisons, et d'autres plus peti-
» tes encore en remplissent l'arène, de sorte
» que le tout ne produit qu'un effet disparate et
» confus, où le regret et l'indignation étouffent
» le plaisir et la surprise. J'ai vu depuis le cir-
» que de Vérone, plus petit et moins beau que
» celui de Nimes, mais entrenu et conservé avec
» toute la décence et la propreté possibles, et
» qui par cela même, me fit une impression plus
» forte et plus agréable. Les Français manquent
» de soin et ne respectent aucun de leurs monu-
» ments. »

Les Français d'aujourd'hui peuvent heureusement en appeler de ce jugement auprès de tous les étrangers de passage ; peu à peu cette fourmilière a disparu, et l'amphithéâtre a repris de sa forme première, ce que les ravages du temps et des hommes ont voulu en laisser.

Où sont passés tous les gradins qui manquent, toutes les voutes démolies, les escaliers et les galeries ruinés ; les dates historiques, et les canaux qui complétaient ce magnifique ouvrage ?

Plusieurs générations imprévoyantes ou pressées par les besoins du jour, ont puisé tant de matériaux dans ce vaste réceptacle, que nous devons encore être étonnés d'y trouver tant de restes.

Notre époque, plus soucieuse des traditions de l'art, travaille maintenant avec intelligence à réparer les plus grandes blessures de notre amphithéâtre romain. On peut remarquer sur bien des points de son pourtour, le résultat des allocations qui lui sont annuellement affectées, et les belles reconstructions opérées par d'habiles ouvriers, sous la direction d'un savant architecte, M. Revoil.

Nous applaudissons à la restauration de nos monuments antiques, comme à l'érection des nouveaux lorsqu'ils satisfont aux besoins de l'intelligence ; nos villes de province sont en général bien pauvres en poëme de pierre, si nous les comparons aux cités où l'art s'est épanoui sous les conceptions de Vitruve, de Palladio, de Bramante ou de Sansovino.

Maintenant on voit, sous la direction d'un entrepreneur des jeux publics, dans notre amphithéâtre restauré, soit des luttes d'hommes, soit des réminescences des jeux olympiques, et le plus souvent des courses de bœufs sauvages

Nimes.

Course de Taureaux

de la Camargue, ou même, amenés à grands frais, dans des caisses roulantes, des taureaux plus sauvages qui, choisis dans les *ganaderias* d'Espagne, sont livrés en spectacles aux amateurs fanatiques (*aficionados*) de la ville et des environs.

Quelque fois des *toreros* catalans ou andalous, s'organisant en *quadrilla* viennent, par la même occasion, faire reculer notre civilisation à l'égal de la leur. Ils nous offrent la sanglante représentation des tourments que peut imaginer l'aberration humaine à l'encontre d'une bête sauvage.

Ils travaillent ainsi, d'une façon inconsciente à pervertir les mœurs locales que toutes nos modernes institutions avaient contribué depuis plusieurs années à relever par des exercices moins barbares.

C'est ici le cas de citer à l'appui de notre opinion, un fragment de satire d'un poète indigné, à la vue d'un pareil spectacle :

N'est-ce pas qu'il est noble un tel amusement ;
Qu'il révèle à la France un peuple intelligent !
Et que, lorsqu'en sortant, on heurte un misérable
On se sent le cœur tendre et l'âme charitable !
Allons, n'êtes-vous plus, Nimois, fils des Romains ?
Ils furent des géants, vous n'êtes que des nains !

Allons, ressuscitez les vieilles saturnales,
Et les courses en char, les folles bacchanales,
Les combats d'animaux, et les gladiateurs,
Où les vaincus ralaient sous les glaives vainqueurs,
Recevant sans pitié, toujours larges entailles ;
Où tigres et lions, dans d'humaines entrailles,
Fouillaient de leurs naseaux ; où tous applaudissaient,
Lorsque sous la douleur les membres palpitaient ;
Où des hommes enduits de soufre et de résine,
Brûlaient pour éclairer une fête assassine.
Va, Nimes, montre toi digne de tes aïeux ;
Rends nous ce sang, ces cris, ces tortures, ces feux ;
Hors des cages de fer que les lions bondissent ;
Qu'à chaque cri de mort les *bravo* retentissent,
Pour que tes monuments, par chaque nation
Soient à jamais voués à l'exécration !.....
Mais non, je vais trop loin ; pardonne ô ma patrie,
A ce cri de colère échappé de mon cœur ;
Ne suis-je point ton fils, ô ma mère chérie,
Et j'ai souci, vois-tu, mère, de ton honneur.

PRADIER.

En quittant l'amphithéâtre, l'étranger qui aurait assez de goût pour les contrastes archéologiques, trouvait jadis sur son chemin le cabinet de feu M. Pelet, l'érudit antiquaire, qui pouvait montrer, entr'autres spécimens délicats de l'art Gréco-Romain, sa belle réduction en liège du Colysée de Rome, des Arènes de Nimes et d'Arles, ainsi que les restes de plusieurs monuments antiques du Midi de la France.

On pouvait ainsi, par comparaison, se faire une idée de leurs proportions cyclopéennes, en voyant que le Colysée était destiné à recevoir 85,000 personnes assises, et les Arènes de Nimes 25,000, ce qui devait représenter le quart de la population à cette époque.

Cette précieuse collection de monuments en liège, tous reproduits à un centimètre par mètre, a été transférée dans le nouveau Musée de la rue Cité-Foulc, par suite du don gracieux qui en a été fait à la ville.

MUSÉE

Le Musée de Nimes qui a changé plusieurs fois de domicile dans une période de quelques années, contient beaucoup de bons tableaux, ainsi qu'une collection de belles gravures recueillies à diverses époques par M. de Chazelles Chusclan, et offertes à la ville avec une luxueuse installation, par sa fille, Mme de Saint-Praignan.

Le principal intérêt de la grande salle pour les archéologues, réside dans une magnifique mosaïque représentant le mariage d'Admète et qui paraît dater du IIe siècle.

Une ancienne légende de Théssalie, raconte

que Pélias, roi d'Iolchos, avait résolu de ne marier sa fille Alceste, qu'avec celui qui viendrait la chercher monté sur un char traîné par des bêtes féroces.

Admète roi de Phères, l'un des prétendants avait recueilli Apollon qui s'était déguisé en berger ; il put, grâce à lui, atteler à son char un lion et un sanglier, et se présenta dans ce singulier équipage devant le roi Pélias, qui ne put ainsi lui refuser la main de sa fille.

M. Maruéjol, qui a trouvé cette légende au mot Admetus, dans le *Dictionnaire des Antiquités Grecques et Romaines*, de Saglio, mentionne le bas relief d'un tombeau où cette scène est représentée, ainsi qu'une bague étrusque en or sur laquelle est gravé Admète et son char.

Cette mosaïque fut découverte en 1883, à 1m50 sous le sol, dans le voisinage des halles, et quelque peu endommagée par les premiers coups de pioche.

Elle a été aussitôt détachée du sol avec beaucoup de soin, et restaurée par le mosaïste Mora.

Le motif central est accompagné de caissons à dessins variés, encadrés par des torsades et des grecques d'une très grande élégance.

Une frise formant plate-bande composée de rinceaux en feuilles d'acanthe est entremêlée de fleurs et d'animaux de tous les règnes de la nature ; le tout a près de neuf mètres de long sur six mètres de large.

Un grand nombre de tableaux méritent assurément de fixer l'attention du visiteur, mais les plus importants à nos yeux sont *Cromwel découvrant le cercueil de Charles 1er*, par Delaroche, et *Locuste* essayant sur un esclave le poison destiné à Britanicus, d'après ces vers de Racine :

Le poison est tout prêt,
La fameuse Locuste a redoublé pour moi ses soins officieux ;
Elle a fait expirer un esclave à mes yeux.

Ce tableau, l'une des plus belles pages de Sigalon, fut exposé au Louvre en 1824, et acheté au prix de 6,000 francs par M. Lafitte, qui s'en dessaisit en faveur du Musée de Nîmes. La vie de notre peintre, comme celle de tant d'autres, offre des phases attristantes du martyrologe artistique.

Sigalon naquit à Uzès en 1788, et reçut à l'école Centrale de Nîmes les premières leçons de dessin ; un peintre en tournée, vint un jour à Nîmes, c'était Monrose, le frère du comédien qui avait quelque peu fréquenté l'atelier de David, et qui voulut bien initier le jeune Sigalon aux attrayantes ressources de la couleur.

Celui-ci fit à son début quelques médiocres tableaux pour les églises de Nimes et des environs, ce qui lui permit, à force d'économies, d'aller étudier à la grande école de Paris.

Il travailla quelques mois dans l'atelier de Pierre Guérin, mais le travail intellectuel dans les galeries du Louvre et du Luxembourg, lui fut plus profitable pendant quelque temps que la pratique manuelle, d'autant plus que ses ressources ne lui permettaient pas toujours de fournir la cotisation mensuelle de l'atelier.

Il peignit, en 1821, la *Courtisane* qui lui fut achetée 2,000 francs par l'État.

Sigalon vivait dans un très grand état de gêne pour subvenir à ses dépenses journalières et à ses frais de modèles ; malgré cela, reprenant courage, grâce aux encouragements de ses amis, il entreprit, dans un atelier moins étroit, une grande composition ; c'était *Athalie ordonnant le massacre des enfants de race royale*, qui se trouve dans le Musée de Nantes. Cette vaste composition qui contient certaines beautés de détail, fut pour lui la cause d'une désespérante défaite au salon de 1827.

On lui reprocha l'énergie un peu trop théatrale de l'action et l'absence d'unité dans l'effet général.

Lorsqu'il vit sa toile au grand jour du Louvre, il eut la conscience de ses défauts, mais le public et la critique ne devinèrent pas toutes les angoisses du pauvre peintre qui aurait pu produire un chef-d'œuvre d'effet et de coloris dans un atelier un peu plus spacieux.

Il avait dépensé là toutes ses économies, lorsque heureusement il lui arriva de Nimes la commande d'un tableau pour la Cathédrale, et sa dignité d'artiste se consola momentanément en peignant le *Baptême du Christ*.

Il exposa en 1831, la vision de *Saint Jérôme* et le *Christ en Croix*, à l'occasion desquels il obtint le ruban de la Légion d'honneur.

Enfin, après quelques succès qui n'amenaient pas tout à fait la fortune, il vint à Nimes en 1834, et y fit un certain nombre de portraits. C'est alors que sous le ministère Thiers, quelques amis qui s'intéressaient à lui, obtinrent la commande d'une copie du *Jugement dernier* de Michel Ange, pour la chapelle du Palais des Beaux-Arts.

Cette étrange fresque de la chapelle Sixtine, menacée de destruction, par la dislocation des matériaux dont toutes les peintures murales sont plus ou moins atteintes, ne demandait pas un copiste ordinaire, mais un talent viril qui put reconstituer ce qui était à peine visible, et donner la même gamme de coloris aux parties entièrement détruites.

Lorsqu'il eut bien vu, dans un premier voyage à Rome et compris la tache qui lui était échue, Sigalon demanda à s'adjoindre Numa Boucoiran, son élève et ami dans l'adversité, et ils poursuivirent ensemble pendant quatre années un ardu travail capable de vaincre toutes les difficultés.

Pendant ce temps les rares visiteurs qui furent admis dans la chapelle Sixtine, applaudissaient à cette résurrection de la fameuse fresque, et d'après les rapports favorables des directeurs de l'Académie Française, qui se succédèrent à la villa Médicis, on augmenta l'allocation ministérielle, ce qui devint tout à coup une véritable fortune pour les goûts si simples de notre compatriote.

Lorsque la grande toile fut achevée, Sigalon et son élève la firent exposer pendant quelques jours dans une des salles des Thermes de Dioclétien, où se rendirent pour l'examiner toutes les personnes que les souvenirs de la grande peinture italienne pouvaient intéresser.

Ce fut pour les amateurs ou les étrangers une véritable révélation, que de voir cette forte peinture ainsi rajeunie et partiellement recomposée sous le pinceau du peintre français, qui avait si heureusement traduit toutes les difficultés des raccourcis linéaires et réussi à faire renaître les tons de leur perspective noircis ou disparus.

Le Pape Grégoire XVI vint un jour, avec quelques cardinaux, apporter aux peintres français, son suffrage en termes flatteurs :

« Nous ne savions pas apprécier l'importance
» du trésor que nous possédions dans la chapelle
» Sixtine, votre ouvrage, Messieurs, nous ap-
» prend à l'estimer à sa juste valeur. »

Cette remarquable copie est actuellement placée au fond de la chapelle des Petits-Augustins, au Palais des Beaux-Arts. Ce fut au commencement de 1837 que Sigalon vint l'exposer au jugement des Parisiens qui ratifièrent pleinement les opinions émises à Rome, après quoi il retourna continuer l'exécution des pendantifs dont il avait confié l'ébauche à N. Boucoiran.

Pendant qu'ils se livraient avec ardeur à ce travail, le choléra s'abattit sur Rome, et Sigalon ne voulut pas écouter les conseils de ceux qui l'engageaient à émigrer à la campagne.

Il persista à travailler malgré les premières atteintes de la maladie qui devait le ravir si jeune, à l'avenir glorieux dont il voyait enfin luire les prémisses.

Dès qu'il fut saisi par le terrible fléau, tous les secours de l'art et du dévouement furent inutiles; il expira le 18 août 1837, à l'âge de quarante-neuf ans, et on consacra à sa dépouille une place et un marbre sous les arcades de Saint-Louis des Français; ses œuvres, son souvenir et son buste jettent depuis un éclat d'honneur sur notre Musée.

Le tableau de Delaroche est le résultat d'une fiction d'artiste, au moyen de laquelle il a mis en présence, dans une salle basse de Whitehall, celui qui se fit nommer protecteur d'Angleterre et Charles 1er, décapité le 30 janvier 1649.

Cromwell va contempler froidement les restes de Charles Stuart qu'ont rapprochés des mains amies.

Le peintre a fidèlement exprimé le contraste moral qu'il y a entre les deux physionomies, et tous les détails sont rendus avec ce scrupuleux talent d'imitation qui distinguait l'auteur de l'hémicycle du Palais des Beaux-Arts. Il y aurait certainement à citer un grand nombre de toiles de mérite en paysages, portraits et tableaux de genre, etc., mais nous devons laisser le soin de détailler toutes ces richesses artistiques à un livret spécial.

En prenant le boulevard Victor-Hugo, qui

mène au jardin de la Fontaine, on rencontre à gauche, la longue façade du Lycée que l'on vient d'achever et l'église Saint-Paul, construite par feu Questel, en style roman. Elle renferme des peintures murales des frères Flandrin, une ornementation générale de M. Denuelle, et des vitraux de M. Marechal et Cugnon de Metz.

LA MAISON CARRÉE

Quelques pas encore sur le boulevard et l'on se trouve en présence de l'un des plus élégants spécimens de l'architecture romaine qui rappelle les monuments d'Athènes par sa grâce et la délicatesse de ses détails. Le Théâtre que l'on a construit en face, en 1824 paraît lourd et ne gagne rien à un tel rapprochement.

L'époque précise de la construction de la Maison Carrée a exercé depuis longtemps les recherches des archéologues. Avant Séguier on avait pensé que c'était la basilique qu'Adrien avait fait élever à Nimes, en l'honneur de Plotine, sa bienfaitrice, en l'an de Rome 876 (122 ans après J.-C.)

Par suite des fouilles exécutées de 1820 à 1822, on put supposer que c'était le sanctuaire d'un Forum, car on trouva alors en place des bases de colonnes et les fondements de portiques élevés latéralement, qui offraient, comme les édifices de ce genre, une galerie couverte pour les oisifs.

Cet ensemble de constructions dont la Maison Carrée était le centre, s'élevait comme le Forum de Rome, sur un sol qui se trouve de beaucoup en contre-bas du sol actuel.

Voulant assigner une date certaine à son érection, Séguier songea dans le siècle dernier (1770) à étudier l'inscription de la frise, en appliquant sur les trous qui avaient dû servir à sceller des lettres de bronze, d'autres lettres en bois ou en carton, et il arriva par ce moyen à composer l'inscription suivante :

C. CAESARI AVGVSTI. F. COS.
L. CAESARI AVGVSTI F. COS.
DESIGNATO PRINCIPIBUS JUVENTUTIS

Ce qui semblait désigner Caius et Lucius César, fils d'Auguste, consuls désignés, princes de la jeunesse, date approximativement plus reculée.

Aug. Pelet apportant de nos jours, par la

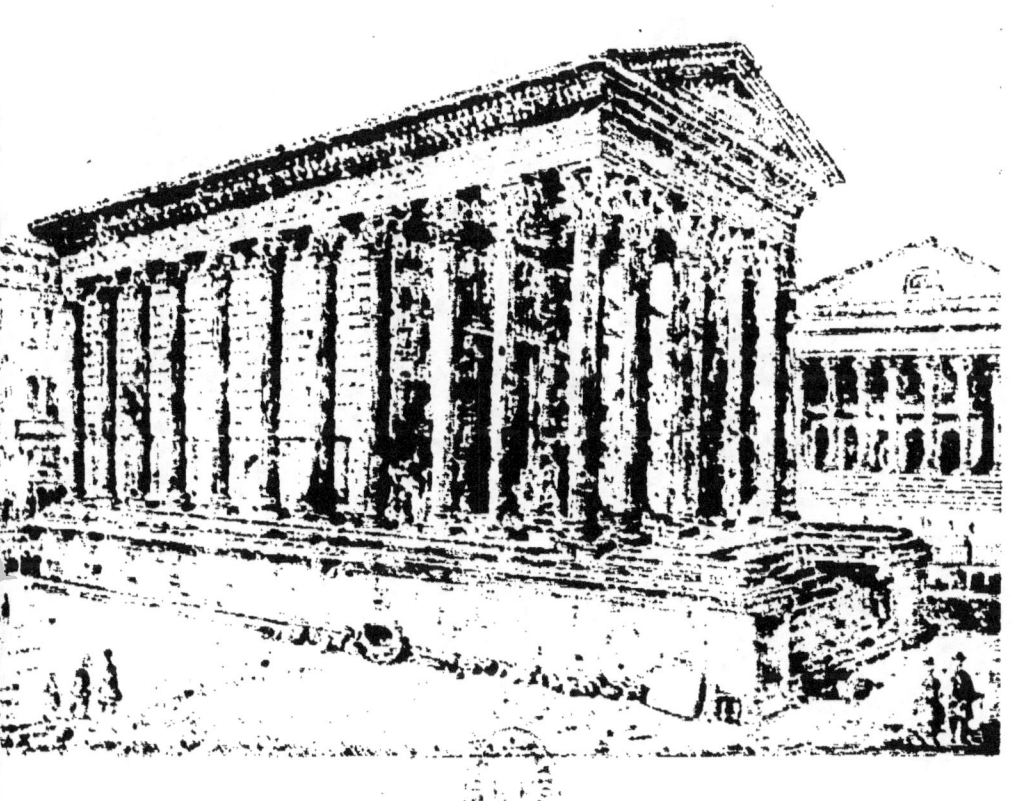

nature de ses travaux, une ardeur nouvelle dans ses investigations, remarqua que Séguier n'avait fixé le premier C que par un seul crampon. tandis qu'il avait dû être fixé par deux il fut amené à rejeter cette première lettre qui était insuffisante à occuper la place et il adopta la lettre M qui se trouvait tout-à-fait dans les conditions voulues.

Cette substitution reportait alors la dédicace de la Maison Carrée à Marc-Aurèle et à Lucius Verus, fils adoptifs d'Antonin, en l'an 140 de notre ère, c'est en effet l'époque où le style Corinthien atteignit toute la perfection que nous remarquons ici.

On sait que les monuments publics ont été exposés, à toutes les époques, à changer de destination ou de dédicace, à la suite des révolutions et des idées nouvelles qui suivaient la marche de la civilisation. On a pu constater, dans cette inscription de la Maison Carrée, cette loi des variations humaines, par la trace des trous plus ou moins altérés qui ont servi à fixer des inscriptions diverses, ce qui a été cause de la divergence d'opinion des archéologues sur notre monument.

Ce petit temple s'élevait sur un stylobate continu de 3^m33 au-dessus d'un parvis entouré de colonnes, qui était lui-même à un mètre plus haut que le sol antique.

Deux acrotères, probablement surmontés de statues, accompagnaient un perron de quinze marches, auquel on accédait par des petits escaliers de cinq degrés, trente colonnes cannelées à chapiteaux Corinthiens supportent un entablement très varié dans son ornementation, vingt de ces colonnes sont engagées dans les murs du temple, et dix autres soutiennent un péristyle surmonté d'un fronton triangulaire d'une belle proportion.

Les ornements de la corniche et l'exécution des moulures rappellent les plus beaux monuments de la Grèce, et nous prouvent que chez nous la sculpture avait suivi l'impulsion d'Athènes et de Rome. Les motifs de la corniche, composés de plusieurs éléments, sont sculptés en relief et fouillés de telle sorte qu'ils sont parfaitement visibles à cette hauteur, tandis que le dessin de la frise, formant un développement de rinceaux et de feuilles d'acanthe, se détache en demi-relief, comme une élégante ceinture, et est devenu un modèle tout-à-fait classique et souvent imité.

Une grande porte carrée, faisant face au nord-ouest, de 3^m25 de largeur sur 7 mètres de hauteur s'ouvre sous le péristyle.

Elle est surmontée d'une corniche soutenue par deux consoles également sculptées. Les colonnades latérales, à 15^m75 du temple, avaient leurs entrecolonnements plus larges, à cause d'un plus grand développement; ces galeries étaient aussi d'ordre Corinthien, mais leurs futs étaient d'un seul bloc sans cannelures.

Le dessin de la frise, dont on peut voir quelques fragments groupés sur place, était composé de guirlandes de fruits plus chargées, mais moins élégantes que l'enroulement des rinceaux. Comme la Maison Carrée a plus souffert de la main des hommes que des intempéries, on peut attribuer sa conservation à ce que les premières affiliations chrétiennes l'avaient placée sous le patronage de Saint-Étienne, et en avaient fait une église.

Poldo d'Albenas qui écrivait son discours historial au milieu du « XVIe siècle, nous apprend
» que ses aïeux, par immémoriale attestation,
» le disaient avoir appris des leurs ; que c'estoit
» aussi, n'a pas trois ou quatre cens ans, la Mai-
» son commune et des Consuls de la ville, qui,
» par criées, fut contre le public et université,
» adjugée à un particulier et créancier de la
» ville. »

L'intérieur fut divisé en deux étages; les

murs percés de fenêtres dont on voit les traces ; les entrecolonnements du péristyle furent murés, et on substitua une pente terrassée aux escaliers dégradés du perron.

Cet édifice fut cédé ensuite aux moines Augustins dont le couvent était voisin. Ceux-ci en firent leur église et ils se servirent, pour leurs inhumations, des caveaux qu'ils trouvèrent dans le massif des fondations.

Pendant la Révolution de 89, les Augustins furent obligés de quitter leur couvent, et leur église rentra ainsi dans le domaine municipal.

Elle redevint encore un magasin d'entrepôt ; puis l'administration départementale y tint ses séances.

Enfin, au commencement de notre siècle, lorsqu'on s'occupa avec plus de sollicitude de la conservation des monuments historiques, on débarrassa successivement celui-ci des constructions qui l'enserraient au nord et à l'est, on l'entoura d'abord partiellement d'une grille, que l'on compléta ensuite en élargissant la place ; la toiture fut rétablie, ainsi que le stylobate et l'escalier, d'après le plan primitif, et l'intérieur fut destiné à recevoir une galerie de peinture.

On dut transporter les tableaux dans de nou-

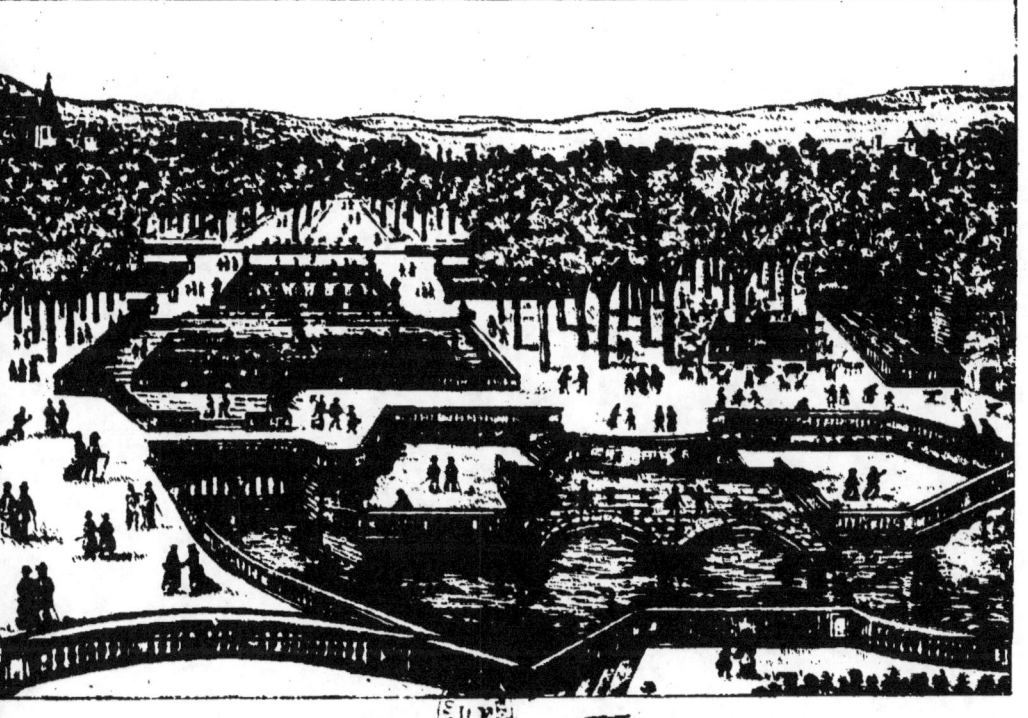

Nimes

Jardin de la Fontaine

velles salles, et enfin au Musée actuel pour réserver la Maison Carrée à l'exhibition de tous les fragments de sculpture que les entrailles du sol nous restituent chaque fois qu'elles sont fouillées.

Il sera plus facile de les protéger ainsi contre certains visiteurs qu'un très concevable fanatisme d'antiquité pousse à vouloir emporter un souvenir matériel de leur passage à Nimes.

Ce précieux joyau qui nous reste, et que des royales volontés auraient eu dit-on, la velléité de faire transporter à Versailles ou au Champs-Élisées, est bien fait pour nous faire regretter toute cette antique splendeur qui devait l'accompagner ; et comme on comprend bien que le même soleil a imprimé le long de ces fûts cannelés les teintes chaudes dont sont revêtus les marbres de Pæstum et du Parthénon.

LA FONTAINE

Encore quelques pas et l'étranger pourra suivre les bords de larges canaux jusqu'à la source, autour de laquelle s'offrent à son choix, diverses promenades, et la visite à des monuments assez nombreux pour avoir motivé une monographie spéciale.

Lorsqu'on a traversé notre campagne si peu pittoresque, on est surpris de trouver, en un recoin de nos côteaux calcaires, un lieu frais, avec des massifs de verdure, et une nappe d'eau limpide, surgissant du pied d'un de ces bois, qui jadis étaient consacrés à quelque divinité tutélaire.

NYMPHIS AVGVSTI SACRVM

Il n'en était pas ainsi au milieu du siècle dernier, car les eaux sortant du sein du même gouffre, au pied des roches grises et dénudées, se répandaient dans quelques impurs fossés fréquentés par les lavandières, ou bondissaient de distance en distance, sur les roues de pauvres moulins, pour s'écouler enfin par les aqueducs et les fossés de la ville.

Aujourd'hui le bruit des eaux qui se brisent contre les colonettes du bassin, l'aspect des ruines à travers le feuillage, les lignes de balustres, les vases et les statues annoncent une de ces promenades princières qui donnent de la renommée aux villes qui les possèdent. Pour arriver dans son enceinte, on longe un large et profond canal que l'ingénieur des fortifications de Montpellier, M. Maréchal, fit creuser en 1750.

Il y imprima le cachet de l'art militaire de l'époque, et l'élargit en deux vastes bassins, dont les murs ressemblent plutôt aux bastions d'une citadelle qu'aux berges d'une tranquille source destinée à embellir un jardin paysager.

Ce jardin, enserré ainsi dans ses canaux, est coupé par des allées, dans le goût du xviii° siècle ; des massifs de marronniers d'Inde étouffent les arbustes des deux bosquets anglais, mais on trouve au nord des rampes sinueuses, garanties par l'ombrage des pins, qui permettent de gravir la colline à toute heure du jour, et qui présentent sur l'ensemble du jardin des points de vue très pittoresques.

Celui qui aura visité quelques unes des belles villas des environs de Rome ou de Florence, où les eaux s'épandent en canaux et en bassins, ou se précipitent en cascades auprès des débris d'architecture antique, retrouvera ici quelques uns des riants aspects entrevus à Tivoli, à Albano ou à Fiesole.

La construction romaine connue sous la désignation assez impropre de Temple de Diane, apparaît bientôt à l'œil du visiteur, au fond de ce cadre varié, tout auprès de la source des anciens Gaulois Arécomiques.

LE TEMPLE DE DIANE
ou Palais des Thermes

 Le Temple de Diane n'a pas moins exercé, que nos autres monuments, les conjectures de ceux qui ont été, dans tous les temps, possédés de curiosité scientifique : de sorte que les recherches sur sa destination première ont présenté des opinions différentes, selon les époques et suivant le crédit de ceux qui proposaient leurs raisons et leurs preuves.

 On a supposé tour à tour qu'il avait été dédié à Diane, à Vesta, aux Dieux infernaux en se fondant sur l'inscription suivante trouvée dans son voisinage :

  ISIS ....SERAPIS, VESTÆ, DIANÆ, SOMNI

 On pensa que les douze niches de la *Cella* avaient du recevoir la représentation des divinités que l'on révérait naturellement dans un tel lieu, c'est-à-dire les Dieux ou déesses des plaisirs, de la nuit et des songes, et enfin pour résumer toutes les croyances, il fut considéré comme le Panthéon des divinités secondaires.

 Nous verrons bientôt en nous fondant sur

les diverses fouilles exécutées autour de lui, que c'était une espèce de salle d'attente, en forme de sanctuaire, pour les thermes d'Adrien, et qu'il devait être orné de statues se rapportant à sa destination. Celle du Dieu de la Source, de Nemausus, le fondateur fictif de l'antique cité, devait avoir naturellement sa place dans la niche principale.

LA SOURCE & LE NYMPHÉE

On sait généralement que c'est auprès des sources, des cours d'eau et des fleuves que s'établirent les premières agglomérations Celtiques lorsqu'elles durent passer de l'état nomade à la fixité, sur un sol qui n'était que partiellement cultivé.

Les habitants des Volces Arécomiques dont Nimes était le centre, avaient établi, auprès de leur source, des temples frustes d'abord qui firent successivement place aux luxueux monuments des civilisations grecque et romaine.

Il ne paraît pas cependant qu'auprès de cette source et de ce lieu sacré NEMOS, il se fut groupé une population bien considérable avant l'occupation romaine, et rien ne peut faire supposer que ce fut autre chose que le siège d'une tribu, défendu par quelques murailles rudimentaires.

La consécration religieuse, la demeure des prêtres qui étaient ... les législateurs du pays, avaient fait établir là, auprès d'une plaine fertile, une espèce de petite métropole. C'était donc à notre précieuse source a laquelle les Romains rendirent un culte particulier, sous le nom de Nemausus ou Nemausa, que notre ville doit son existence, et elle a subi par conséquent toutes les vicissitudes qui ont frappé la ville et ses monuments.

En l'an de Rome 729 (24 ans avant J.-C.) ainsi que le prouve l'inscription suivante trouvée en 1748, auprès de la source :

IMP. CÆSARI DIVI. F.
AVGVSTO. COS. NONVM.
DESIGNATO. DECIMVM
IMP. OCTAVOM.

Auguste traversant les Gaules dut provoquer des réparations importantes à la source, et c'est alors, sans doute, que l'on construisit les deux hémicycles qui la circonscrivent, tandis que d'autres inscriptions portant le nom d'Agrippa son gendre, nous apprennent que, par son ordre, ce dernier fit construire les aqueducs nécessaires à la distribution des eaux.

M. AGRIPPA. LVCII. FILIVS. CVRAVIT.

Un petit temple, qui devint plus tard le palais des Thermes, fut bâti sur les bords de la source, au pied d'un rocher ; cette situation étant favorable aux ablutions et aux purifications dont les prêtres faisaient un fréquent usage.

Lorsque l'on sort de Rome par la porte Saint-Sébastien, en laissant à droite la voie Appienne, après avoir passé le tombeau de Cœcilia Metella, on entre à droite dans un sentier bordé de haies qui mène dans un vallon agreste, bien connu des paysagistes.

Quoique ce lieu ait conservé le nom traditionnel d'Egérie, on le désignerait ainsi bien en vain aux gens du pays. A trois mille de la ville, c'est-à-dire dans une vraie solitude, on découvre sous un ressaut de terrain, un Nymphée qui dut être construit sous Auguste ou sous Vespasien, sur l'emplacement même de la fontaine, auprès de laquelle venait s'inspirer, dit la légende, celui qui fut le premier législateur de Rome.

Un temple de Bacchus et un petit bois de chêne embellissent ce lieu historique, que l'on est heureux de fouler, lorsque l'on se reporte par le souvenir et la tradition, à l'humble origine de ce que fut, par la suite, un si vaste empire.

Ce Nymphée est adossé à une colline, comme le nôtre, il a une grande voute et des niches en ruines ; trois ou quatre chenaux versent encore une eau saline qui était réputée sacrée ; une statue mutilée semble avoir été placée là sur des griffons en marbre, pour la satisfaction des touristes ; les arbres qui l'entourent et le couvrent, sa forme rectangulaire, ses niches et ses rigoles lui donnent une ressemblance incontestable avec notre Temple de Diane.

Ce qui constitue actuellement la façade de ce Sanctuaire ou Nymphée, consacré aux divinités des eaux, des plaisirs et de la santé, HIGIA était précédé d'un portique à six colonnes et d'un fronton, qui portait en lettres de bronze incrustées, l'inscription dont l'historien Ménard, vit découvrir quelques fragments, au siècle dernier, et dont plusieurs blocs ont été longtemps recueillis dans l'intérieur.

Auguste Pelet, qui avait retrouvé quelques documents nouveaux, pensa que le temple des

Thermes avait bien pu faire partie de l'un des monuments dont parle Spartien, en disant qu'Adrien en avait fait élever deux splendides à Nimes, en l'honneur de Plotine.

Une grande porte à plein cintre forme actuellement l'entrée principale de la *Cella*, qui a 9^{m}55 de largeur, sur 14^{m}80 de profondeur.

Il y avait deux galeries latérales de 2^{m}50, mais il n'en reste qu'une dans laquelle on retrouve la trace des marches et des plans inclinés qui servaient à monter à l'étage supérieur ; une fenêtre décorée de pilastres et d'un petit entablement leur donnait du jour sur la façade ; le mur du nord resté seul, est orné de cinq niches couvertes de frontons alternativement courbes et triangulaires, et sur leurs parois étaient incrustés des rinceaux et des arabesques sur marbre blanc.

Deux autres niches, qui furent ménagées dans les côtés intérieurs de la porte d'entrée, n'ont par une bizarre anomalie, que des demi-frontons triangulaires, comme pour indiquer l'infériorité hiérarchique des dieux auxquels la place était destinée.

Il ne reste, en avant de ces niches, que trois colonnes d'ordre composite, sur seize, pour supporter une frise d'un profil classique à corniche denticulée.

Le fond du temple est divisé en trois sections par des pilastres qui soutiennent en même temps un mur, montant jusqu'à la voute, de manière à borner l'étage qui existe au-dessus des niches du fond. Les plafonds de ces trois autels étaient sculptés sur dalles d'une seule pièce, en forme de caissons ou d'alvéoles garnies de fleurettes.

Les galeries latérales avaient leurs voûtes particulières commandées par la direction des marches et des ouvertures, tandis que la Cella était recouverte par dix arcs doubleaux, alternativement saillants et rentrants, correspondant au milieu des colonnes et des niches.

Voici l'inscription dont il ne reste, comme nous l'avons dit, que quelques blocs et qui deviendrait une date positive pour nos Thermes (125 à 130 de J.-C.) si à cause de ses éléments incomplets, elle n'avait pas une tendance un peu conjecturale.

DIVÆ. AVGVSTÆ. PLOTINÆ.
RESPUBLICA. NEMAVSENSIVM. LABRVM. CVM.
MARMORIBVS. CŒTERISQVE. ORNAMENTIS. BENEFICIO.
IMPERATORIS. CÆSARIS AVGVSTI. D. F.
HADRIANI. AD. NOVITATEM. RESTITVIT.

Les nombreux fragments de sculpture, recueillis dans l'intérieur du Nymphée, et qui faisaient partie de sa décoration, portent du reste, le cachet du règne d'Adrien.

Ce prince qui avait beaucoup voyagé, et qui tirait vanité d'être lui-même l'architecte, d'un grand nombre de monuments de son époque, eut une grande influence sur les arts pendant son règne. Son séjour à Athènes et l'impulsion qu'il donna à la restauration ou à l'achèvement d'un grand nombre de beaux édifices, fit créer une quantité d'artistes qui, se répandant dans tout l'empire romain et dans les Gaules, y apportèrent le goût de l'ornementation et la pratique expéditive des plus habiles ouvriers. L'Ordre Corinthien que l'on crut perfectionner en outrant sa tendance vers la décoration, enfanta, pendant cette époque de renaissance, ce que nous appelons, pour le classifier, l'ordre composite, dans lequel on s'étudiait à charger toutes les arêtes, et à couvrir toutes les surfaces par une variété d'ornements, afin que l'extérieur répondit au luxe déployé dans l'intérieur des édifices.

Ainsi, cette profusion que nous avons pu remarquer sur d'autres monuments du temps d'Adrien, et en particulier, parmi les ruines de son immense Villa près de Tivoli, nous la retrouvons ici dans ce qui reste de nos Thermes.

Des fouilles exécutées en 1830, démontrèrent l'existence du péristyle dont nous avons parlé et sous lequel régnaient, au milieu de plusieurs canaux, deux grandes niches demi-circulaires, placées sur les côtés de la porte. Ces deux niches formaient là une pittoresque décoration, puisque deux chutes d'eau se précipitaient par deux chenaux, dans des bassins revêtus de marbre, pour alimenter des piscines trouvées auprès du pavillon actuel.

Il y avait, d'après leurs bases, deux colonnes isolées ; en avant de chacune d'elles, pour soutenir sans doute, le plafond de ce péristyle, qui était d'ordre composite, comme l'intérieur.

Le perron était partagé dans son développement par six colonnes, à six mètres d'un axe à l'autre, alternées de statues sur piédestaux, ainsi qu'on peut le voir par les bases restées en place.

On arrivait au Nymphée par trois grandes marches, à côté desquelles s'élevaient des piédestaux plus longs que larges, qui devaient supporter des groupes statuaires. Quelques vestiges sous le sol bouleversé, ont permis de supposer que la colonnade de ce monument retournait

Nîmes

Les Bains Romains.

de chaque côté à angle droit, et formait un portique d'enceinte autour de tout le système des bains, comme il en régnait un autour de la Maison Carrée.

Le champ des conjectures reste toujours ouvert auprès de ces ruines, et si nous passons souvent devant elles avec l'indifférence de l'habitude, l'étranger qui les visite pour la première fois ne peut pas s'empêcher d'en être vivement impressionné par le souvenir de Rome, dont elles sont un lointain reflet, et par les nombreuses énigmes, dont elles sollicitent encore la solution.

Qu'étaient en effet toutes ces constructions rudimentaires qui n'ont revu le jour que grâce aux ateliers nationaux ? que devaient supporter ces colonnes, ces fondements puissants, pourquoi ces larges canaux et ces nombreux hemicycles ?

Devait-on construire là le complément des Thermes par la création des Bains chauds, ou bien tous ces vides étaient-ils destinés à des greniers publics ?...

Toujours nous semble-t-il que les architectes avaient réservé, pour l'économie des matériaux, de tels vides qui devaient contribuer à la solidité de leur assiète, puisque ces fortes murailles cintrées et solidement liées entr'elles, pouvaient résister à la poussée des constructions supérieures sur un terrain à pente rapide.

Lors des fouilles exécutées en 1852, on mit à nu l'assise de quelques habitations gallo-romaines; des troubles civils ou des invasions avaient forcé sans doute à interrompre les grands travaux entrepris, et ces constructions furent ensevelies sous leurs ruines et sous les végétations parasites qui viennent recouvrir d'un voile inextricable ce qui a été la demeure des lointaines civilisations.

C'est donc dans l'état où nous les retrouvons aujourd'hui, que la chute de la domination romaine a légué à notre génération, toutes ces fondations énigmatiques.

―――――

LES BAINS ANTIQUES

En transportant leurs usages dans les Gaules, les Romains pensèrent tout naturellement à utiliser les eaux de la source pour des bains publics, ainsi que Rome en possédait déjà depuis longtemps.

Les Thermes qui ne furent d'abord que des

bains d'eau froide, ensuite d'eau tiède et de vapeur, renfermèrent enfin dans leur vaste enceinte, des promenades, des jeux de toute sorte, des salons de lecture, des gymnases et des théâtres. Ils offraient la réunion de plusieurs établissements que nos usages modernes ont, à la longue, modifiés ou disséminés ; ils étaient enfin le rendez-vous des oisifs et des satisfactions sensuelles.

Au-dessous de la source on construisit, à des dates qui ne sont pas bien rigoureusement déterminées, un bassin carré, entouré de colonnettes, du milieu duquel s'élevait, en forme d'île, un soubassement décoré d'une frise élégante.

Chaque coin de la balustrade était surmonté d'une colonne rudentée et d'un vase ; l'eau courait dans des rigoles profondes où l'on puisait pour remplir les baignoires de marbre, placées sous les neuf enfoncements circonscrits par les colonnes. On devait se renfermer sous ces réduits, pour se baigner, à l'abri du soleil et des regards indiscrets, au moyen de tentures ou de nattes fixées aux colonnettes.

Les eaux s'écoulaient de là au midi, par quatre issues grillées, de dimensions calculées, pour recevoir à peu près tout le débit normal de la source, et lors des grandes crues les eaux surmontaient la digue et venaient inonder le pavé des bains. Indépendamment des vannes qui alimentaient les rigoles, il y avait une autre issue à un plus bas niveau, à côté des réduits de l'ouest, qui les distribuait à différents aqueducs de la ville, par des tuyaux de plomb, et par d'autres petits canaux. Ces tuyaux, passant par un petit château d'eau circulaire, qui se trouvait en avant du Nymphée, recevaient leurs divisions dans le grand aqueduc connu sous le nom de *Canal des passes*, à cause des grosses pierres qui, partant d'une paroi à l'autre, sans toucher le sol, y sont espacées de distance en distance.

A leur sortie des bains réservés, les eaux recevaient de nouvelles distributions, par plusieurs conduits qui s'embranchaient à la suite d'un plus grand bassin.

Une partie de ce bassin, qui occupait l'emplacement de ce que nous appelons aujourd'hui le *bassin romain*, était couverte à clayonnages par des grandes dalles supportées par des piliers pour les baigneurs de seconde classe.

C'était sans doute, entre l'espacement de ces pierres, rendu carré par des nattes ou des toiles, que se plaçaient ceux ou celles qui voulaient se baigner en repos, comme cela a lieu de nos jours dans les nombreuses *balsas* du Manzanarès à Madrid.

Nimes jouit, sous les Antonins, d'une assez longue période de prospérité, pendant laquelle on put achever quelques uns des grands travaux commencés, et on en entreprit d'autres qui restèrent inachevés. C'est sans doute pendant cette brillante époque que l'on orna les Thermes et leurs dépendance de colonnes, de vases et de statues, ainsi que d'autres monuments aujourd'hui disparus, de sorte que cet ensemble dont nous ne connaissons pas au juste les limites, devait être d'une grande magnificence et trois ou quatre fois plus vaste que son enceinte actuelle.

Les Thermes de Nimes subsistèrent pendant plusieurs siècles, mais il n'est pas facile de décider à quelle époque précise ils furent détruits, car plusieurs invasions dans les IV° et V° siècles de notre ère, qui démembrèrent l'empire romain furent aussi la cause de leur ruine.

Tous nos aigles décapités, nos statues brisées, l'exhaussement du sol par suite de la destruction de plusieurs monuments, nous prouvent avec quels excès de réaction toutes ces peuplades du Nord se livraient, non seulement contre la résistance des populations, mais aussi contre la matière inerte et inconsciente.

L'œuvre de destruction une fois commencée, tous les envahisseurs qui se disputèrent le sol autrefois soumis aux Romains, durent y superposer ruines sur ruines, ce dont témoignent surabondamment les masses de décombres sous lesquelles gisent les fragments de sculpture et les mosaïques que l'on exhume chaque fois que l'on entreprend quelque grand travail de reconstruction.

Quelques auteurs du moyen âge attribuèrent à Charles Martel cette destruction qui était déjà bien consommée, lorsque le chef Franc vint repousser les Arabes, mais la haine contre les souvenirs de l'empire romain était depuis longtemps éteinte à cette époque,

Les Visigoths et les Francs, qui exercèrent successivement leur domination sur nos contrées, ne s'occupèrent pas du rétablissement de toutes ces ruines dont ils ne comprenaient plus l'utilité. Ils nivelèrent tout au plus les abords de la source, ils en exhaussèrent la digue pour en conserver mieux les eaux ; elles débordaient alors chaque année, à cause de cet exhaussement du sol, et se formèrent un nouveau lit vers la porte de la Bouquerie où, une partie passant sous la grille des remparts, traversait la ville par l'infect canal de l'Agau.

C'est pendant cette période de corruption du goût ou de langue de nos anciens maîtres, que le *Fons aqua vitrea* d'Ausonne, devint *la Font l'Agau, lou Vistre*.

Les restes des bains et des aqueducs qui en dépendaient demeurèrent près de douze cents ans ensevelis, et la tradition en conservait à peine le souvenir, lorsque vers le milieu du XVIe siècle, une excavation faite près du bassin de la source vint en révéler l'existence.

Des meuniers voulant procurer un plus grand volume d'eau à leurs moulins, firent creuser un canal, et découvrirent six aqueducs, que Poldo d'Albenas appelait sis grandes cuves, qui venaient du côté de la source par divers chemins.

« Nous aurions besoin, dit-il, ou d'un Julius
» Frontinus, préfet des eaux, ou d'un Auguste,
» ou que à notre roi Henry II, prinst le désir
» d'user envers ceste anticque Républicque de
» sa libéralité accoustumée, et à lui donner, et
» à ses illustres ancestres, là où je m'asseure
» qu'il descouvrirait tels monuments de l'antic-
» quité qui, outre leur admiration et beauté
» pourroyent servir à Sa Majesté et au public
» pour y apprendre, comme telles besoignes se
» peuvent faire, tant nécessaires à tous royau-
» mes et républicques. »

LE MONT-CAVALIER

L'enceinte de la Fontaine se divise en plusieurs régions, et la conformation de sa colline se prête, par ses diverses expositions, à la culture des végétaux que le climat du midi de la France permet d'y voir prospérer.

L'adduction des eaux supplémentaires n'est pas plus étrangère à sa prospérité actuelle, qu'elle ne l'a été, dans les siècles passés, lorsqu'on sentit le besoin de les y amener de loin.

La disposition des rampes, au moyen desquelles on monte au sommet de la colline de la Tourmagne fut conçue sous l'initiative d'un ancien magistrat, lorsqu'il devint maire de la ville.

M. Cavalier, qui était originaire des Cévennes, a été l'avant-coureur des idées qui prévalent enfin aujourd'hui, au sujet du reboisement des collines, au moyen des arbres résineux.

Sur ces rochers de la Fontaine, quelques buis rares et des plantes labiées prospéraient à peine dans les anfractuosités du roc calcaire ; des sentiers étroits y avaient été pratiquées par le fréquent passage des femmes qui allaient y faire sécher leur linge.

M. Cavalier y fit tracer le plan des allées et jouer la mine, afin de rendre la Tourmagne plus abordable aux touristes, et songea aux plantations pour y attirer les promeneurs sous les ombrages futurs.

Depuis ce demi-siècle le bois est devenu trop touffu et les troncs se sont tordus sous les rafales du vent ; les cimes vont chercher la moindre percée de soleil à travers des fourrés de feuillages ; et, suivant la loi générale des forets, comme des sociétés trop pressées, les masses excluent parfois de force quelques individus ; le poids des orages ou des neiges accidentelles fait dévier de la verticale, quelques troncs à la recherche d'un meilleur équilibre.

Somme toute, grâce à M. Cavalier, nous pouvons monter au pied de la Tourmagne, par des rampes sinueuses et à l'abri des rayons du soleil, en remarquant plusieurs de ses points de vue pittoresques qui, à l'entrecroisement des allées, rappellent un peu ceux de la villa Borghèse ou les jardins Boboli.

Pendant que l'on était en voie d'embellir les rochers de la Fontaine, plusieurs idées surgissaient à la faveur de la sollicitude des autorités supérieures d'alors, c'est-à-dire M. d'Haussez, préfet, et M. Cavalier, maire.

L'un des frères Montgolfier, qui habitait accidentellement Nîmes, proposa des améliorations d'un autre genre qui, si elles avaient pu avoir la suite que la théorie promettait, auraient transformé la colline bien plus rapidement encore.

C'était le bélier hydraulique, machine de son invention, qui devait réaliser toute sorte de merveilles de végétation hâtive, en portant l'eau de la source jusqu'au pied de la Tourmagne.

Malheureusement ce bélier, tout aussi brutal qu'une machine de guerre, exigeait des réparations trop fréquentes qui n'étaient pas en rapport avec l'agrément et le travail qu'il produisait ; c'est aujourd'hui une de ses modifications scientifiques qui a servi à percer le Mont-Cenis et le Saint-Gothard.

Après avoir erré quelque temps dans les allées devant la statue de J. Reboul, on passe auprès des gradins du petit théâtre antique, pour monter à la Tourmagne, dont on a aperçu la cîme s'élevant du milieu d'une forêt de pins.

LA TOURMAGNE

C'est celui de nos monuments que l'on aperçoit le premier et qui se profile sur le ciel, de tous les points de l'horizon. Il contribue à donner à Nimes une physionomie que l'on ne retrouve point ailleurs, et qui fait battre d'aise le cœur de celui qui revoit son galbe de loin, après une longue absence.

Sa forme insolite et abrupte sur certaines faces, fait de cette ruine un problème pour celui qui l'interroge sur sa destination primitive.

Voici comment elle a su inspirer notre poète Reboul.

Si je demande au temps ce que tu pouvais être,
Le temps t'effleure, passe, et ne me répond pas:
Témoignage d'un deuil que tu n'as pu transmettre,
Portais-tu jusqu'au ciel le néant d'ici-bas ?

Ou bien, phare élevé sur de tristes parages,
Afin d'en éloigner les imprudents nochers;
La vieille mer, un jour, désertant ses rivages,
T'aura-t-elle laissé à nu sur tes rochers?

Ton squelette a subi tant de vicissitudes
Que l'on voudrait en vain lire sur ton chaos:
Les fils de la science y perdent leurs études,
Et nul n'a jamais pu que mesurer tes os.

Et cependant, malgré ton obstiné silence,
Le Nimois de tout temps t'a voué son amour;
Ses rêves dans l'exil sont pleins de ta présence ;
Ton image est pour lui l'aiguillon du retour.

Par le sort désignés pour le métier des armes,
Combien de jeunes gens, en quittant leur maison,
Honteux de leur faiblesse, ont essuyé leurs larmes,
En voyant ton sommet se perdre à l'horizon.

Pour celui qui retourne au foyer domestique
Après avoir bravé les hasards des combats,
Comme ta silhouette et ta couleur antique
Lui font battre le cœur et redoubler le pas ?...

Tu portas tour à tour toutes les oriflammes,
Mais, ne reconnaissant ni vaincu ni vainqueur,
Toi seule es un drapeau cher à toutes les âmes,
Et dont le sang jamais n'a souillé la couleur.

Ah ! s'il en est ainsi, garde ton caractère,
Tes secrets dévoilés nous seraient superflus ;
La vénération est fille du mystère;
Peut-être mieux comprise, on ne t'aimerait plus.

On voit par ces quelques strophes que Reboul a été l'écho des opinions diverses qui faisaient de notre tour un phare, une tour des vents, un *œrarium* et un tombeau.

Les plus anciennes traditions, qui mettent en scène Hercule, pour toutes les fondations hypo-

thétiques des anciennes cités, prétendaient qu'un fils d'Hercule, avait fondé *Nemolz* et que ce lieu, situé auprès d'une abondante source, était depuis longtemps consacré à un culte particulier.

Ce fils d'Hercule, qui était nécessairement le chef de quelque expédition phénicienne, fut déifié par ses compatriotes, après sa mort, sous le nom de *Nemausus*, et il n'est pas impossible que l'on ait consacré cette apothéose, en lui élevant un haut *tumulus* sur le sommet de la colline.

Après quelques générations, le culte de *Nemausus*, fils d'Hercule, était en grande vénération, puisqu'on l'invoquait soit seul,

GENIO COLONIAE NEMAVS.....

soit en joignant son nom à celui de Jupiter

JOVI ET NEMAVS.....

Il est donc bien possible que cette tour soit un des derniers restes de quelque colonie grecque, comme il y en eut plusieurs sur tout le littoral de la Méditerranée.

Lorsque les Romains eurent fait la conquête des Gaules, ils s'établirent d'une façon permanente dans les villes les plus importantes. Auguste passant à Nimes, fit fortifier la ville pour en faire un point stratégique et colonial ; on enclava dans le système de ses remparts l'antique *tumulus* qui en surmontait le point culminant. Ce fut la *turris magna* de toute l'enceinte.

Ce tombeau octogone, élevé à plusieurs étages, en retraite les uns sur les autres, participait ainsi de la forme des mausolées, et remplissait la destination militaire d'une tour d'observation qui correspondait, au moyen de signaux à feux, avec les autres tours de Bellegarde, d'Arles et de Beaucaire.

Malgré son aspect informe, la Tourmagne offre le plan d'un octogone régulier dans sa partie supérieure ; hexagone dans sa base primitive, et d'un heptagone irrégulier, par suite du revêtement dans lequel cette base est enchassée ; car les remparts ont été rapportés en placage, et ont formé ici des niches, là des arceaux que l'on reconnaît bien pour être indépendants de la tour elle-même.

Un reste d'arc en saillie au midi, se rattachait à une rampe à angle que j'ai figurée sur la gravure, et qui, partant du sol, montait extérieurement jusqu'au premier étage de la tour. On communiquait de là jusqu'au sommet par un escalier pratiqué dans le massif qui regarde l'ouest, et qui a été rétabli en partie par une urgente restauration.

Ce monument, tout paremente en moëllons smillés, avait deux soubassements s'élevant au-dessus du premier étage, en faible retraite et séparés par un cordon peu saillant.

L'étage qui les surmonte avait quatre pilastres doriques engagés sur chaque face. Il est couronné d'un entablement au-dessus duquel s'élevait un rang de colonnes engagées; c'était un troisième étage, dont on a pu deviner la structure à l'aide de deux bases, au faîte de l'édifice.

Il est permis de supposer enfin qu'un autre entablement et une attique régnaient au-dessus pour former le parapet.

A mi-hauteur de la tour, et dans le cœur du massif, se trouvaient six vides demi-circulaires, dont trois se voient à découvert du côté du nord, tandis que deux autres occupent le centre.

Ces réduits en forme de puits ou de sacs, puisqu'ils n'avaient d'ouverture que par le haut, étaient recouverts de grandes dalles servant de pavé.

C'est naturellement sur leur existence que se sont fondées toutes les hypothèses d'*ærarium* ou de *tombeau*; mais, tout en penchant pour la seconde supposition, nous croyons aussi que ces vides avaient été laissés surtout dans le but de décharger le monument d'un poids de matériaux lourds et inutiles. C'est au-dessous de ces singulières chambres qu'avait été construite la grande voûte qui supportait tout le poids de la partie supérieure, voûte qui avait été grossièrement établie sur un massif de terre, puisqu'elle présente intérieurement une apparence fruste et irrégulière.

L'histoire locale nous apprend ainsi depuis quelle époque notre tour est creuse à sa base.

En 1601, François Traucat, jardinier, avait cru découvrir dans les Centuries de Nostradamus, ou dans les idées chimériques qui avaient cours alors chez le peuple, l'existence d'un trésor caché dans la cavité inférieure de la tour.

Il obtint l'autorisation de la fouiller à ses frais, à la condition que les deux tiers du dit trésor rentreraient dans les caisses du roi.

Ces fouilles, plusieurs fois entreprises et interrompues, n'amenèrent aucun résultat, et l'excessive dépense qu'elles occasionnèrent à Traucat firent tourner vers un autre but ses idées et son ambition ; son meilleur titre de gloire et de profit fut la propagation qu'il fit des plants de mûriers sous l'impulsion d'un agronome de son temps, Olivier de Serres.

Quelques années plus tard, la Tourmagne fut réparée et mise en état de défense par le duc de Rohan, qui avait le commandement des troupes religionnaires ; mais ces travaux ainsi que les fortifications qui s'y rattachaient furent démolis en 1629 par suite d'un édit de Louis XIII. (Paix de Nîmes).

Après deux siècles d'abandon, une nouvelle destination fut donnée à la vieille tour. Elle servit à supporter les lourds appareils du système télégraphique à signaux ; mais des craquements sourds et répétés faisaient craindre une catastrophe prochaine, et l'on fut obligé de transporter les signaux sur un ancien moulin à vent du voisinage.

M. Questel, dont le nom se trouve lié à plusieurs de nos monuments, a exécuté, en 1845, un travail dans l'intérieur qui a consolidé pour de longs siècles les parties supérieures. Il a construit, en spirale, autour d'une colonne, un escalier qui permet de monter au sommet d'une petite plate-forme, d'où l'on jouit d'un point de vue qui n'est pas sans grandeur ni sans charme.

C'est là notre Monte-Pincio nimois, d'où l'on découvre toute la ville, ainsi que les collines voisines, constellées de mazets et revêtues de la grisâtre verdure des oliviers. On suit, dans la direction du sud-ouest, les restes des anciens remparts, qui s'élèvent sur la crête voisine, au-delà de la route de Sauve.

Dans plusieurs vignes qui avoisinent la Tour, le sol est mélangé de débris de poterie, de tuiles antiques, de menus fragments de marbre ou de pierre sculptés, et surtout de coquillages, ce qui peut faire supposer que, dans le voisinage immédiat des Thermes, il y avait des lieux de plaisir et des guinguettes hors barrière, comme au *Monte-Testaccio* de Rome, qui étaient fréquentés les jours de fêtes, par la classe plébéïenne.

Outre l'intérêt historique qu'offre la vue de cette masse un peu déformée, elle fait éprouver chez l'artiste la satisfaction qu'inspire toute ruine antique ; et on ne peut dénier à la Tour-magne sa double destination de mausolée et de tour d'observation, lorsqu'on a considéré les monuments similaires de la voie Appienne.

« Ceste tour, dit Poldo d'Albenas, estoit édifiée
» pour une si grande durée de temps, et avec si
» grande observation d'architecture, qu'à peine
» un homme robuste et bien affusté et muny de
» ferrements et outils nécessaires en pourrait
» en un jour abattre un pas enquarré. »

En effet, notre chaux hydraulique employée avec le sable dans sa construction a contribué à faire la réputation du ciment que les Romains employaient, et dont on croyait dans le vulgaire le secret perdu.

La Tourmagne avait de la base à l'attique 33^{m}60 de hauteur totale, ainsi décomposés :

Le premier étage formant soubassement.	12^m.	
Les deux étages en faible retraite l'un sur l'autre.	6	70
Le troisième étage décoré de pilastres.	6	80
L'attique et le couronnement.	2	10

Sa largeur totale était de 20^m en bas, et 14^{m}20 au sommet; elle n'a plus aujourd'hui que 28^m de hauteur.

CHATEAU-D'EAU ANTIQUE

Si du haut de la Tour on a remarqué la position de la rue de la Lampèze, au pied du bastion occidental de la citadelle, on pourra aller aisément, par le chemin le plus court, voir le bassin de distribution des eaux d'Eure, découvert en 1844.

Il forme à peu près au niveau du sol actuel, une capacité circulaire de 6^m de diamètre; il est pavé d'un glacis de chaux et d'argile. Sa profondeur est de 1^{m}40, et il est couronné de larges dalles formant un marchepied de 1^{m}47 de largeur, muni autrefois d'une balustrade du côté de l'intérieur, c'est-à-dire au bord de l'eau.

Autour de ce marchepied, il y avait un mur circulaire de 2^{m}30 de hauteur, construit en moëllons smillés, recouverts d'un bon ciment, et relevé par une bordure de feuillage vert et d'une bande rouge dont on ne distingue que peu de traces. Sur le milieu du mur on avait figuré des dauphins et des poissons peints, dont l'humidité a détruit les couleurs, ne laissant que le trait de la pointe dont on s'était servi.

Au dessus du mur d'enceinte s'élevait une suite de colonnes unies, d'ordre corinthien, couronnées d'une corniche circulaire d'un beau travail. Des fragments mutilés de bases et de fûts trouvés dans le bassin avec d'autres débris, et surtout des tuiles, prouvent que ces colonnes supportaient la toiture qui le mettait à couvert.

Le mur d'enceinte ne suivait pas à l'extérieur la courbe de la paroi qui était adossée au rocher ; il formait une espèce de stylobate carré dans lequel était contenu le château circulaire.

Une porte de 1m20 du côté du nord donnait dans un corridor qui se dirigeait sur la voie publique.

La paroi circulaire du bassin est percée de dix ouvertures de 40 centimètres de diamètre, séparées entre elles par un espace égal.

Ces trous traversent le mur dans toute son épaisseur dans la direction de la ville.

Ces ouvertures se déchargeaint deux par deux dans des canaux séparés, de manière que l'eau du bassin pouvait être distribuée par dixième dans les divers quartiers où aboutissaient ces conduits.

On voit dans l'un de ces trous, un tuyau de 8 centimètres d'épaisseur, formé par le dépôt des eaux qui ont coulé pendant des siècles par cette issue ; ce cylindre creux, d'un diamètre moindre que celui des trous, s'était formé dans un tuyau de plomb de 2 centimètres d'épaisseur qui fut jadis enlevé, en laissant en place le tuyau tufeux qu'on n'avait aucun intérêt à soustraire.

Sur le fond du bassin, à 83 cent. de son pourtour, et du côté des dix ouvertures dont nous venons de parler, il en existe trois autres de même dimension, débouchant toutes les trois dans un canal construit au-dessus des précédents ; des tiges de fer, perpendiculairement scellées à la circonférence de chacun de ces trous, servaient de guides à des clapets fixés sur la rainure des pierres du fond.

L'ouverture de l'aqueduc afférent, large de 1^{m}30 sur 1^{m}25 de hauteur, était grillée par six barreaux de fer, laissant sept intervalles pour le passage de l'eau.

En avant de cette grille, il y avait une vanne pour régler la quantité d'eau que le bassin pouvait recevoir, ou pour fermer complètement lorsqu'on voulait nettoyer ou réparer les conduits.

Cette vanne était guidée par deux tiges dont les trous sont visibles dans la pierre de recouvrement, et fonctionnait en deux moitiés égales et superposées.

Du reste ces barreaux et ces vannes avaient été enlevés longtemps avant que l'aqueduc cessât de fonctionner, puisque d'épaisses incrustations en recouvrent toutes les places.

Cet état d'incurie prouve que tous les plus utiles services étaient tombés en décadence pendant les guerres qui amenèrent la dislocation de l'empire.

MURAILLES ET PORTES

Nous avons fait remarquer, du haut de la Tourmagne, la ligne brisée des quelques remparts romains qui restent de l'enceinte de l'antique cité, et pour l'intelligence du lecteur étranger, nous en traçons tout le développement de 5,000 mètres environ, sur le plan de Nimes moderne.

Ils étaient fortifiés par un grand nombre de tours rondes ou carrées, et suivaient la plus haute crête des côteaux environnants.

Ces murailles, de 9 m. de hauteur sur 2m50 à 3 m. d'épaisseur, avaient dix portes, dont les noms ne sont pas venus jusqu'à nous.

La plus importante de ces portes, qui devait former l'entrée principale de la ville, est celle que nous connaissons sous le nom de Porte-d'Auguste, qui formait tête à la route d'Italie.

La seconde, plus au nord, était située au bas de la colline qui porta au moyen âge, le nom de *Puech-Jusiòu (Podium Judaicum)* et qui regardait le Vivarais.

La troisième, placée au pied du côteau de la

Lampèze (*Podium Lampadis*), s'ouvrait dans la direction du Gardon et des Cévennes.

La quatrième se rapprochait du côteau de la Tourmagne et conduisait à l'ancienne voie des *Gabales*, Gevaudan et Auvergne.

La cinquième s'ouvrait un peu à l'ouest, derrière les Thermes, et aboutissait aussi au chemin des Cévennes ; on voit quelques traces de ses fondements dans le Cadereau, derrière le cimetière protestant.

La sixième était située au pied de la colline appelée *Chanteduc* et aboutissait au chemin du Rouergue ; on voyait par là naguère la trace de ses tours.

La septième se trouvait au pied du côteau de Montauri (*Mons aureus*); elle aboutissait à la voie Domitienne dans la direction de Montpellier (*Sextantio*).

La huitième était un peu plus au sud-ouest et sur le tracé de la même voie.

La neuvième est celle que nous nommons la Porte de France et qui subsiste encore à l'angle le plus méridional des antiques murailles, nous l'avons désignée dans notre gravure Porte d'Espagne, parce qu'elle regarde dans cette direction. Elle est formée d'une seule ouverture de 4^m30 sur 10^m de hauteur, à plein cintre et surmontée d'une attique que décorent quatre pilastres, supportant une corniche avec laquelle les murailles se trouvaient de niveau.

La dixième porte était située au midi des Arènes ; où l'on construisit jadis la Tour Vinatière ; elle servait de passage pour aller de l'amphithéâtre au Champs-de-Mars, et se trouvait un peu à droite du chemin de Saint-Gilles, sur la place des Arènes.

Les historiens ont dit et répété que les Romains voyaient dans notre ville, comme une image de leur grande métropole, et que ses remparts renfermaient sept collines.

Voici le nom que ces collines, aujourd'hui occupées par des mazets et des oliviers, portaient dans le moyen-âge :

La première à l'est, était le Puech Jusiou ;
La deuxième, le Puech Ferrier ;
La troisième, le Puech Cremat ;
La quatrième, le Puech de la Lampèze ;
La cinquième, le Puech de la Tourmagne ;
La sixième, le Puech de Chanteduc ;
La septième, portait le nom de Montauri.

PORTE D'AUGUSTE

Cette porte qui devait être l'entrée principale de Nimes, comme son architecture le démontre, était placée sur la voie Domitienne et correspondait aux routes d'Arles, de Beaucaire et d'Orange, (*Arelata, Ugernum, Aurantio*). Dans le moyen-âge, les restes en étaient connus sous le nom de Porte d'Arles. *Castrum quod dicitur porta Arelatensis.*

Charles VI passait à Nimes en 1380, et son conseil jugea qu'il convenait de compléter les défenses de la ville en construisant un château fort en un certain lieu nommé le *Sonal des Carmes*, contre lequel sont deux tours unies à de gros murs.

Ce château, auquel on donna une forme carrée, était flanqué de quatre tours, dont deux faisaient face à la ville et de deux au dehors.

Il fut détruit en partie pendant les guerres de religion, et l'emplacement avec ses matériaux furent concédés aux Frères Prêcheurs qui y établirent le couvent dit des *Pères du Château.*

En 1752, le château royal fut entièrement démoli, et l'on découvrit seulement alors le monument romain enchâssé dans la ruine gothique.

Ce ne fut qu'en 1849 que sa base fut entièrement dégagée jusqu'au niveau du sol antique, et en 1876, il fut enfin séparé des constructions voisines par le prolongement de la rue de l'Agau.

Ce qui reste de cette porte, se compose de deux grandes arcades à plein cintre, larges de 4^m sur 6^m de hauteur, et deux petites n'ayant que 1^{m}93 sur 4^m d'élévation; ces dernières sont surmontées d'une niche demi-circulaire ornée de deux petits pilastres, portant un entablement dorique.

Deux grands pilastres d'ordre corinthien servent d'encadrement à chacune des petites entrées, et soutiennent, à 7^{m}50 d'élévation, l'entablement général, qui se reliait à deux tours demi-circulaires démolies en 1752 et 1793.

La frise qui a 60 centimètres de hauteur, porte une inscription sur deux lignes; les lettres de bronze sont depuis longtemps absentes, mais les rainures dans lesquelles elles étaient enchâssées, nous ont conservé la date de la construction des remparts et des portes; ce qui correspond à l'an 738 de Rome, c'est-à-dire seize ans avant Jésus-Christ.

Les lettres de cette inscription, d'un beau

caractère, ont 25 centimètres à la première ligne et 16 à la seconde.

IMP. CÆSAR. DIVI. F. AVGVSTVS. COS. XI. TRIBV. POTEST. VIII PORTAS. MVROSQVE. COL. DAT.

Ce qui signifie que, la huitième année de sa puissance tribunitienne, Auguste ayant jugé utile aux intérêts de l'empire que Nimes fût entouré de remparts, en décréta la construction.

Entre les deux grands arceaux de la porte, on voit une petite colonne ironique qui fait saillie sur l'imposte du pied droit dans lequel elle est engagée. Cette colonne, d'un ordre si simple, placée au milieu d'un ensemble plus orné, a paru à l'antiquaire Pelet, avoir une signification particulière et qui parait très-plausible, ce serait la borne milliaire, zéro, d'où partaient les distances itinéraires de toute la province, c'est à-dire, le *milliaire passum primum* de la colonie nimoise.

Auguste fit placer à Rome, au milieu du Forum, ce milliaire qu'on appelait *miliarum aureum*, d'où partaient toutes les voies d'italie. Nimes étant centre de colonie, avait à l'entrée de sa porte principale, *Porta Italica*, la première colonne milliaire qui se trouve en effet à 1,470 mètres des premiers milles constatés sur les routes de Beaucaire, d'Arles et de Montpellier.

Il est probable que cette porte avait un couronnement de petites arcades servant, comme à Autun, de communication entre les deux tours.

Le pavé antique, presque tout conservé sous le grand arc de droite, est formé de larges et fortes dalles irrégulières, reliées avec soin, comme le sont encore les pavés des rues de beaucoup de villes italiennes.

Il formait une courbe sur la largeur des grandes entrées, et un aqueduc construit au-dessous, offre encore un écoulement aux eaux impures de l'Agau.

La base des tours est restée intacte, et l'on constate sur tout le pourtour cette moulure élégante qui, par la simplité de ses membres, est devenue un modèle pour les architectes.

Ces tours, dont on voit le tracé sur l'asphalte du boulevard, avançaient jusqu'à 10m23 de la façade ; elles se terminaient carrément du côté de la ville : là se trouvait une porte cintrée de 1m90 d'ouverture qui leur servait d'entrée.

La Porte d'Auguste sert aujourd'hui de Musée lapidaire, spécialement destiné aux milliaires que l'on a pu recueillir sur les routes de tous les environs.

Le voyageur qui venait du nord par les galères de transport du Rhône, arrivait d'Ugernum sur cette place, d'un tout autre aspect aujourd'hui que sous Adrien ou Antonin.

On peut se figurer le mouvement qu'il trouvait aux abords de la capitale des Némausiens, peuplée alors de 80 à 100,000 âmes. La ligne des remparts et des tours, montant la colline à droite et se prolongeant à gauche jusqu'à la Porte de France actuelle, *Porta Hispanica*, laissait voir au-dessus de sa ceinture divers édifices, aujourd'hui disparus, glorieusement ornés de leur dômes et de leurs frontons.

La porte neuve qu'il allait traverser, arrêtait naturellement son attention, qui devait être distraite par les nombreuses offres de service des esclaves qui sollicitaient son obole d'une façon plus ou moins indirecte.

L'étranger suivait la large voie Domitienne qui coupait la ville en deux quartiers, en passant auprès de plusieurs édifices importants.

Il trouvait à gauche les abords du temple d'Auguste, sur les débris duquel fut construite la Cathédrale ; à droite sa vue était sollicitée par le temple de Jupiter et par le Capitole élevé sur la colline qui précédait celle de la Tourmagne.

Il suivait les canaux et entrait dans le domaine

des Thermes, où il était émerveillé de la magnificence des édifices voisins, des nombreux bassins, des colonnes, des statues qui se dressaient partout, des chutes d'eau qui bruissaient autour de lui.

Notre voyageur trouvait sur ses pas le Forum, le Temple du Soleil, le Xyste et les Sphéristères pour les exercices du corps ; il avait à visiter ensuite le Cirque, l'Amphithéâtre et les autres monuments qui ne sont mentionnés que par des inscriptions nombreuses, des débris de marbre et par toutes les colonnes retrouvées un peu partout, mais depuis disséminées dans divers musées.

Les monuments debout de tous ces débris que l'on exhume chaque jour, devaient remplir d'étonnement l'habitant des provinces qui aspirait à voir la capitale de l'empire, et qui, à défaut, était ravi de visiter celle des Némausiens, embellie comme elle d'édifices admirables.

Après ce premier aperçu de tant de richesses architecturales, il faisait comme vous, voyageur moderne, il se promettait d'aller visiter les curiosités des environs.

LE PONT D'AMBRUSIUM

En traversant le Vidourle, par le chemin de fer de Nimes à Montpellier, on découvre à peine, à travers le feuillage des arbres qui bordent son cours, les ruines de ce pont, isolées au milieu de la rivière.

Le bourg d'Ambrusium était un relai de route *(mutatio)* sur la voie Domitienne, situé à soixante et seize milles de Narbonne et à quinze milles de Nimes.

Des restes d'anciens murs, des inscriptions et divers objets antiques, qu'on a découverts sous une petite colline voisine du Vidourle, démontrent que, très près du pont se trouvait l'emplacement du bourg.

A quelques lieues en amont d'Ambrusium, il existe, sur le Vidourle, deux autres ponts romains encore en état de service : l'un dans la ville de Sommières et l'autre au petit village de Boisseron ; mais les restaurations ont tellement dénaturé les formes antiques de ces monuments qu'on peut à peine reconnaître leur origine.

Non loin de là encore, près du village de Nages, on trouve sur le ruisseau nommé le Rhoni, un petit pont romain bien conservé.

LE PONT DU GARD

C'est sous cette dénomination que l'on connaît, depuis une succession de siècles, le triple rang d'arcades qui servait à franchir la vallée du Gardon, pour le passage des eaux que la colonie avait fait venir à Nimes, pendant la plus brillante époque de sa prospérité.

Le Pont du Gard est situé dans une étroite vallée à 22 kilom. au nord-est de Nimes.

On sort de la ville par la route d'Avignon, en suivant quelques instants la voie ferrée de Beaucaire ; le tracé de l'aqueduc antique qui portait les eaux d'Uzès à Nimes, suit la ligne des côteaux à gauche, sur un plan un peu plus élevé.

A sept kilomètres environ, la route passe devant le village de Marguerites, où un canal rétrograde ramenait de Nimes les eaux qui devaient servir à l'embellissement de quelque *villa* ou résidence princière du nom de *Margarita*, la perle.

Saint-Gervasy est dominé par une chapelle et des stations qui servent de lieu de pèlerinage aux fidèles des environs.

On traverse un peu au-delà le vrai Vistre, celui sans doute qu'Ausonne pouvait comparer à la Divonne dans ses vers, si ce n'est notre fontaine même.

> *Divona, Celtarum lingua fons addite divis*
> *Non Aponus potu, Vitrea non luce Nemausus*
> *Purior.....*

Ce ruisseau prend sa source à Cabrières, village situé à gauche, au milieu des garrigues.

Il y a deux fontaines hors de ce hameau, et c'est la plus éloignée, celle de Roquecourbe, qui lui donne principalement naissance.

Des restes antiques, des inscriptions et des médailles trouvées là, permettent de supposer que dans les anciennes époques historiques on n'avait pas dédaigné d'utiliser le produit de ces sources.

Le Vistre, très-peu grossi, mais infecté par les eaux troubles des cloaques de Nimes, va se perdre au sud de Vauvert (*villis viridis*) dans un canal qui communique, près d'Aiguesmortes, avec les étangs et la mer.

Deux kilomètres plus loin, on traverse Bezouce, et à une lieue au-delà, on voit à gauche, le village de Lédenon, motivé comme toute oasis, par une source, et dominé par des ruines d'un vieux château féodal. Ce village était entouré jadis de féconds vignobles dont les produits avaient acquis une certaine réputation.

Bientôt la route, bordée par des côteaux couverts de petits bois d'yeuses, prend un caractère plus agreste. On traverse enfin Saint-Bonnet, qu'une colline arrondie sépare de Sernhac et de Meynes ; il y a encore là une jolie fontaine, dont les canaux sont ombragés de peupliers.

Au milieu des touffes de plantes grimpantes et des lierres suspendus aux rochers, on entend une eau claire qui bondit et serpente à travers de gras pâturages ; c'est la roue d'un moulin qui produit une blanche écume, entrevue à travers les saules et les figuiers ; aujourd'hui une jolie *villa* s'étale au milieu de ce qui rappelait une charmante petite idylle ou un tableau de Watelet.

Après avoir dépassé la gorge de Lafoux, un pont suspendu réunit les deux rives du Gardon et mène au village de Remoulins, dont les blanches maisons s'étalent sur une berge élevée, à l'abri des inondations.

Notre rivière roule le plus souvent sur une

grève vaste et caillouteuse, des eaux rares, qui viennent se réunir sur le barrage d'un moulin qu'elles franchissent en bouillonnant.

Le terrain change progressivement de nature et d'aspect à mesure qu'on avance par les courbes du chemin ; bientôt des deux côtés de la route, ce ne sera que sable porté là, par le vent des bords de la rivière que l'on voit miroiter à droite.

Mais lorsque tout à coup un orage éclate sur les versants des Cévennes, ses eaux s'élèvent, s'avancent inopinément, comme une muraille bourbeuse, et roulent des flots impitoyables qui renversent tous les obstacles, en déposant du limon et du sable sur les terrains cultivés.

Pour peu qu'on ait l'âme artiste, on doit éprouver une certaine émotion en approchant, pour la première fois, de l'antique aqueduc ; les yeux le demandent avec impatience à chaque repli de la montagne qui le cache. Enfin à un détour de la route, le colosse romain se développe peu à peu, et ses arches superposées s'offrent aux yeux du voyageur, comme un de ces édifices aériens et fantastiques jetés sur la terre par ces demi-dieux de la ville éternelle, pour consacrer leur durable génie.

Plus on approche, et plus il grandit et il éton-

Nimes

Pont du Gard.

ne, comme tous ces grands traits d'union dont l'homme s'est servi pour franchir les rivières ou les vallées; aussi semble-t-il que la solitude du lieu en soit devenue plus imposante, comme à Roquefavour. On y voit à la fois des vertes pelouses et de larges grèves; des pans de rochers calcaires taillés en grottes, ou surgissant en masses rugueuses, comme des murailles, pour encaisser les eaux vertes de la rivière; des bouquets de hêtres, de bouleaux ou de chênes se groupent çà-et-là, auprès des taillis d'yeuses; enfin c'est un pêle-mêle de tous les éléments pittoresques que le génie du paysage peut resserrer dans un même cadre.

Il y a des gens qui, à la vue d'un beau site, se laissent aller à leurs impressions, et se délectent aux vagues sensations que leur inspirent le lever du soleil, après un jour d'orage, au sein de la nature rajeunie et des rochers humides.

Les rayons matineux qui se jouent à travers cette haute muraille toute percée à jour prédisposent à de douces sensations, et les heures passent rapidement dans ce site solitaire, que l'on quitte à regret et que l'on revoit toujours avec un nouveau plaisir. Mais après la contemplation et la rêverie, l'homme positif est bien aise de recourir aux détails sur les dimensions de l'édifice qu'il a devant les yeux et l'histoire qu'il lui rappelle.

La colonie de Nimes était dans une situation si florissante pendant la succession de plusieurs règnes des Empereurs qui la protégeaient, sa population avait pris un tel accroissement, que les eaux de la source étaient devenues insuffisantes, tant pour les besoins ordinaires des habitants que pour les embellissements des édifices et des places.

Les jeux de la naumachie et les irrigations des villas en réclamaient aussi, de sorte qu'on fut obligé de recourir aux sources plus lointaines. Après de longues études sur les terrains environnants, on résolut d'amener dans la florissante capitale une partie des sources d'Eure et d'Alzon, qui, avant de se perdre dans le Gardon, ne rendaient que de très-faibles services à la contrée qu'elles parcouraient.

L'édilité ne fut arrêtée ni par la longueur du parcours, ni devant les obstacles que présentaient les ondulations du terrain, mais l'eau manquait et il fallait s'en procurer à tout prix.

Le Pont du Gard, qui n'est devenu un pont que depuis le commencement du dix-septième siècle, franchit, en ce lieu resserré, la vallée du Gardon, en portant l'aqueduc sur des petites arcades au plus haut faîte du monument. L'eau y était amenée par sa pente naturelle, tantôt à fleur du sol, tantôt par des passages souterrains qui suivaient les contours des collines, dans un lit creusé sur leur déclivité.

Elle arrivait dans les quartiers élevés de la ville, et en passant sous le Capitole, débouchait dans le Château-d'eau (*Castellum divisorium*); de là une partie suivait son tracé toujours enfoui, sous la colline de la Tourmagne, et aboutissait enfin aux Thermes, au Nymphée et aux divers bassins où s'en opérait le dernier emploi.

Comme il n'y a pas d'inscription connue qui puisse fixer d'une manière certaine l'époque de la construction de l'aqueduc, ce n'est que par analogie que l'on en reporte la date à Agrippa, gendre d'Auguste, qui vint à Nimes l'an 735 de Rome, 19 ans avant Jésus-Christ, pour apaiser quelques troubles dans les Gaules.

Ce prince fit percer le pays de plusieurs grandes voies, et comme il avait reçu à Rome, à cause de ses travaux hydrauliques, le titre de *Curator perpetuus aquarum*, il est assez naturel de croire que le séjour de l'intendant général des eaux de Rome donna une grande impulsion à des travaux similaires dans nos contrées.

Un parcours de 41 kilom., et surtout la traversée du Gardon par un triple rang d'arcades, était, il y a encore quelques années, une des conceptions les plus hardies que pût rêver le génie humain ; mais aujourd'hui qu'il appelle à son aide les plus puissants moyens que la science et la pratique mettent à sa disposition, nous sommes habitués aux grands travaux d'art, et nous concevons mieux la réalisation du Canal de Marseille et du pont-aqueduc de Roquefavour, qui éclipse l'œuvre romaine par des proportions doubles en hauteur, et par un parcours de 517 kilomètres.

Toutefois l'effet produit par notre vieille ruine, revêtue de cette couleur ambrée que lui ont donnée et ses longs services, et les baisers du soleil, ne laisse pas que de satisfaire l'imagination des artistes et des voyageurs.

Le pont-aqueduc du Gard présente, ainsi qu'on le voit dans la gravure, deux rangs de grandes arcades et un troisième rang de petits arcs, tous à plein cintre, et portant sur des impostes à faible saillie.

C'est au-dessus de ce troisième rang que se trouve le canal dans lequel les eaux franchissaient la vallée. Il était recouvert de longues dalles de 3^m64 sur 1^m de largeur, ce qui servait de passage aérien aux surveillants des eaux.

Sa plus grande hauteur est de 48ᵐ77 sur 270ᵐ de longueur ; il est construit en gros quartiers de pierre parfaitement assemblés à sec, sauf les parois du canal qui sont revêtues de moëllons smillés, à l'intérieur comme à l'extérieur, et solidement maçonnées.

Le premier rang ayant six arcades, est haut de 20ᵐ12 ; l'arche centrale sous laquelle coule a rivière a 24ᵐ50 d'ouverture, tandis que les deux plus voisines n'ont que 19ᵐ20, et enfin les trois autres 15ᵐ75.

Le second rang, d'une hauteur égale, compte onze arcades en retraite, correspondant à celles d'en bas.

Enfin, le troisième rang, qui mesure 8ᵐ55 jusqu'au-dessus des dalles du couronnement, comprend 35 arceaux de 4ᵐ80 d'ouverture, également en retraite sur le second rang.

Cette variation dans les arches, dont la symétrie est pourtant commandée par celle du centre, a nécessité quelques différences dans l'épaisseur des pieds-droits et dans la hauteur des impostes.

Ce hardi monument avait 6ᵐ36 de largeur à la base, 4ᵐ56 au deuxième rang, et 3ᵐ06 au troisième, ce qui donnait une retraite suffisante pour garantir la solidité de cette masse de matériaux superposés.

Les extrémités du troisième étage s'appuient à deux versants de collines de hauteurs inégales, de sorte que le canal s'engageait dans les rochers sur la rive droite, et se continuait, par une suite de petits arcs, sur la rive opposée, pour rejoindre les arcades que l'on voit encore au-dessus de Vers.

Les parois intérieures avaient été revêtues d'un bon ciment recouvert d'une peinture rouge.

Un épais dépôt de carbonate de chaux, que les eaux y ont laissé pendant plusieurs siècles, en avait diminué de moitié le débit, lorsqu'il eut cessé de servir.

Cet aqueduc avait été construit avec les mêmes soins dans tout son parcours, soit qu'il fut porté sur des arcatures, soit qu'il fut enfoui sous terre. Dans ce cas, il était recouvert d'une voûte à plein cintre de 0^m60 d'épaisseur, même lorsqu'il était engagé dans les rochers.

L'architecture de ce monument a été rigoureusement suivie dans un grand nombre de vastes palais de Florence; il y a constitué l'ordre toscan dans toute sa sévère puissance, comme dans la sobriété de ses lignes.

Les mêmes générations qui avaient fait converger vers Rome tant d'aqueducs gigantesques avaient voulu, comme en se jouant, laisser ici la leçon et l'exemple. Les Romains nous ont donné l'idée de l'importance qu'ils attachaient à la consommation d'eau d'une grande ville.

Après plusieurs siècles d'attente et de longues hésitations, nous avons à Nimes une partie de l'eau qui nous est nécessaire par un puisage à Comps, au moyen de machines à vapeur; espérons que la génération prochaine fera mieux, en l'amenant de plus haut, par sa pente naturelle.

Si l'on porte son attention sur l'épaisseur des piliers qui soutiennent le premier rang d'arcades on remarquera une échancrure assez profonde, remplie par des pierres dont la teinte et le grain accusent une construction plus récente.

Cette échancrure, large de plus d'un mètre avait été pratiquée, du côté du nord dès le commencement du xvii° siècle, pour livrer passage aux voyageurs ou à leurs montures ; des encorbeillements, garnis de garde-fous, élargissaient un peu cet étroite voie.

Des lézardes profondes annoncèrent tout le danger dont le monument était menacé, et en 1700 le dommage fut partiellement réparé. Enfin, de 1743 à 1747, M. Pitot, directeur des travaux publics en Languedoc, fit adosser un pont moderne contre la face du canal antique, et les études qu'il y fit lui permirent de présenter un projet d'aqueduc, qu'il exécuta quelques années plus tard, pour le Peyrou à Montpellier.

Des réparations plus récentes ont été opérées depuis peu d'années, sous la direction de M. Questel, tant pour la préservation du monument que pour la commodité des touristes.

Sur la rive droite du Gardon, au pied d'un rocher tapissé de verdure, s'étend une large pelouse, au bord du chemin que l'on prend pour monter à l'aqueduc.

Les parois de ce rocher sont creusées à leur base de manière à former des grottes très surbaissées et spacieuses, que connaissaient naguère toutes les troupes nomades; c'était principalement le caravensérail des Gitanos, qui venaient hiverner dans la contrée, d'où ils rayonnaient dans les foires des environs; l'une d'elles a été transformée en buvette ou restaurant.

Si le voyageur transporté sur le plus haut faît du monument n'a pas peur du vertige, il aura sans doute jeté un coup d'œil d'intérêt sur la vallée qui s'ouvre à ses pieds. En amont de la rivière, il remarquera des rochers d'une belle teinte dorée et des bois épais qui lui promettent une agréable promenade du côté de Collias.

S'il peut enfin disposer de quelques heures,

Garden

Chateau de St. Privat

un sentier onduleux le conduira au château de Saint-Privat, ancien manoir gothique récomment restauré, dont les tours surgissent du sein de ces ombrages, et où le bruit d'un moulin ôte à cette solitude ce qu'elle pourrait avoir de trop mélancolique. On peut visiter ce château qui a été, depuis quelques année, meublé d'une façon splendide, grâce à son propriétaire, M. Caldéron.

Les jardins sont dans le goût du siècle dernier, et offrent des jolis points de vue du côté de la rivière.

Le paisible Gardon, qui arrive là en doublant des montagnes, ou en se perdant sous les sables, va, à dix kilomètres plus bas, confondre ses eaux à Comps avec celles du Rhône, au milieu d'une fertile plaine, qui a reçu tous les bénéfices des alluvions entraînées sur tout son parcours.

Mais lorsqu'il perd ses allures pastorales et qu'il est piqué par la tarentule de l'ambition, il couvre cette plaine et ses grèves, sur lesquelles ses eaux fangeuses traînent des arbres déracinés, des instruments ou des meubles submergés.

C'est dans cette plaine de Comps que l'on peut voir les travaux de dérivation et de refoulement des eaux du Rhône qui arrivent à Nimes, à la Pore-d'Alais, d'après les plans de l'ingénieur Dumont. Cette usine est à quatre kilomètres de

Beaucaire et au pied de l'antique et curieuse abbaye monolithe de Saint-Roman.

NIMES MODERNE

Nimes, chef-lieu du département du Gard a près de 70,000 habitants. La ville qui tend à s'agrandir par l'extension de ses faubourgs, est située à 46ᵐ d'altitude, au pied d'une succession de collines qui forment les dernières assises des Cévennes.

Le cours d'eau qui la traverse, la source de Nemausus va se joindre au Vistre, qui coule de Cabrières à Caissargues. Un autre torrent, le Cadereau (καταρχκτος) ne coule à l'ouest qu'à la suite de forts orages, et comme il est le receptacle de plusieurs petits vallons au nord, son lit ordinairement pierreux et sec pendant de longues périodes, a des caprices et des rages à tout dévaster sur son parcours, et à noyer parfois les imprudents qui tentent de le braver.

La cité intérieure est un assemblage de rues étroites et sinueuses, mais entourée de larges boulevards, où l'on remarque bon nombre de beaux édifices, des maisons remarquables, des splendides cafés, des hôtels, des restaurants, etc.

Des Tramways parcourent ces boulevards à tout instant du jour, en partant de la gare, ou de la route de Montpellier à la Caserne d'Artillerie (route d'Uzès), des voitures de place stationnent aussi pour la commodité des voyageurs à un tarif très-modéré, c'est-à-dire 60 cent. la course à 2 places, 80 cent. à 4 places.

Les omnibus conduisent aux hôtels, (à 50 cent.)
Les principaux hôtels sont :
Le Luxembourg, sur le côté de l'Esplanade.
Le Midi, Square de la Couronne.
Le Cheval Blanc, en face des Arènes.
Hôtel Manivet ou Balazard, près le Théâtre.
Hôtel de France, place des Arènes.
Hôtel du Commerce, place des Carmes.
Café Peloux, en face de l'Hôtel du Luxembourg.
Café de l'Esplanade.
Café de la Bourse, en face des Arènes.
Café Tortoni, Boulevard Amiral Courbet.
Café de Paris, Boulevard Victor Hugo.
Café Gambrinus,   id.   id.   id.
Café de l'Univers,   id.   id.   id.
Et une foule d'autres chantants ou déclamants qu'il serait trop long de mentionner.

Les Postes et Télégraphes, Square de la Couronne, bureau supplémentaire, Boulevard Gambetta.

Théâtre et Casino d'été, Boulevard du Viaduc.

Tout le monde connaît les petits poèmes burlesques, les innombrables chansons, les fables, les scènes de mœurs domestiques ou les tableaux champêtres qui donnèrent, aux idiomes méridionaux, la vogue qu'ont acquise dans le midi de l'Espagne les farces andalouses.

Malgré tous les nouveaux poètes provençaux ou gascons, l'ancienne langue des troubadours est condamnée à perdre de jour en jour de son importance comme langue usuelle, puisque la plupart des mots et des tournures de phrases tendent forcément, par l'usage, à se franciser.

Nous applaudissons cependant de grand cœur à tous les efforts que font quelques nobles esprits, et ne demandons pas mieux que nos idiomes vivent encore longtemps, puisque nous sommes convaincu qu'une langue qui en fût dérivée eût surpassé en harmonie la langue française, si elle eût pu suivre comme elle, sa destinée d'esthétique et de perfectibilité.

Mais tant d'autres ont passé pour ne plus revenir, quoiqu'elles eussent de la vigueur, de la grâce, de l'harmonie, et qu'elles eussent atteint la perfection à laquelle les fait parvenir une littérature étendue et riche en chefs-d'œuvre.

L'humanité dans sa marche ne rétrograde jamais et se préocupe peu du souci de rappeler à

la vie les vieilles idées et les anciennes langues ;
il lui faut toujours, au contraire de nouveaux
vivants pour répondre à ses fécondants efforts,
et témoigner ainsi de cette inépuisable faculté
créatrice qu'elle a rivée au cœur des générations
qui se succèdent.

Un repas de fum

Un vielh e rusat gabachas,
Gran barrulaire de mountagnos,
Qu'a fach sa vido de milhas,
D'aigo de roco e des castagnos
S'ero agandit au païs bas.

Dins uno vilo renoumado
Per i avedre de bons lougis,
Aurias vist aquel camarodo
A las portos, coumo lous chis,
Se repaisse de la fumado
E de touto bono alenado
Que de las cousinos sourtis.

Un jour, un oste farcejaire
Qu'aprestavo de fricandèus.
A l'aste, de bestiau pieutaire,
En gardiano, de calathèus,
Vei à sa porto aquel coumpaire
Se countenta de regardèus ;
E ié dis : intras camarado,
Per coi manda siégués pas mut ;
Dins moun lougis la déjunado
Se pago pas mai d'un escut.

Sias pas ben care, Moussu l'oste,
Dis lou rusat : eici me poste
Per m'embreiga de bon perfum ;
Laissas-me doun fa, que que coste,
Un bon repais de vostre fum.
S'aco, brav'ome, vous agrado,
L'oste ié dis per s'en trufa,
Intras, intras, e de fumado,
Poudés à l'aise vous cloufa.

O, pla, fai l'autre, malapesto !
Per mas narilhos quento festo !
O ! quente bon repais vau fa !
Aco dich, lou gabach se sarro ;
A pleno gorjo, à pleno narro
Aquel bon fumet engoulis ;
E quand counèis que sa bedèno
Coum'un baloum de fum es plèno,
Se viro vers l'oste, e ié dis :

Quant déve, Moussu, que vous pague ?
« Cinq franc, dis l'autre, » cinq franc siague :
Sias pas ben care...., pas que cinq !

Lou gabach sourtis sa boursèto
La brandis coumo uno esquinlèto
E fai faire as escuts tin-tin.
Ne salis un, au sòu l'escampo ;
Des fès lou trais, des fès l'escampo ;
Lou fai tinda..., tant qu'à la fin,
Lou mestre ié dis : — Camarado,
Coum'aco pagas la dinado ?

— O pla ! ço-dis, ièu pague ansin :
Me countente de la fumado,
Moussu, coutentas-vous dou tin.

PRUNAC.

Ma Tafatarello

Sièu amourous d'uno chatouno,
Flourido coumo un mes de Mai ;
Dins Caumount crese que jamai
S'es vist chato tant galantouna.
Voudriès belèu saupre soun noum,
E me lou faire dire ?... Ah ! noun....
Car, se sabiès lou noum de la Tafatarello
Qu'en me dounan soun cor voù me douna sa man,
Ségur la raubariès ; moun amigo es tan bello,
Que, s'un rèi la vesié, sarié rèino deman.

Dins soun oustau, touto soulèto,
La chato, bravo coume un sòu,
Gasaio coumo un roussignòu,
En fasen courre sa navèto.
Bessai vos saupre soun oustau ?
Te lou dirai... pas tan badau !...
Car se sabiès l'oustau de la Tafatarello
Qu'en me dounan soun cor voù me douna sa man,
Segur la raubariès ; moun amigo es tan bello
Que s'un rèi la vésié, sarié rèino déman.

E quand la veson à la messo
Prégan dins soun ban — prégadis,
Touti li sant dou paradis
Voudrien l'avedre per bailesso !

Vos que te digue ount'es soun ban ?
Es aquèu... Passaras deman !....
Car se sabiès lou banc de la Tafatarello
Qu'en me dounan soun cor vòu me douna sa man,
Ségur la raubariès ; moun amigo es tan bello
Que, s'un rèi lu vésié, sarié rèino deman.

S'ès pauro es bello : a la sagesso,
Es jouino....., que voulès de mai ?
Em'aco l'amour dou travai ;
Es la proumièro di richesso.
Soun noum, soun ban e soun oustau ?...
Li rasin te faran pas mau !
Lou soupras pas lou noum de ma Tafatarello.
Soupras pas soun oustau e soupras pas soun ban,
Car me la raubariès. Moun amigo es tan bello,
Que, s'un rèi la vésié, sarié rèino deman.

JOUVEAU.

PLAN DE LA VILLE DE NIMES

Nous mettons sous les yeux de l'étranger un plan que le format de ce livre ne nous permet pas de tracer plus distinctement, et pour montrer comment la population a été déplacée par suite des nouveaux besoins de la civilisation, nous y avons tracé l'enceinte de ses antiques remparts.

On sait généralement que les besoins de la défense faisaient agglomérer les cités comme les hameaux, auprès des châteaux et des forteresses qui servaient à les protéger, tandis que, de nos jours, l'instinct social ou les exigences du commerce sollicitent davantage vers la plaine les demeures des habitants.

Nimes a été divisé en douze sections, dont les rues portent des noms empruntés quelques fois aux phases de l'histoire locale. Dans les quartiers les plus modernes, des groupes de rues ont été baptisés en souvenir des édifices qui existent ou qui ont existé.

Ainsi au coin de celles des environs de la Fontaine, on lit les noms des empereurs romains qui nous semblent liés à nos monuments comme Auguste, Agrippa, Antonin, Adrien, etc. Sur celles qui entourent le Théâtre sont inscrits ceux des principaux auteurs lyriques ou dramatiques : Racine, Corneille, Molière, Voltaire ; autour du Séminaire et du Cours de la République, on trouve ceux des évangélistes et des saints. Sur celles des faubourgs du nord, on lit ceux des hommes qui ont illustré le pays par leurs talents ou leurs bienfaits, comme Astruc, Robert, Clérisseau, Vidal, Baduel, Traucat, Guiran, etc.

Dans l'Enclos-Rey ou autour des Casernes, ce

sont ceux des principales villes ou d'anciennes provinces de France qui ont été adoptés.

Dans la cité proprement dite, on trouve des anciennes dénominations qui rappellent les usages ou les faits historiques qui les ont motivées. Ainsi la rue des Lombards est ainsi appelée en souvenir d'une bourse ou des boutiques qu'y avaient établis les marchands italiens qui introduisirent chez nous certaines marchandises ou opérations commerciales dans le treizième siècle; la rue des Orangers est peut-être ainsi nommée en souvenir des arbustes qu'ils y avaient importés. La rue étroite de la Ferrage, parallèle au cours de l'Agau, était souvent infestée par la peste, et l'on avait, dit-on, grillé les issues, afin que les pestiférés ne pussent pas venir communiquer avec les quartiers les plus sains, d'où lui viendrait son nom.

La place de la Salamandre rappelle la colonne érigée lors du passage de François Ier et qui portait la représentation d'une salamandre dans les flammes, avec cette inscription qui formait les armoiries de ce souverain.

NUTRISCOR ET EXTINGNO

Cette colonne y subsista jusqu'au milieu du dix-huitième siècle; elle fut abattue dans une émeute et elle gît dans le parvis de la Maison-Carrée.

La rue de la Trésorerie indique la destination première de l'Hôtel-de-Ville comme recette des finances.

Dans la rue du Bât-d'Argent, il y avait sans doute, un affenage ou une hôtellerie, qui avait pris cette enseigne à l'exemple de quelque *posada espagnole*.

La place du Château ou des Pères du Château nous rappelle la forteresse qui remplaça celle des Arènes, et le couvent qui succéda à la forteresse.

La rue Séguier, où était la demeure du secrétaire perpétuel de l'Académie du Gard, fondateur de la bibliothèque, ne nous permet pas d'oublier les savantes recherches de l'ami de Maffei sur les antiquités romaines.

Dans la ruelle des Quatre-Jambes sont entés l'un sur l'autre, divers fragments antiques en pierre, qui n'ont aucun rapport entr'eux, et dont l'assemblage a donné son nom à la rue qui est en face des Arènes.

Enfin la Lampèze indiquait un tribut d'huile à brûler ou l'entretien d'un fanal; la Bouquerie et la Triperie désignent les cloaques infects auxquels succèderont un jour de plus beaux quartiers.

La Cathédrale, qui a été dégradée pendant les guerres civiles, avait été construite sur les ruines d'un Temple d'Apollon ou d'Auguste, dont on distingue encore les premières assises à la base; on trouve dans sa construction les traces mélangées de l'art byzantin, gothique et moderne. Elle renferme le *Baptême du Christ* de Sigalon.

Le grand et le Petit-Temple, qui avaient été construits pour des chapelles de couvents, n'offrent rien de remarquable, pas plus que la Sinagogue que les Israélites possèdent au centre de leur quartier, dans la rue Roussy.

Parmi les plus récentes constructions nous avons à citer l'aménagement de l'École d'Artillerie sur le Cours, le passage Guérin qui a contribué à dégager la Porte-d'Auguste, l'Église Saint-Baudile, sur la place des Casernes, le nouvel hôpital du chemin d'Uzès et enfin les Casernes d'Artillerie construites dans de très-vastes proportions, sur les terrains d'un jardin botanique, qui n'a duré que quelques années. Dans la même direction de la route d'Uzès et à quelques kilomètres plus loin, le génie militaire vient de tailler dans les garrigues un polygone et un vaste champ de tir, ce qui a fait créer de ce côté de nombreuses guinguettes et de nouveaux lieux de promenade. En 1881 on a construit une école normale pour jeunes filles. Mais les années 1885 à 1886 compteront surtout dans les annales municipales par les chantiers de construction qui ont si rapidement complété les rues de la Banque, Guizot, Crémieux, par l'aménagement d'un nouveau Lycée, par les Halles centrales élevées sur des terrains vacants, ou des petites rues insalubres, et qui forment maintenant dans quatre directions, les principales artères de l'intérieur de la ville.

MŒURS ET LANGAGE

La population des villes qui vit ordinairemen à l'étroit, aime à aller respirer l'air des champs le dimanche et les jours de fête ; c'est pour cela qu'on découvre autour de Nimes un si grand nombre de *mazels*, construits sur de maigres terrains, que la sueur de plusieurs propriétaires a successivement ameublis et fécondés.

Ces petites *Villas* rendent aux artisans et aux boutiquiers plus de plaisirs, les jours de fête, que de profits pendant toute l'année.

La population de Nimes présente tous les

traits moraux propres aux habitants de la France méridionale. Habituellement laborieuse et sobre, elle ne fuit pas les excès des jours de fête; très-avide d'émotions, elle se livre parfois avec intempérance à sa joie bruyante; mais elle connaît modérément l'ivrognerie, qui se manifeste en raison inverse de l'abondance des produits alcooliques.

Les classes infimes des villes montrent en général peu d'esprit, d'ordre, de convenance et de propreté, aussi des édits de police sont souvent nécessaires pour leur en inculquer les règles, l'ouvrier vit quelquefois au jour le jour, oubliant la prévoyance recommandée la veille, et comptant sur un ciel toujours clément, comme sur un travail sans chômage. Il participe du caractère méridional par sa vivacité native, et une certaine pénétration qui lui donne du goût pour les arts en général: cette ardeur et cette promptitude d'action causent de l'irrascibilité envers ce qui le contrarie, et donnent par suite naissance à l'orgueil et à une indocilité hautaine qui cherche à fronder ce qui lui est supérieur.

Avec des traits généraux aussi accentués, il n'est pas étonnant que nos populations méridionales aient été agitées par les passions politiques et religieuses, et que d'adroites influences s'en soient servies, comme d'un levier facile à manier, jusqu'à les compromettre dans des excès regrettables. Les moyens d'instruction ne manquent pourtant pas à Nimes, surtout depuis quelques années, aussi devrions-nous espérer que l'ensemble des générations nouvelles acquerra un sens moral plus élevé, en comprenant l'inévitable loi du travail et la lutte pour l'existence.

Mais ce qui fait défaut dans le Nord comme dans le Midi, c'est la pratique de la vie de famille, le *home* qui n'est plus tant en honneur, mais qui devient journellement une regrettable exception.

Les séductions élégantes ou grossières du cercle ou du café, les sordides fumeries de la buvette ou de l'estaminet, sollicitent les jeunes générations par des attractions dangereuses, dont la société en général recueille les fruits.

Nous avons été trop souvent les témoins, et parfois les victimes de cette sorte d'énervement qui s'est introduit dans la vie publique de toutes les classes de la société; nous avons éprouvé de ces journées de découragement qui se manifestaient au dehors par une effervescence tumultueuse, et nous avons souffert des excitations qu'elles produisaient sur les classes qui se disaient sacrifiées ou abaissées à dessein.

N'avons-nous pas assez compris combien il était dangereux pour la tranquillité publique de soulever les convoitises et les passions des classes inférieures, car les individualités, comme les masses gardent de profonds ressentiments, lorsqu'elles ne sont pas retenues par l'instinct ou la raison, qui sont les préservatifs de toute société.

Les mœurs des populations découlent des habitudes dominantes de telle ou telle contrée, et l'on a remarqué qu'elles sont en général plus réglées dans les pays de montagnes que dans ceux de plaine, parce qu'il y a ici plus d'aisance et d'alea, et que les hommes s'y réunissent plus fréquemment pour boire du vin ou de la bière, à certaines heures, ou à la moindre interruption des travaux. Dans les montagnes, où la population est plus disséminée et la vie plus dure, les hommes au contraire s'y montrent plus casaniers et plus assidus aux travaux domestiques.

L'aisance et la propreté règnent dans la plupart des habitations de la plaine ; la cuisine y est toujours disposée au point de vue d'une flatteuse apparence, car c'est la salle de prédilection des demeures villageoises; et il y en a souvent plusieurs dans le même ménage, l'une pour l'usage journalier et les autres pour l'apparat, l'idiome de nos contrées a suivi nécessairement les phases de leur histoire. Un certain nombre de mots celtiques qui ont surnagé à la suite des invasions et des révolutions, témoignent encore de l'antiquité de notre origine, et forment le fondement bien exigü de notre langage.

Les idiômes grecs ont laissé chez nous des traces beaucoup plus évidentes, à cause des relations commerciales qu'y entretenaient ces colonies sur toute la côte de la Méditerranée. Mais c'est surtout la langue latine qui devint, par suite d'une plus longue domination, la créatrice du Languedocien, concurremment avec l'Italien, l'Espagnol et le Portugais.

La langue latine était répandue dans la Narbonnaise plusieurs siècles avant notre ère; et pendant cinq à six siècles après, elle avait absorbé les éléments Celtiques et Grecs qui l'avaient précédée.

L'influence latine était si bien entrée dans le cœur des populations, comme dans la langue de nos aïeux, que les Gaulois donnaient à leur pays le nom de Gaule Romaine.

Plus tard, quelques mots et des tournures de phrases furent empruntées à la langue des Goths ou des Sarrasins, qui altérèrent la pureté latine. Nos idiômes furent forcés de céder à la corruption, et il faut bien reconnaître que le plus puissant affluent lui fut porté par l'invasion Franke.

La langue latine, plus ou moins viciée, devint alors la langue romane, que l'on est convenu de diviser d'une façon arbitraire, par le cours de la Loire, et il resta au Midi plus d'éléments latins, et au nord plus d'éléments germaniques. Au-delà se forma le français, et par ici se transforma le latin en autant d'idiômes qu'il y avait de grandes ou petites provinces.

Le Languedocien, le Provençal, l'Aquitain, le Limousin et le Gascon eurent leurs nuances particulières, quoique dérivés d'une même souche.

On peut dire ainsi que le Languedocien ou le Provençal ne sont pas des corruptions du français, mais un véritable idiôme dérivé du latin, ou venu parallèlement avec lui, et qui aurait pu avoir la même vitalité que l'Italien ou l'Espagnol, s'il avait pu se mettre à la tête de la civilisation, pendant qu'il luttait avec énergie, à la suite de ses Comtes, dans le moyen-âge, contre l'influence franke.

Le Château de Beaucaire

En parcourant le Midi de la France on remarque que nos idiômes se rapprochent plus de l'Italien ou de l'Espagnol, suivant leur contact avec les contrées où se parlent ces langues. Le Languedocien du Gard, à l'imitation de toutes les langues demeurées vulgaires, varie d'un lieu à un autre, et offre des nuances de prononciation très-distinctes pour ceux qui habitent le pays.

Dans la région montagneuse, la langue a conservé plusieurs expressions latines qui se sont transformées dans la plaine, sous l'influence du français, comme : *leyne*, bois, *horts*, jardins, mouïé, femme, parets, murailles, etc...

Si notre antique langage n'a pas progressé comme ses langues sœurs, il a du moins conservé des restes nombreux de son originalité primitive.

« Six siècles de proscription n'ont pu éteindre
» complètement son génie. Seulement après
» avoir été l'organe des cours les plus polies,
» de la société la plus raffinée du moyen-âge, il
» est devenu l'idiôme du peuple seul. S'il a perdu
» cette subtilité, cette recherche élégante qu'il
» avait apprise dans les cours d'amour, et par
» le contact des princesses avec les poètes de
» son beau temps, il a gagné à se retremper
» dans des mœurs moins apprêtées, plus de vie
» et de liberté.

» Il est maintenant plus grossier, mais aussi
» plus expressif, et les sentiments, les idées
» qu'il rend, pour lui venir de l'ouvrier ou du
» paysan, au lieu du chevalier et de la dame,
» n'en ont que plus de franchise et de ver-
» deur. » (1).

Malgré la grande infiltration du français, une poésie fraiche et vigoureuse, qui n'est qu'un vrai reflet de la nature, apparaît dans les sonnets et chansons de Goudouli, dans les poèmes et satires de Jasmin, et enfin dans la renaissance des poètes provençaux, tels que: Aubanel, Croussillat, Mistral, Roumanille et cent autres qui fournissent annuellement des œuvres légères ou spirituelles à l'*Armana Prouvençau*.

Ce qui perpétue les langues, ce sont les monuments littéraires qu'elles ont enfantés : et les nôtres se sont renfermées pendant trop longtemps dans un ordre de compositions qui montrent plutôt de la grâce et de la naïveté, que de l'énergie et de l'ampleur.

Nous avons donné aux pages 92 à 96 deux poésies, comme spécimens de nos idiômes locaux.

---

(1) Léonce de Lavergne.

BEAUCAIRE

Les voyageurs qui veulent rejoindre la grande ligne de Paris à Marseille ont à passer par Beaucaire et Tarascon.

Le Château de Beaucaire, ancienne résidence des comtes de Toulouse, domine du haut de son rocher, la ville qu'il protégeait jadis ; on l'appelait dans le moyen-âge *Belli-Quadrum* dont on fit *Bel-Caire* à cause de sa forme ou de sa position.

Cette ville était probablement sur l'emplacecement d'Ugernum, rolais de poste (*mulatio*) marqué sur les itinéraires de l'empire, entre Tarascon et Nimes.

La foire de Beaucaire, qui était autrefois très-considérable, a perdu presque toute son importance. Elle se tient dans l'intérieur de la ville, et surtout au bord du Rhône et sur la promenade du Pré, plantée de vieux ormeaux et de platanes. On y élève à l'avance des rangées de baraques, des tentes, des cafés, des bazars et des cirques équestres pour un mois.

Il se rendait sur ce marché annuel des acheteurs de tous les pays, surtout des rives de la

Méditerranée et de ses îles. La variété des types et des costumes, la diversité des marchandises, les enseignes et le mouvement de cette ville, ordinairement si calme, présentent pendant quelques jours un coup d'œil des plus curieux.

Chaque commerce a sa rue et son quartier spécial, et il n'est pas l'objet rare ou commun, vieux ou nouveau, qui ne s'y rencontre pour y tenter les chances de ce grand marché.

Cette affluence nouvelle y amène, aussi on doit le penser, toute espèce de larrons, de bohémiens, de charlatans et de saltimbanques, qui donnent au Pré cette animation et soulèvent une poussière et des clameurs qui ne cessent que fort tard.

La nuit même n'a plus, au milieu de cet immense caravensérail, ni épaisses ténèbres, ni silence complet, car, lorsque partout ailleurs, l'obscurité domine, une lumineuse poussière plane sur la foire, des curieux sans gîte errent à l'aventure, ou s'arrangent pour dormir dans quelque coin sous le ciel étoilé.

Le pont de bâteau qui servait jadis, au moyen d'une chaussée, de communication entre Tarascon et Beaucaire, a été remplacé en 1829 par un pont en fil de fer, et un monument plus durable, en fonte et en pierre, permet aux locomotives qui se dirigent, à tout instant du jour, sur Lyon ou Marseile, de traverser le demi-kilomètre de largeur qu'offre le Rhône en cet endroit.

Une haute digue, dissimulée en esplanade, borde le fleuve, pour défendre la ville contre les inondations périodiques, et sert de promenade aux oisifs, comme les terrasses de Nice.

TARASCON

Cette petite ville fut tirée de l'obscurité par le séjour qu'y fit, pendant plusieurs années, Réné d'Anjou qui se consolait, soit au château de Tarascon, soit à Aix, de la perte de ses États, en y cultivant les beaux-arts et la poésie.

Elle doit, dans des temps reculés, avoir grandi en importance par les relations commerciales que le fleuve procurait aux colonies grecques des bords de la Méditerranée.

Le château actuel fut bâti sur des rochers surplombant le bord de l'eau, à la place de l'*Arx Jovis*, comme la filiation archéologique de Jarnègues semble le prouver.

Jarnica était le nom d'un petit fort qui servit

d'asile, vers 850, aux habitants des environs pendant l'invasion des Sarrasins.

Le Château actuel fut construit en 1408 sur le même emplacement, par Louis II, comte de Provence et duc d'Anjou, qui résidait souvent à Angers où il avait à défendre ses États contre le voisinage des Anglais.

C'est un carré de grande dimension, ayant deux tours rondes, avancées du côté de la ville, et deux carrées irrégulières du côté du Rhône.

Réné qui l'acheva et que les Provençaux appelaient le bon roi, était simple dans ses manières, ce qui l'avait rendu très-populaire.

C'est à Tarascon qu'il composa la plus grande partie de ses ouvrages, et qu'il se livrait au dessin et à la peinture.

Il y donnait des fêtes en l'honneur de Jeanne de Laval, qui ralluma dans son cœur des poétiques inspirations. Le *Pas d'armes de la Bergère* célébré en son honneur dans les prairies voisines, fut chanté avec la naïveté du temps, par Louis de Beauvais, sénéchal d'Anjou.

Réné mourut le 10 juillet 1480, et à la mort de Charles IV, son frère, la Provence fut réunie à la France, sous Louis XI.

Cette résidence princière, dont les salles avaient été ornées avec goût et magnificence, devint, sous des maîtres plus turbulents, une véritable citadelle qui eut à soutenir plusieurs sièges pendant les troubles de la Ligue. De nos jours ce château a été converti en un maison de détention.

Tarascon a quelques jolies rues, quoiqu'elles soient irrégulièrement percées; l'on y voit de ces passages voûtés qui rappellent les habitudes guerroyantes du moyen-âge. Celle qui conduit à l'Hôtel-de-Ville est bordée de portiques, à l'imitation de quelques villes d'Italie avec lesquelles la Provence s'est trouvée en relations politiques, dans le moyen-âge.

La chaussée qui va se relier aux côteaux voisins sert à préserver la ville des inondations, tout en formant une charmante promenade, à l'ombre des peupliers et en vue des horizons verdoyants.

La flèche de l'église de Sainte-Marthe s'élève au-dessus des édifices de la ville. Cette église fut achevée en 1197 et consacrée, le 1er juin par Imbert d'Aiguières, archevêque d'Avignon.

Dans une crypte basse qui fut l'église primitive, on voit la statue de sainte Marthe qui, d'après la légende, aurait converti le peuple au christianisme par un grand miracle. Il ne faut pas oublier le puits vénéré dont l'eau, comme à Saint-Jacques de Vérone, a opéré tant de prétendues guérisons.

Sainte Marthe, sœur de Lazare et de Marie de Béthanie, et Maximin auraient été jetés, par une tempête, sur les côtes de Provence et y auraient prêché les doctrines du Christ, quelque temps après sa mort.

Marthe opérait des miracles à Aix pendant qu'un monstre amphibie, qui sortait quelquefois des eaux du Rhône, effrayait les habitants de ses rives. Ceux de Tarascon et des campagnes voisines allèrent supplier Marthe de les délivrer de cet affreux dragon, qu'ils appelaient la Tarasque.

Marthe fascina la bête et la rendit inoffensive; en l'attachant avec un simple cordon, elle la conduisit dans la ville, afin que le peuple pût la tuer.

La Tarasque, qui était un monstre fictif, enfanté par quelque extatique cerveau, en même temps que l'*Orco* de l'Arioste, s'est changée de nos jours, par suite d'une amiable transaction, en une personnification du paganisme expirant, dompté par la foi ou la grâce.

Cette légende, qui a suffisamment emprunté ou moyen-âge de la couleur monastique, au milieu de laquelle elle est née, se voit pointe dans un médaillon, à la clé principale de la voûte. Elle a eu assez de force pour traverser plusieurs siècles, et faire de fréquentes apparitions, à l'occasion d'une fête qui se célébrait à la Pentecôte.

Au quinzième siècle, la légende reçut une consécration régulière par l'institution des jeux qui se sont reproduits d'âge en âge, et qui ont conservé la naïveté et la rudesse des amusements de l'époque.

Les fêtes de la Tarasque forment la mystique trilogie consacrée par les anciens mystères.

La première partie consiste dans la translation de Notre-Dame du Château, son antique ermitage, situé dans les montagnes des Alpines près de Saint-Rémy.

Cette cérémonie a lieu avec beaucoup de bruit et de joie, le dimanche des Rogations.

On porte la sainte à l'église, où elle reste exposée pendant quarante jours.

Le jour de la Pentecôte, il y a promenade aux flambeaux, au son des fifres et des tambourins ; le jour suivant les Tarasquaires se rendent en cortège à l'église pour y entendre la messe. Dans l'après-midi, toute la population se porte sur la place de la Mairie, où arrive bientôt la Tarasque. C'est un monstre fabriqué de charpente et de toile qui tient du dragon et de l'hippogrifle : la partie supérieure est hérissée de pointes et de crêtes écarlates, le dessous est verdâtre avec une longue queue rigide et vibrante, qui ne se recourbe pas en replis tortueux.

Sa tête, rendue hideuse, lance des petits pétards par ses orifices, et un levier à bascule permet de faire mouvoir de l'intérieur la machoire inférieure.

Six robustes portefaix, renfermés dans ses flancs mettent en mouvement toute cette masse de bois et de toile peinte, tandis qu'à l'intérieur, huit Tarasquaires la soutiennent et la font manœuvrer, et que d'autres voltigent autour pour faire écarter la foule. Elle fait ainsi ses apparitions sur les principales places, et se livre à des évolutions fantastiques qui ne sont pas sans danger pour les curieux.

Après la Tarasque on exhibe d'autres jeux, tels que la *boulo embriaigo*, et divers chars montés par des jardiniers ou des mariniers qui s'exercent à des surprises qui ne sont pas toujours agréables pour les spectateurs.

La fête de sainte Marthe qui est le troisième acte se célèbre le 29 juillet, pendant la foire de Beaucaire.

L'église de Sainte-Marthe possède une pré-

cieuse collection de tableaux de Vien, de Mignard, de Carle Vanloo et de Parocel, qui reproduisent les principaux traits de la vie de sa patrone.

Les compositions de Vien, qui fut le maître de David, furent faites à Rome en 1747, sur la commande de Chérubin de Noves, supérieur des Capucins, et le peintre n'en exigea pour prix que les frais matériels.

Il existe aussi, dans la sacristie de l'église de l'Hôtel-Dieu, comme curiosité archéologique, une petite toile du roi René, où il s'est représenté lui-même au pied de la Croix, entre saint Jean et sainte Marie.

LES BAUX

L'existence de cette petite ville du moyen-âge perchée sur un rocher, dans une aride contrée, loin de toute circulation entre centres populeux, est un de ces traits qui caractérisent une époque de guerres et de compétitions seigneuriales, dont les mœurs modernes ne peuvent fournir l'équivalent et à peine l'explication.

Après avoir renfermé pendant quelques sièclos près de quatre mille âmes, plusieurs châteaux et des maisons élégantes, cette ville et ce rocher ne servent aujourd'hui de refuge qu'à quelques pauvres familles de paysans qui cultivent le peu de terre qu'ils trouvent sur les plateaux calcaires des environs.

Pour y arriver, il faut suivre en grande partie la route de Saint-Rémy, et prendre, après avoir passé l'église Saint-Gabriel, la vallée qui débouche des Alpines. Après une heure de marche, elle devient inaccessible aux voitures, et prend un grand caractère de solitude et de stérilité.

Un étroit sentier serpente le long des ravins, dominés par les dentelures des rochers taillés en crêtes ou en obélisques ; on franchit enfin les derniers éboulements, et l'on atteint un point culminant, d'où la vue domine tout un ensemble de montagnes tourmentées et déchiquetées par quelque puissant cataclysme.

Les rochers qui hérissent des derniers défilés où l'on s'engage, semblent affecter les formes les plus bizarres, et recèlent de vastes boursouflures et de mystérieuses cavernes.

Ici, comme à Vaucluse, se dressent des aiguilles qui semblent chanceler sur leur base, ou bien se montrent des fortifications simulées, et à mesure que l'on avance les masses rocheuses prennent des formes plus gigantesques et plus incohérentes.

Elles entourent un étroit vallon du sein duquel s'élève un mont crénelé de tours antiques, et ceint d'un revêtement d'édifices en ruines et de maisons groupées pittoresquement sur ses flancs ; c'est la ville des Baux qui semble faire corps avec son rocher monolithe.

Les ravages du temps ont tellement confondu ici les teintes et les formes que, de loin comme de près, on ne sait point distinguer où commence l'ouvrage de l'homme et où se terminent les derniers efforts de la nature.

On monte à la ville par une pente escarpée, qui était assez large pour le passage des voitures, avant que l'écoulement des eaux pluviales et le défaut d'entretien, ne l'eût mise dans l'état de délabrement où elle se trouve depuis longtemps.

En passant sous des portes en ruines, on s'arrête aux angles qui forment terrasses, ce sont des lieux de repos pour le voyageur ami des vieux souvenirs et des vives échappées sur des horizons pittoresques.

Ce chemin conduit à la rue principale, étroite et sinueuse, bordée de maisons dont la structure annonce une grandeur déchue; plusieurs sont ornées de corniches, de moulures et de pilastres, dans le goût de la renaissante italienne, mais aucune n'offre un aspect d'antiquité qui remonte au-delà du quinzième siècle.

Cette ville des Baux était pourtant très-florissante, et le siège d'une importante seigneurie au dixième siècle, avec 4,000 habitants; il y a à peine aujourd'hui une centaine de paysans qui cultivent les environs de ces rochers. Elle est entourée de ses anciens remparts taillés à même dans le roc, comme la plupart des maisons. Il y a trois rues, et la place principale nommée Esplanure, d'où l'on jouit d'une vue très-étendue embrassant Avignon, Arles, Montmajour, les étangs, la Camargue jusqu'à la Méditerranée.

L'ancien château qui occupe une superficie considérable, est entièrement taillé dans le roc tendre et calcaire de la montagne, et les chambres y sont évidées de même.

Ces ruines étranges en s'éboulant forment des masses confuses; une grande tour dont le soubassement fléchi, s'appuie, comme un grand arbre coupé au pied, sur les roches voisines.

Sur un rocher qui a glissé au pied du château, près d'une petite chapelle, on remarque les restes d'une inscription latine, et trois grandes figures en bas-relief, appelées dans le pays *léi trè Maïé*, les trois Maries. Chaque année, les habitants des environs se rendent en procession à cette chapelle. Ce bas-relief doit être romain et un archéologue a cru y voir Marius, sa femme Julia et une prophétesse nommée Martha, mais le prêtre qui est toujours porté à la légende, en a trouvé une pour motiver ici une chapelle et une procession annuelle. Sur un autre rocher on voit aussi deux figures et une inscription, mais le tout estompé par le temps.

Les seigneurs des Baux prétendaient descendre des anciens Baltes chez les Wisigoths. « En 388 régnant Théodose I, Empereur d'O-
» rient, il y avait ès Indes un puissant prince
» des Baux nommé Balthazar, roi de Tarse, sous
» le grand Négus d'Ethiopie, qui abandonna ses
» terres et print avec soi sa femme et ses en-
» fants, son thrésor et tous ses équipages pour
» suivre la fortune de son Empereur; qu'en ce
» temps-là Théodose ayant passé la mer pour
» se rendre à Lyon, mena avec soi ce prince
» des Baux jusqu'en Provence, où la douceur
» du climat l'engagea d'y habiter et d'y faire
» bâtir un fort château, sur une haute roche,
» taillée de tous côtés en précipices, à trois
» heures de la ville d'Arles, lequel il appela du
» nom de Baux, suivant son origine. »

Au douzième siècle, Bertrand des Baux portait couronne en signe de souveraineté et fondait la seconde race des princes d'Orange.

« Il enta cette souveraineté dans sa famille,
» qui devint un arbre plantureux, espandant
» ses fruits et ses branches au long et au large,
» donnant des alliances aux plus grandes mai-
» sons de la chrétienté pour y voir greffer une
» abondante postérité. »

Bertrand des Baux mourut assassiné à l'instigation de Raymond V, comte de Toulouse, pendant les solennités de la Pâques.

Les terres Baussenques comprenaient alors cent villes, villages ou châteaux, qui furent le théâtre de nombreuses guerres meurtrières, causées par l'ambition croissante de ses Barons, depuis la fin du quatorzième siècle jusqu'en 1644, la Baronie des Baux fut réunie au Comté de Provence, Louis XIV en fit don au prince de Monaco, Honoré de Grimaldi, qui s'était affranchi du joug de l'Espagne et s'était mis sous la protection de la France, l'histoire de sa dépopulation est moins obscure que celle de son origine.

Par suite de l'abolition du régime féodal, la paix fut rendue à ce petit pays jadis si agité, la destruction de la Bastille eut ici un redoutable retentissement. Les familles puissantes qui faisaient de ce triste repaire leur lieu de défense, allèrent habiter de plus riches plaines, et les traditions rappellent que la ville des Baux avait été le siège d'une justice expéditive, qui avait laissé des rancunes et des menaces de vengeance, de sorte que les populations voisines s'affranchirent un jour de vive force, et les excès révolutionnaires hatèrent l'œuvre de la destruction par la violence, que suivit enfin le morne oubli.

Après une petite promenade de quelques kilomètres on arrive à Saint-Rémy.

SAINT-RÉMY

La petite ville de Saint-Rémy est essentiellement agricole, et l'on y cultive entr'autres produits, dans toute la campagne des environs, le chardons à foulons, pour les fabriques de draps. Non loin de la vile, à gauche de la route, on remarquera l'établissement des aliénés, où l'on a réuni dans un site agréable, tous les moyens de traitement, pour opérer la guérison ou le soulagement de tant d'infortunés de la région. A gauche, on se trouve bientôt sur l'emplacement de l'antique Glanum, dont les deux monuments attirent les antiquaires et les curieux.

Le tertre circulaire que l'on connaît dans le pays, sous le nom *des Antiques*, est au pied des Alpines, à deux kilomètres de la ville. Ces antiques consistent en quelques pans de murailles et des fondements peu déterminés, mais surtout dans l'existence de deux monuments de petite dimension, très-rapprochés l'un de l'autre, et assez remarquables par les sculptures dont ils sont ornés ; le premier est un arc de triomphe, et à quelques pas plus loin, sur la même aire, un charmant mausolée à trois étages, cubique à sa base, et portant quatre bas-reliefs estompés par le souffle des siècles. L'étage intermédiaire qui est percé de portiques, supporte un édicule circulaire dont la coupole est soutenue par dix colonnes corinthiennes, à travers lesquelles apparaissent deux statues debout et drapées à la romaine.

Ces deux monuments qui paraissent avoir été construits là à des époques différentes, quoique très-voisins, n'ont aucun alignement respectif et devaient être enclavés dans d'autres constructions, qui les rendaient indépendants l'un de l'autre.

On s'explique difficilement leur conservation

dans ce lieu isolé lorsque autour d'eux tous les autres édifices ont disparu en laissant à peine quelques vestiges.

Le mausolée porte une inscription où l'on peut lire les mots suivants :

SEX. L. M. IVLIEI. C. F. PARENTIBVS. SVIS.

que l'on a traduite ainsi :

Sextius Lucius Marcus de la race des Jules à la gloire de ses parents.

L'arc de triomphe est privé de sa partie supérieure, et dans ce qui existe, on voit des hommes et des femmes enchaînés, représentant sans doute les captifs de quelque victoire ; à l'archivolte des guirlandes de feuilles et de fruits sculptés avec art, ce qui semble désigner le deuxième siècle pour l'époque de son érection. En somme, ces monuments sont placés dans un beau cite, au pied des montagnes tourmentées qui dominent la plaine du Rhône.

ARLES

Sepulta ditior quam viva Arelas.

En débouchant sur la plaine du Rhône, nous avons remarqué au loin Arles, la ville des Empereurs des premiers siècles de l'ère chrétienne. Nous acceptons aujourd'hui la tâche d'accompagner le voyageur parmi les intéressants débris de tous les âges qui étalent leurs ruines sous le ciel de la Provence.

Arles est, en effet, une ville éminemment historique, dont l'heureuse position au bord du Rhône et en face du delta de la Camargue fut choisie, dans les temps les plus reculés, par les anciens Gaulois autochtones.

Il est permis de supposer que quelque incursion phénicienne lui donna une certaine importance commerciale, puisque les Romains, sous Jules César, y trouvèrent déjà une grande ville.

Nous n'entreprendrons pas de faire ici un résumé historique, mais seulement de poser quelques jalons pour expliquer les monuments que nous avons à visiter. La tâche a été déjà trop heureusement remplie, de façons diverses, par trois hommes de savoir, aux ouvrages desquels nous renvoyons le lecteur que ne satisferaient pas nos simples appréciations. Ce sont ceux de MM. Jacquemin, Clair et Estrangin que nous avons pris nous-même autrefois pour guides.

Arles est mentionné dans les *Commentaires*; J. César y établit lui-même une des premières colonies militaires des Gaules, cinquante ans avant Jésus-Christ.

Constantin, qui y séjourna, contribua à sa prospérité par l'érection de plusieurs monuments, et en fit la métropole des Gaules. *Arelata* oublia alors son ancien nom, déposa même son épithète de *Colonia Julia materna*, pour s'appeler *Constantina*. Sous cet empereur, le premier concile d'Occident fut convoqué à Arles, en 314, et un siècle plus tard, 418, Honorius y réunit l'assemblée annuelle des sept provinces.

Presque toutes les hordes barbares qui s'abattirent sur le cadavre du monde romain traversèrent Arles en le couvrant de ruines.

Théodoric, roi des Visigoths, s'installa dans cette grande ville qui ne perdit pas alors beaucoup de son importance. Sa décadence commença lorsque les Francs vinrent disputer le territoire aux Visigoths. Les Sarrasins et les

Normands lui portèrent la plus grave atteinte, au huitième et au neuvième siècle.

En 879, un nouveau royaume fut fondé dans le midi de la Gaule, au profit de Bozon, duc de Provence ; Arles en fit partie. Au douzième siècle, la ville se constitua, sous la protection des empereurs d'Allemagne, en une république, dont la durée fut de cent et un ans. Elle eut d'abord des consuls, puis des podestats, et enfin, lasse de son indépendance, elle se soumit à Charles d'Anjou en 1251.

Pendant la lutte des trois maisons de Provence, de Toulouse et d'Aragon, Arles se prononça presque toujours pour les Espagnols. Alphonse y vint souvent tenir sa cour, dont le séjour était l'occasion de fêtes brillantes, de joûtes, de tournois, de carroussels et sans doute de courses de taureaux et de ferrades, dont le goût n'a pas beaucoup varié chez les populations urbaines et rurales.

Nous ne devons pas oublier que nous venons ici en simple touriste artistique, et puisque nous ne sommes plus chez nous, nous nous contenterons de reproduire quelques-unes de nos sensations, en parcourant une ville amie qui doit à toutes les époques qu'elle a traversées un cachet d'originalité que nulle autre en France ne peut lui disputer.

La ville d'Arles est bâtie sur une colline calcaire, accessible par des pentes douces qui contribuent à donner à ses rues une bonne part de leur irrégularité.

Beaucoup de villes de province se ressemblent, beaucoup de maisons sont mal alignées en France ; mais Arles ne ressemble à aucune de celles que vous avez vues ou que vous verrez.

Il faut aller chercher quelque similitude dans les villes sarrasines de Valence, d'Almerie ou de Grenade, pour y trouver aussi une certaine analogie jusque dans le sang des populations.

Laissez-vous égarer par votre curiosité dans ce dédale, et vous serez arrêté à chaque détour par un fragment antique, fût cannelé ou frise denticulée ; par des arcades ou des colonnes que vous cherchiez, ou peut-être, en suivant un large impasse, par le beau cloître gothique que vous ne cherchiez pas.

Vous éveillerez quelquefois la curiosité féminine qui ne redoute pas en ce pays les commentaires à demi-voix ; mais qu'importe, vous ne comprendrez peut-être pas, ou si vous comprenez et donnez la réplique, vous n'en serez pas le plus mal venu.

A force d'évolutions, vous vous heurterez certainement à tout ce que vous voulez voir ; mais ce sera surtout l'Amphithéâtre qui vous barrera le passage.

L'Amphithéâtre

Aucune inscription ne donne la date de sa construction; mais cette date doit être antérieure à l'érection de celui de Nimes, à cause de certaines irrégularités. L'étendue de son grand axe est de 140 mètres et celle du petit de 104; l'intérieur de l'arène a 96 mètres dans le grand diamètre et 40 dans le petit.

Il y a, comme à Nimes, deux étages, composés de soixante portiques de largeur inégale; le rang inférieur est dorique et le supérieur corinthien, mais il ne s'élève que jusqu'au dos des voûtes; de sorte qu'il ne reste rien ni de la corniche ni de l'attique. Sa forme est celle d'un ovale excentrique, et le pourtour devait contenir quarante gradins pour recevoir vingt-trois mille spectateurs commodément assis.

L'Amphithéâtre d'Arles eut à souffrir à peu près des mêmes viscissitudes que celui de Nimes. Vers le huitième siècle, il fut changé en forteresse par les Visigoths, qui élevèrent les tours que l'on voit encore sur les quatre portes.

C'est alors qu'on combla avec de la terre les

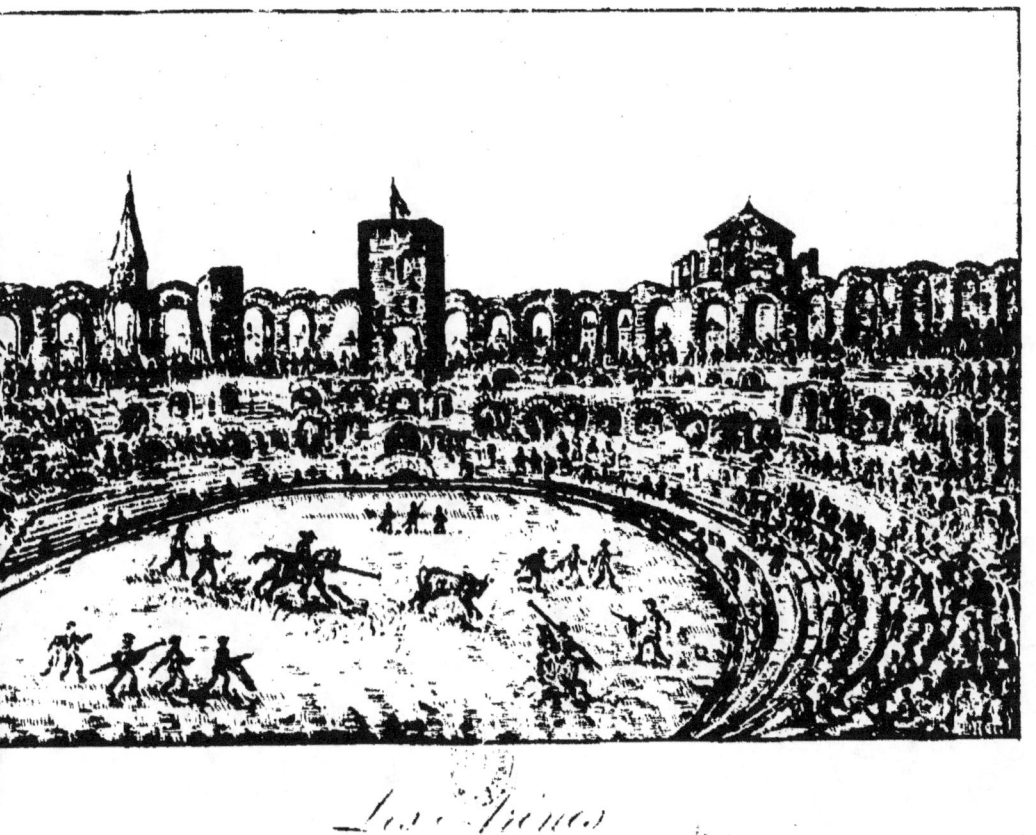

galeries souterraines et le pourtour, afin de faciliter la défense de cette citadelle improvisée.

Ainsi qu'à Nimes, et plus encore, il fut ruiné par les différents assauts des Arabes et des Francs, parce que la résistance dut y être plus opiniâtre ; les escaliers, les voûtes et les arceaux des galeries, qui avaient servi à protéger l'armée campée dans cette enceinte, une fois dévastés, devinrent aussi le refuge des plus misérables familles ; l'arène fut encombrée de huttes étroites et malsaines, qui s'accrochèrent, comme une lèpre au pourtour extérieur, et c'est de cette agglomération que se déchaînèrent les terribles pestes qui décimèrent plusieurs fois la population.

Pendant cette longue période d'envahissement tout le monument a souffert, et l'on voit partout les traces des actes de propriété que les ignorants usagers ont inscrits sur les blocs romains, pour y construire leurs cheminées et leurs huches à pain.

Les Arènes ont été déblayées, il y a une quarantaine d'années, et ce n'est que par une ancienne gravure de 1645 que nous pouvons nous figurer ce qu'était cette petite ville du moyen-âge avec des rues étroites aboutissant à une place ornée d'une croix.

Théâtre d'Auguste

Ce théâtre que nous avons vu exhumer de nos jours, à divers intervalles, fut, selon toute probabilité, construit sous Auguste, et reçut des réparations considérables, ou presque une reconstruction de la scène vers le troisième siècle, au moment où la tradition grecque s'effaçait en matière d'architecture artistique.

Ses ruines offrent d'assez grands débris pour intéresser la curiosité des antiquaires, mais trop peu pour satisfaire complètement celle du simple curieux ; pour celui qui se sera familiarisé avec les monuments de ce genre par la vue du théâtre d'Orange, ou par la reproduction de celui de Pompéia, ces débris se complètent par les éléments qu'y ajoutent l'imagination et le souvenir, et l'on reconnaît dans le haut quartier d'Arles la place d'un édifice considérable, aujourd'hui à peu près déblayé.

Nous donnons ici le dessin de l'avant-scène, avec les deux seules colonnes en brèche d'Afrique qui subsistent, supportant d'une façon hardie et pittoresque une portion d'architrave, motif qui rappelle un peu celles du *Jupiter stator* du Forum romain.

On sait que la scène était presque immuable dans les théâtres grecs et romains ; la décoration était riche et monumentale, mais les spectateurs n'étaient point blasés par les ressources infinies des machinistes et des trucs.

Cette scène, couverte, représentait ordinairement le péristyle d'un plais où étaient prodiguées les statues et les colonnes, et seulement sur des plans secondaires, des pièces de rapport en bois peint servaient à modifier cette décoration permanente, suivant le genre de représentation que l'on offrait au public.

Le théâtre d'Arles, assez complet du côté de la scène, n'offre, du côté des spectateurs, que quelques gradins, quelques vomitoires et de nombreuses voûtes assises sur le rocher ou creusées dans ses flancs ; on n'y voit aucune trace de ce grand mur de façade, qui se dresse à Orange avec une si sombre majesté ; mais on y trouve d'une façon complète le mur d'avant-scène (*proscenium*), ainsi que le contre-mur, entre lesquels s'abaissait le rideau, au commencement de la représentation, au lieu de se lever, comme de nos jours.

La partie demi-circulaire était divisée, comme dans les amphithéâtres, en précinctions pour le classement des spectateurs. Les places les plus hautes étaient destinées aux classes inférieures, la partie intermédiaire aux citoyens, la plus basse précinction aux chevaliers ou à ce que nous appellerions la bourgeoisie, tandis que les plus hauts personnages occupaient l'espace circulaire qui, partant des premiers gradins, s'arrêtait vers le contre-mur de la scène, sous le nom de *orchestra* dans les théâtres grecs.

L'orchestre n'étant pas destiné aux spectateurs, mais aux choristes ou aux danseurs, était beaucoup plus spacieux et plus bas que la scène.

Cette partie de l'édifice, en tout semblable à une section d'amphithéâtre, était abritée des rayons solaires par un système de tentes analogues, et disposées de la même façon pour l'écoulement des eaux et le prompt dégagement des spectateurs.

Le plus souvent, les Grecs, et, après eux, les Romains, adossèrent leurs théâtres à des côteaux, afin de profiter d'une déclivité favorable pour asseoir les gradins en pente. Ce n'est qu'à demi qu'on avait pu profiter, à Arles, d'un terrain de ce genre; de sorte que les voûtes s'élevant sur le rocher formaient une enceinte demi-circulaire, ornée de portiques, dont on voit encore un petit nombre au midi et au nord. Ceux du midi portent le nom de tour de Rolland, à cause d'une substruction du moyen-âge, sous l'invocation de saint Rolland, martyr des Sarrasins; ceux du nord, celui de la Miséricorde : ce qui donne une façade présumée de 102^m de développement, dont on retrouvera les fondements sous les maisons voisines.

Aux diverses époques où l'on a fait des fouilles, on a trouvé des statues mutilées, des bas-reliefs, des fûts de colonnes, des frises et un grand nombre de superbes débris qui témoignent de l'élégance des détails en rapport avec la décoration architecturale de la scène. Une partie de ces richesses s'est disséminée soit au musée du Louvre, soit, ce qui est plus regrettable, à l'étranger, tandis qu'une faible partie forme les plus importants joyaux du musée.

Nous citerons la *Vénus d'Arles*, *Bachus*, *Silène*, le satyre *Marsias* vaincu, suspendu par les cheveux, tandis qu'*Apollon*, appuyé sur sa lyre, ordonne son supplice; les danseuses qui ont inspiré à Jules Canonge la jolie nouvelle de *Phylax;* des couronnes de chêne qui semblent sortir des mains du sculpteur, des masques tragiques, des médailles, un beau torse du Louvre et un magnifique buste de femme connu sous le nom de la *Tête sans nez*, tout cela en marbre pantélique et frappé au type athénien.

Comment se fait-il que tant de chefs-d'œuvre aient été pour ainsi dire martelés, ruinés et enfin ensevelis sous leurs propres décombres?

D'après la tradition, ce serait saint Hilaire, archevêque d'Arles, qui, animé d'un zèle ardent pour les nouvelles croyances, vers le milieu du cinquième siècle, aurait inspiré une violente réaction parmi les masses populaires nouvellement converties, en prêchant la ruine et la destruction des temples du paganisme et de tout ce qui rappelait la puissance et les mœurs des Romains.

Sous cette inspiration, le prêtre Cyrille se mit à la tête d'une sainte croisade contre les anciennes mœurs et les vieilles croyances qui s'abîmaient dans la corruption; il invoqua les édits qui proscrivaient les temples païens et ordonnaient le bris des dieux et des idoles. Les nouveaux chrétiens, croyant être agréables au vrai Dieu, se ruèrent, dans leur fureur fébrile, contre les édifices publics, armés de toute sorte d'instruments, qu'ils ne déposèrent qu'après l'épuisement de leurs forces, lorsque tout fut renversé et enseveli sous de vastes ruines. Celles du théâtre s'élevèrent si haut que les deux colonnes que nous voyons encore debout se trouvant ensevelies ou enclavées dans des cons-

tructions, furent sauvées de ce saccagement universel.

Il n'est pas besoin de dire qu'on exploita dans la suite cette butte de décombres avec plus d'avantages qu'une carrière, puisqu'on y trouvait des pierres toutes taillées, tant pour les besoins particuliers que pour réparer les remparts et les ouvrages de défense, et qu'enfin sur ce qui resta d'inutile on construisit des maisons et on perça des rues qui firent oublier aux générations suivantes le monument dont elles occupaient la place.

Le Cirque et l'Obélisque

Arles possédait aussi un cirque dont la tradition fixait l'emplacement sur les bords du Rhône. Le creusement du bassin du canal de Bouc mit à découvert, en 1831, une partie de ses fondements, et l'on put constater, à son plan, la réalité de la tradition ; la sape et la poudre s'exercèrent contre des masses de blocage plus résistantes que le rocher, et l'on trouva des piquets de chêne encore sains sur lesquels reposaient les parties les plus voisines du fleuve.

C'est là que se faisaient les courses à pied ou à cheval, les chasses d'animaux féroces ; où l'on poursuivait les autruches des déserts, où se heurtaient les chars des combattants.

Les cirques offraient beaucoup d'analogie avec les théâtres et les amphithéâtres ; ils avaient la forme d'un fer à cheval très allongé, courbe à l'un des bouts et représentant à l'autre un mur de façade comme le théâtre d'Orange. Ils étaient garnis de plusieurs rangs de gradins. L'arène était partagée dans toute la longueur de son grand axe par un massif peu élevé, orné d'autels, de vases et de statues. Un obélisque se dressait au milieu de ce massif que l'on appelait *spina* (arête). Pendant les spectacles qui ne présentaient pas de danger, la *spina* était garnie de sièges portatifs, comme l'orchestre des théâtres, pour les gens les plus considérables.

Les juges de la course, les magistrats, avaient leurs places aux loges réservées dans la partie opposée à l'hémicycle.

On remarquera avec quelque intérêt dans le musée plusieurs fragments décoratifs de la *Média spina*.

Le cirque fut dévasté à la même époque par la populace soulevée à la voix de la religion ; l'obélisque ne fut retrouvé, par hasard, qu'en 1389. Deux cents ans plus tard, à l'occasion du passage de Charles IX, on le dégagea des décombres, avec la pensée de le relever, sans que l'on pût donner suite à ce projet. Ce ne fut qu'en 1675 que les consuls le firent transporter sur la place du Marché, et qu'on le dressa en grande cérémonie sur un piédestal qui fut restauré en 1829, en adoptant les proportions un peu démesurées que nous remarquons aujourd'hui.

L'obélisque est en granit gris dont on a cru reconnaître l'analogue dans les montagnes de l'Estérel, près Fréjus. Il a 16 mètres de hauteur, et les angles de sa base reposent sur quatre lions de bronze. Le piédestal a 4^{m}35, ce qui donne à l'ensemble une hauteur totale de 20 mètres.

Son pyramidion ayant été cassé lors de sa chute, les réparations n'ont dissimulé qu'imparfaitement cette blessure.

La statue du dieu Mithra, qui occupe une place d'honneur au musée, fut trouvée dans le même lieu en 1598.

M. Jacquemin se prononce, à la suite d'un jugement très-spécieux, et ne voit, dans ce tronçon de statue qu'un des nombreuses représentatations sous lesquelles le polythéisme, toujours si habile à multiplier les formes qu'il donnait aux habitants de son Olympe, avait figuré le soleil ou Apollon.

« Le culte du soleil, dit-il, divinité dont la
» nature était si multiple et si capricieuse, fut
» introduit sur tout le littoral de la Gaule méri-

» dionale par les Grecs de Phocée. Notre statue
» était donc tout simplement un de ces simula-
» cres d'Apollon dont les anciens avaient cou-
» tume de décorer la plate-forme de l'épine de
» leurs cirques.

» Apollon, chargé d'éclairer le monde, est
» enveloppé dans les replis du serpent Pithon, et
» les espaces restés libres représentent la figure
» des douze signes du zodiaque. »

Il existe, auprès de la fontaine de Bourg-Saint-Andéol, un curieux bas-relief moins connu qui représente le dieu Mithra, avec la tête entourée de rayons et le corps enveloppé des replis du serpent. Un homme et un coursier passent auprès de lui. Ce bas-relief, sculpté sur le flanc d'un rocher calcaire, est fortement émoussé dans toutes ses parties et remonte à une très-haute antiquité.

Les Aqueducs

Ainsi que Nimes, Arles avait ses aqueducs et ses canaux pour l'approvisionnement d'une ville de cent mille âmes. On en a trouvé de nombreux vestiges sur les déclivités inférieures des Alpines, ainsi que des bassins de dépôt. Les eaux venant du côté des Baux et de Maussane étaient reçues dans un réservoir commun placé à Barbegal. Elles en sortaient pour couler vers Arles, laissant à droite les étangs du petit et du grand Clar ; elles suivaient l'extrémité occidentale du plateau de la Crau.

« Vers le pont de Chamée, l'aqueduc traver-
» sait le bas-fonds des marais du pont de Crau,
» porté sur un double rang d'arcades élevées,
» dont les fondations ont servi plus tard à établir
» solidement les constructions du pont actuel.

» De là l'aqueduc se dirigeait vers les Champs-
» Élysées, entrait dans la cité par un canal sou-
» terrain, creusé dans le roc.

» Il est probable que les eaux étaient reçues
» au centre de la ville dans un vaste réservoir
» chargé de les distribuer dans les différents
» quartiers, au moyen de tuyaux de plomb sem-
» blables à ceux que les fouilles ont fait décou-
» vrir ou retirer du Rhône à diverses époques.

» La partie la plus curieuse et la mieux con-
» servée, la seule, à bien dire, qui mérite d'être
» visitée, est celle qui se voit vers Barbegal.

» Deux canaux d'égale dimension, liés d'espace
» en espace par des massifs de maçonnerie, se
» prolongent l'un à côté de l'autre jusqu'à la
» colline, dans le flanc de laquelle on a creusé
» la continuation.

» Comme toutes les constructions romaines,
» ce double aqueduc se fait remarquer par la
» grandeur du plan, la beauté du travail et la
» force des moyens d'exécution.

» Il est porté par de grands arceaux dont
» plusieurs sont encore entiers. Les pieds-droits
» sont faits de gros blocs de pierre, jusqu'à
» l'imposte qui reçoit la retombée du cintre.

» Le transport des eaux de l'aqueduc dans la
» partie de la ville qui s'étendait de l'autre côté
» du Rhône n'est plus depuis longtemps une
» question incontestable.

» Pour cela, d'énormes conduits en plomb
» traversaient le Rhône, d'Arles à Triquetaille,
» et distribuaient à ce quartier important et
» populeux une portion des eaux que l'aqueduc
» conduisait à Arles (1).

Plusieurs fragments considérables de ces tuyaux, portant l'inscription de C. CANTIVS. POTHINVS. FAC., chacun réuni par une forte soudure et portant l'indication de son poids, ont été retirés du Rhône dans un parfait état de conservation ; on les voit dans la collection d'antiquités du Musée.

(1) L. Jacquemin.

Le Forum

C'était sur le terrain de la place des Hommes et des rues environnantes que se trouvaient groupés plusieurs monuments qui sont maintenant enfouis au niveau des caves par suite de l'exhaussement du sol; de sorte qu'il faudrait démolir une quantité de maisons de la partie la plus peuplée de la ville pour retrouver quelques beaux débris et de très-vastes fondations. La reconstruction idéale du Forum d'Arles, ainsi que des monuments qui en formaient la dépendance, restera donc toujours dans le domaine des conjectures.

Nous n'avons pas tout à fait l'équivalent du Forum des villes romaines dans nos Bourses de commerce; c'était quelque chose de plus pour les oisifs, et même pour les citoyens de toutes classes. La vie se passait davantage à l'extérieur que de nos jours; leurs maisons étaient moins vastes et probablement moins commodes que les nôtres; tandis que l'habitation vulgaire semblait construite par des pygmées, les édifices publics paraissaient devoir braver les siècles et contenir des géants. La vie des citoyens était par conséquent plus publique que privée; il leur fallait de vastes places ornées de péristyles et de colonnades pour prendre le soleil ou se mettre à l'abri. Ils fréquentaient les basiliques pour entendre des avocats plus ou moins ingénieux dans la défense des affaires publiques ou privées. C'était au Forum que s'opéraient les transactions de commerce, et c'est encore à la place des Hommes que se contractent les engagements des journaliers pour les travaux agricoles, et qu'un bourdonnement matinal en réveille les vieux échos.

On présume que le Forum d'Arles formait un parallélogramme de 90^m de façade sur 45 de profondeur, et qu'un portique, composé d'une double galerie couverte, l'entourait en régularisant ainsi ses quatre faces.

Suivant Sidoine Apollinaire, cet édifice était orné de statues et de riches colonnades de marbre et de granit.

« Tout ce qui avoisinait le Forum était monu-
» mental et magnifique. C'était le palais impé-
» rial (*Aula Trolliæ*), avec sa façade de marbre
» et ses fontaines jaillissantes ; les deux temples
» d'Auguste et de Minerve, le théâtre, le palais
» du Prétoire et les thermes, dont l'emplacement
» ne nous est pas connu, mais qui ne devait pas
» être éloigné de là (1). »

(1) L. Jacquemin.

Il reste aujourd'hui bien peu de chose de toutes ces splendeurs. Les fondements du Forum sont ensevelis sous quelques mètres de terre, et ses galeries servent de caves aux maisons voisines. Au dessus d'elles, deux colonnes de granit, surmontées de chapiteaux corinthiens, supportant un demi-fronton, se présentent, soudées à l'angle de la façade de l'hôtel du Nord. Il est bien certain que ce coin d'édifice n'est pas à sa place, mais que des fragments épars ont été recueillis par quelque admirateur des sculptures antiques, et élevés là pour l'ornement de la place à une époque dont la date n'est pas connue.

Le palais impérial de Constantin

Le palais de la Trouille que nous venons de citer a tenu une trop grande place dans l'existence de la ville pour que nous n'en disions pas quelques mots, quoique ses débris ne forment plus un ensemble que l'on puisse étudier bien aisément.

Au commencement du quatrième siècle, l'empire romain, divisé entre plusieurs Césars, tombait en dissolution. Constantin, l'un d'eux, accourut des bords du Rhin, où il s'opposait aux invasions des Francs, pour disputer une portion des Gaules à Maximilien, son beau-père. Il vint à Arles et fut frappé de l'heureuse situation de cette ville, de l'affluence des étrangers qui y arrivaient par terre comme par mer, et de l'importance de son commerce. Il eut un moment l'idée d'y faire sa résidence, et la ville, afin d'entrer complètement dans ses bonnes grâces, adopta le nom de cité constantine.

L'empereur voulut y faire construire un palais qui fût en rapport avec la magnificence des autres constructions publiques.

En 376, l'impératrice Fausta y accoucha de Constantin II, son premier fils.

Maximilien tenta d'assassiner son gendre pour s'emparer d'un lambeau de la pourpre impériale, et trouva lui-même une mort violente dans ce palais.

Déjà il y avait fait mourir son fils Crispus, puis son épouse Fausta, accusée d'adultère.

Après la mort de Constantin, ce palais passa à ses successeurs, aux rois Goths, aux Arabes, aux chefs Francs, ensuite aux rois d'Arles et enfin aux comtes de Provence. On trouve la dernière trace de son existence dans les lettres-patentes que Raymond-Béranger IV, dernier comte de la maison de Barcelone, y signa en juillet 1232, pour confirmer les privilèges de l'ordre de Malte.

D'après les restes épars de cet édifice, sa principale façade, ornée de colonnades, de statues et de fontaines, aurait été élevée sur le Forum, et ses murs latéraux se seraient joints à une grande tour ronde, sur les bords du Rhône, qui est encore connue sous le nom de tour de la Trouille. Les murs, d'une grande épaisseur, sont construits partie en briques et partie en moellons smillés, et renferment dans l'épaisseur de grands tuyaux de poterie qui servaient à conduire les eaux pluviales de la terrasse dans une grande cour.

L'Hôtel de Ville

Cet édifice fut élevé sur la place Royale, en 1673, d'après le plan de Jacques Peytret, architecte d'Arles. Ce plan fut soumis à Mansart qui vint à Arles en compagnie de M. de Grignan. L'habile architecte de Louis XIV l'approuva, et en y changeant quelques dispositions de détails, y attacha son nom qui est presque le seul connu de la postérité.

Le palais des Podestats, qui servait auparavant aux réunions consulaires, était un bâtiment de mince apparence, petit et incommode, situé auprès des Arènes. Les assemblées des nobles et des bourgeois qui constituaient la communauté, l'abandonnèrent pour porter leurs séances dans une salle de la cour royale, lorsque, par une délibération des consuls, un architecte de Marseille, du nom de Puget, fut chargé de présenter un plan d'hôtel de ville qui ne prévalut pas.

La façade de l'hôtel de ville, qui s'élève sur la place du Marché, entre Saint-Trophime et le Musée, est tout à fait dans ce style si connu qui n'appartient qu'au règne de Louis XIV. C'est un mélange de pilastres rustiques encadrant les croisées d'en bas, avec superposition d'ordre corinthien aux deux étages supérieurs ; tout l'édifice est couronné d'un rang de balustres formant attique.

La tour de l'Horloge a été engagée dans le corps de l'hôtel de ville. Une petite coupole de très-bon goût la termine et lui donne un certain air de parenté avec le mausolée de *Glanum*, près de Saint-Rémy. Cette tour, commencée en 1547, fut terminée six ans plus tard. La coupole sert de piédestal à une statue de Mars, en bronze, qui, sous le nom de l'*Homme de bronze*, est le palladium bien connu de tout Arlésien, et joue le rôle de la Tourmagne, protectrice des Nimois.

La distribution intérieure de l'hôtel de ville a

de la grandeur, comme l'annonce son vestibule et le grand escalier ; il contient, outre les salles destinées à l'administration, celles du Muséum d'histoire naturelle qui offre la collection des individus variés dont le pays abonde, grâce à son grand fleuve, aux étangs et au voisinage de la mer.

Musée Lapidaire

Le musée d'Arles est très-riche en fragments de sculptures de toutes les époques, trouvés surtout au Théâtre et aux Alyscamps. Il n'entre pas dans notre plan d'en faire ici l'énumération ; nous nous bornerons à dire qu'une grande quantité d'objets, dispersés un peu partout, au Théâtre, à Saint-Honorat, furent recueillis, en 1813, dans l'église Sainte-Anne, monument gothique mauresque, situé près de l'hôtel de ville, et qui sert depuis lors de musée lapidaire.

Église Saint-Trophime

Le portail de ce monument est un des principaux ornements de la place. Il présente dans toute sa pureté naïve la transition entre l'époque de décadence romaine et l'art nouveau du moyen-âge.

Le fronton surbaissé, le plein cintre un peu altéré, les délicates moulures, rappellent par leurs éléments l'art romain vaincu, dévasté, mais non encore remplacé par un ordre d'architecture complet de caractère.

Les représentations naturelles se ressentent de l'étude imparfaite de l'art, de l'observation vulgaire de la nature et de l'inhabileté de reproduction. Les ornements se mélangent d'arabesques bizarres, que les différentes invasions avaient transmises au goût public. Le mélange des races, opérant aussi la fusion morale des caractères et des goûts, la peinture et la sculpture, adoptèrent un mode d'interprétation qui semblait sortir des langes d'un monde nouveau.

Ayant pour ainsi dire perdu le souvenir de l'idéal antique, elles s'arrêtèrent à ces types vulgaires qui portaient l'empreinte de la souffrance et de la persécution. C'est ce qui fait que ces figures de l'art bysantin, quoique représentant des individualités réelles, paraissent s'éloigner de l'expression et des formes naturelles que l'esthétique a toujours cherché à poétiser.

L'interprétation outrée des textes sacrés, soit par esprit de réaction, soit par surexcitation claustrale, se montre au front de tous les édifices religieux de cette époque, afin de porter dans les imaginations populaires cette sainte terreur dont le pouvoir ecclésiastique avait besoin pour maintenir son influence temporelle.

L'église Saint-Trophime fut fondée sur les ruines d'un prétoire romain par saint Virgile, et consacrée sous le nom de saint Étienne, martyr.

En 736, les Sarrasins ayant pris la ville d'assaut, portèrent la mort et l'incendie dans tous ses quartiers. Les habitants, pleins d'effroi, allèrent chercher un refuge dans Saint-Étienne. Les Arabes s'emparèrent des trésors de la basilique, sans pourtant la détruire,

En 1152, Raymond de Montredon la mit sous l'invocation de saint Trophime, premier évêque d'Arles, en 240, et son corps fut transféré de Saint-Honorat à la métropole.

Au treizième siècle, elle fut ornée du beau portail que nous voyons aujourd'hui.

En 1430, le cardinal d'Alleman l'agrandit de toutes les dépendances du sanctuaire actuel. Enfin, au dix-huitième siècle, elle subit de M. de Grignan les ornements maniérés alors à la mode, de sorte que toutes les époques et tous les styles y ont apporté leurs éléments divers.

Le portail de Saint-Trophime forme un avant-corps porté sur un large escalier de dix marches en pierre.

Les deux côtés du fronton reposent sur une corniche soutenue d'espace en espace par des consoles représentant des figures allégoriques ou des fragments de feuillage.

Il y a, de chaque côté du portail, de petits pilastres et des colonnettes rondes ou octogones qui forment niches sur plusieurs faces à retour d'angles, de manière à donner une profondeur étudiée à l'entrée proprement dite.

Les statues en plat-relief qui occupent ces niches représentent les patrons de l'église, entourés des apôtres vêtus de longues robes. La porte, qui s'élève de deux marches sur le premier palier, est partagée dans sa largeur par une colonne de granit antique sur laquelle viennent se fermer ses deux ventaux.

Cette porte, profondément enfoncée, est surmontée d'une grande et magnifique arcade cintrée, remplissant de ses voussoirs le tympan du fronton, et s'élevant au moyen d'axes multipliés presque jusqu'au sommet de l'angle du milieu.

Les divers groupes et les nombreux détails qui décorent ce portail sont empruntés, comme dans plusieurs autres églises bysantines, à la solennelle péripétie du jugement dernier.

On voit, au milieu du tympan, Jésus-Christ entouré des emblêmes des quatre évangélistes;

Arles

Portail de St Trophime

au dessous, dans le linteau, on a figuré, d'un côté, les élus vêtus de longues robes, et, de l'autre, les damnés liés nus par une corde.

On remarque que les derniers cintres qui entourent le Christ affectent déjà une petite arête ogivale à peine sensible.

Les détails qui occupent les profondeurs de l'arc rappellent le sujet principal ou des scènes bibliques. Il y a, sur les côtés, saint Michel pesant les âmes dans une balance, Ève succombant à la tentation, la naissance de Jésus-Christ, enfin des supplices où, comme dans les conceptions de Dante, l'horrible et le grotesque se touchent.

Les deux portes à pilastres, avec frontons coupés de niches, qui s'ouvrent de chaque côté de la façade, ont été percées en 1700.

Ce portail, comme la plupart des œuvres exécutées à la même époque, offre la singulière association de parties réellement belles et d'autres tout à fait inférieures et négligées.

L'intérieur de Saint-Trophime ne répond pas à la richesse de son péristyle.

Il contient le tombeau de Gaspard du Laurens, belle œuvre de Dedieu, placé au fond de la chapelle des Rois; celui de Robert de Montcalm et le mausolée de Pierre de Croze, archevêque d'Arles, sont placés dans cette chapelle du Sépulcre, où le sarcophage du chrétien Germinus sert d'autel.

Le Cloître

Le cloître de Saint-Trophime est, sinon un des plus beaux, du moins un des plus curieux que nous ayons en France. C'est un de ces monuments qui parlent le plus à l'imagination par les mystères de leur aspect, la variété de leurs tons et la projection de leurs ombres.

A quelque heure du jour qu'on traverse ces galeries, le souvenir de l'austérité, du renoncement, de la foi, traversent involontairement l'esprit du plus indifférent, comme du plus sceptique.

Tel est le caractère général des monuments religieux du moyen-âge, qu'ils saisissent moins par leur masse que par la variété infinie de leurs détails et par le style décoratif, parfaitement approprié à leur destination. Les quatre galeries du cloître, enfermant un préau qui servait autrefois de cimetière, appartiennent à des époques bien distinctes.

Hugues Béroard fit construire, en 1221, les galeries du nord et du levant, en même temps qu'on élevait le portail de l'église.

Celle du nord paraît cependant remonter à une époque bien antérieure, à cause de la courbe de ses voûtes à plein cintre, des arcs doubleaux qui les relient et de la sobriété de ses ornements ; par ses colonnes courtes et trapues à chapiteaux romains et ses cintres parfaits, elle rappelle l'église Notre-Dame de Poitiers. Dans la galerie de l'est, l'imitation des règles antiques est moins apparente et fait soupçonner l'art nouveau qui perce à travers la barbarie.

Les deux galeries du midi et de l'ouest sont de beaucoup postérieures aux premières. L'architecte François de Gonzié fit construire celle de l'ouest, en 1389. Ici l'ogive est souple, déliée, hardie et se ressent de l'influence arabe. Les colonnettes se couronnent de chapiteaux parfaitement variés, ornés de pampres et de curieuses figurines ; les voûtes descendant par des nervures ramifiées, affectent une apparente légèreté ; elles s'appuient sur les trèfles à jour et sur les colonnes du portique réunies en faisceaux.

Dans la galerie du midi, les piliers correspondants aux arcs-doubleaux des voûtes sont décorés de niches richement ouvragées, recouvertes de dais à jour, chargés d'un fouillis de découpures. Ces niches, disposées par trois réunies, étaient autrefois occupées par des statues qui furent brisées ou enlevées pendant la Révolution.

D'autres statues de saints, d'apôtres et d'évêques sont placées dans les entre-colonnements ou contre les pilastres des angles intérieurs. Elles représentent divers sujets composés, comme la *Résurrection du Christ*, la *Cène*, le *Lavement des pieds*, le *Baiser de Judas*, *Jésus tenté dans le désert*, les *Trois Maries*, les *Disciples d'Emmaüs*, etc., tout cela avec une variété d'idée et de style qui donne à chacun des personnages une physionnomie particulière.

« Quoique la construction d'un édifice assez
» riche de détails et d'ornements exige toujours
» un temps et des dépenses considérables, et
» qu'il ait pu d'ailleurs être interrompu par des
» événements qui nous sont inconnus, il est
» pourtant difficile de croire que le cloître de
» Saint-Trophime soit resté inachevé pendant
» trois siècles au moins. Il nous semble plus rai-
» sonnable de penser que les deux galeries du
» midi et du couchant, tombant de vétusté ou
» ayant éprouvé quelque accident qui faisait
» craindre qu'elles ne fussent bientôt réduites
» en ruines, furent remplacées, sous l'épiscopat
» de François de Gonzié, par les deux que nous

» voyons. Au reste, ce travail était à peine com-
» mencé lorsque ce prélat céda le siège d'Arles
» à Jean de Rochechouart, pour aller, en 1390,
» occuper celui de Toulouse. Il laissa achever
» l'œuvre par son successeur.

» Ainsi donc, avec ses époques bien distinctes,
» représentées par le cintre encore pur, par le
» cintre dégénéré, l'arc aigu et l'ogive parfaite,
» notre cloître est une œuvre précieuse, résu-
» mant dans son ensemble le travail de plusieurs
» architectures, et dans laquelle se trouve toute
» l'histoire sainte racontée en pierre ou en mar-
» bre (1). »

Il y a dans toutes ces arcades, qu'il faut com-
prendre et commenter, une profusion inouïe de
détails, depuis la savante simplicité de l'architecture antique jusqu'aux effets étonnants et
neufs d'un art dans l'enfance, qui grandit successivement et se complète pour arriver à l'harmonie dans une œuvre si variée.

Les Alyscamps

Les Champs-Élysées d'Arles, mentionnés par
les plus anciennes chroniques et célébrés par
les poètes du moyen-âge, ont presque totalement
disparu du sol.

(1) L. Jacquemin.

Sous l'époque romaine, on continua à déposer là les urnes funéraires à côté de celles des Gaulois, les anciens occupants de la contrée. On y plaça les premiers cippes carrés ou les grandes dalles qui marquaient la place des sépultures, lorsqu'on ne brûla plus les corps ; et enfin on y éleva ces beaux sarcophages sculptés, en pierre ou en marbre, qui ornent maintenant plusieurs musées.

Lorsque le christianisme s'établit à Arles, probablement sous Constantin, les Champs-Élysées furent consacrés par une réunion d'évêques, venus de tous les environs pour assister à cette cérémonie solennelle.

La tradition qui avait cours au moyen-âge raconte que saint Trophime convoqua à ce sujet tous les évêques des Gaules ; quand il fallut procéder à la cérémonie, chacun s'excusa par esprit d'humilité. Alors Jésus-Christ apparut au milieu d'eux, bénit le cimetière, pendant que la voix des anges formait un concert céleste. Le Sauveur fléchit un genou sur le rocher qui conserva dans la suite cette divine empreinte.

A cette place, on construisit, en 1529, une chapelle qui porta le nom de la Genouillade.

Les Alyscamps renfermèrent jusqu'à dix-neuf chapelles, tant la ferveur et la foi étaient grandes. Parmi elles étaient :

Notre-Dame-de-Grâce, fondée par saint Trophime ;

Saint-Pierre et Saint-Paul ;

Saint-Honorat, fondé par saint Virgile ;

Notre-Dame-de-Beaulieu ;

Notre-Dame-de-Bellis ;

La chapelle des Porcellets, bâtie en 1224 ;

Saint-Jacques. Saint-Serge, Sainte-Marthe ;

Saint-Pierre, Saint-Pierre-de-Mouleyrès ;

Saint-Jacques-de-Fabregoules ;

Sainte-Eulalie, Saint-Didier, Sainte-Ursule ;

Saint-Burdulphe, Sainte-Réhéode ;

Saint-Jacques et Saint-Philippe, connu sous le nom de la Genouillade, Sainte-Accurse.

La plupart furent détruites pendant divers troubles civils. Autour de ces chapelles s'étaient groupés une quantité innombrable de tombeaux ; aussi les Alyscamps devinrent un cimetière unique dans la chrétienté, ce qui le fit citer par Dante, dans ces vers bien connus :

> Si come ad Arli ove' l Rodano stagna
> Fanno i sepolcri tutto 'l loco varo.

et plus tard, par l'Arioste, en ces termes :

> Se ne veda ancor segno in quella terra
> Ch'é presso ad Arli, ove il Rodano stagna,
> Piena di sepolture è la campagna.

C'est là que les hauts personnages tenaient à grand honneur de ménager une place à leur cendre, et que les rois et les évêques d'Arles furent inhumés pendant une longue série de siècles, dans de riches sarcophages de l'époque romaine. Cependant, la place manquant, malgré les agrandissements successifs, on fit servir les anciens tombeaux païens à de nouvelles destinations, en apportant quelques variantes à leurs inscriptions ou à leurs sculptures.

Vers le onzième siècle, la réputation des Alyscamps atteignit sa plus haute période. Le nombre des morts qui arrivaient de tous les lieux environnants devint si considérable qu'on se vit obligé d'étager les corps jusqu'à quatre rangs les uns au dessus des autres.

De toutes les villes situées sur les bords du Rhône, on les envoyait au cimetière d'Arles; dans ce but, les cadavres et l'argent destiné aux dépenses funéraires étaient enfermés dans des tonneaux ou des caisses rendus imperméables; ainsi abandonnés au courant du fleuve, disent les chroniques du temps, ils s'arrêtaient d'eux-mêmes, par l'effet d'un remous surnaturel, à l'extrémité du faubourg appelé la Roquette, de quelque côté que soufflât le vent.

Certains moines avaient même imaginé une

Arles

Les Alyscamps en 1853.

histoire pour inspirer l'inviolabilité de ces cercueils flottants. On disait que quelques jeunes gens de Beaucaire ayant arrêté un de ces tonneaux pour dérober l'argent qu'il renfermait, le récipient vide avait refusé de poursuivre sa route, quelque effort que l'on fit pour le remettre dans le courant du fleuve.

Après ces temps d'une foi si vive en faveur des Alyscamps, vinrent ceux de décadence et d'abandon. Les archevêques voulurent être inhumés dans le préau du cloître ou dans les caveaux de la métropole; les personnes riches et influentes tinrent aussi à acheter ce droit, et soit qu'il n'y eût plus de place abordable aux Alyscamps, soit qu'on voulût suivre une mode nouvelle, le corps de saint Trophime en fut exhumé et transféré processionnellement à l'église Saint-Étienne.

Lorsqu'au quinzième siècle, on eut cessé d'inhumer aux Alyscamps. Cette vaste nécropole n'eut à subir qu'une courte période d'oubli, car on s'abattit sur elle pour déchirer ses entrailles et la dépouiller. Toutes ces riches tombes romaines, qui avaient été une fois violées pour recevoir de nouveaux corps chrétiens, furent fouillées de nouveau; on y découvrit les anciennes urnes, les offrandes antiques, des

monnaies, des bijoux et des ustensiles de bronze.
L'appât de ces objets précieux, dont le débit était
facile et lucratif, poussa les gens du peuple à cette
exploitation sacrilège ; de sorte que l'on souleva
toutes les pierres, que l'on détruisit impitoyablement tous les plus beaux sarcophages.

Ces désordres furent portés à un excès si scandaleux que l'archevêque Gaspard du Laurens
jugea nécessaire de menacer d'anathème ceux
qui se rendraient coupables de nouvelles violations ; mais cette menace n'eut qu'un effet temporaire : la dévastation recommença, et les
plus hauts personnages eux-mêmes ne craignirent pas de donner l'exemple de cette œuvre
impie. Ils choisissaient parmi toutes ces richesses, et les consuls se trouvaient trop heureux,
au passage des princes, de puiser, dans cette
mine, un gage des plus hautes faveurs. On conçoit qu'après une telle dispersion, il ne doive
rester maintenant que bien peu de chose de ce
fameux Élysée. Les tombes les plus modestes,
de simples matériaux jonchent partout le sol ;
quelques dalles servent de ponts sur les fossés,
et l'on trouverait dans toute la campagne beaucoup d'auges ou de mangeoires qui étaient
autrefois groupées autour du joli clocher octogone de Notre-Dame-de-Grâce.

Il y a quelques années, les travaux du chemin de fer, ayant ouvert une vaste tranchée à travers les quelques débris funèbres qui restent, ont fait recueillir une nouvelle moisson d'urnes, de médailles et de lampes, et apporté, dans ce vieux champs du repos, le genre de mouvement qui caractérise le mieux les préoccupations de notre époque laborieuse.

Montmajour

Il y a peu de touristes qui, en traversant Arles, n'aient le désir d'aller visiter, sur une des deux collines qui dominent les environs, les ruines que nous avons remarquées au loin en arrivant à Beaucaire et que nous avons nommées l'abbaye de Montmajour.

Quelques cénobites, faisant vœu de pauvreté, s'étaient réfugiés, vers la fin du dixième siècle, sur le plus haut de ces mamelons, qui étaient à cette époque entourés de l'eau des étangs formés par les débordements du Rhône ou par les torrents des Alpines.

C'est une délicieuse promenade à faire, par un beau jour, que celle qui mène, par de belles allées d'ormeaux, ou en longeant les canaux fécondants de la Durance, au pied de cette riante colline de Montmajour.

On monte graduellement par un sentier raboteux, une croix gothique annonce l'entrée; puis la **tour de défense de Pons-de-Ulmo,** que vous aviez vue de très-loin, vous domine de toute sa hauteur, avec ses bossages, ses refends et ses machicoulis qui annoncent que les abbés de Montmajour étaient autrefois les capitaines naturels de leurs domaines dans les cas d'agression.

L'abbaye, autrefois si célèbre, n'est plus maintenant qu'un imposant amas de ruines qui parle à l'imagination du curieux et de l'artiste et répond encore aux interrogations de l'historien et de l'archéologue.

Toutes les périodes bien tranchées de l'histoire monastique racontent dans ces débris la splendeur et la fortune auxquelles était montée cette puissante confrérie, jusqu'à l'heure où sonna, pour les plus orgueilleux donjons, notre terrible Révolution de 93.

La dernière construction fut précisément celle qui eut le plus à souffrir de ces circonstances suprêmes : il ne fut pas difficile de trouver les griefs traditionnels contre les puissants abbés pour justifier l'œuvre des démolisseurs ; aussi laissa-t-on à peine pierre sur pierre de ce vaste palais bâti sous Louis XIV, qui étalait une magnificence seigneuriale, et qui comptait, d'après la tradition populaire, autant de croisées que le calendrier a de jours.

Le voilà, déployant dans l'azur provençal
La vieille majesté de son front colossal :
Ses portes, ses créneaux, ses tours démentelées,
Son perron imposant, ses voûtes écroulées,
Ses salles de festin, ses dortoirs somptueux,
Son église romane au chœur majestueux !
Voyez pendre dans l'air, de mille jours percées,
Ses masses que l'effort du temps a crevassées ;
Chaque fois que l'orage irrite les autans,
De ces murs qu'il ébranle il fait tomber les pans,
Et couvre à grand fracas de leur chute subite
L'indigent dont l'asile à leur ombre s'abrite.
Ainsi toute grandeur, dans son cours ou sa fin,
Toujours anéantit quelque moindre destin ;
Ces tours ne gardent plus l'orgueil ou la rapine,
Mais le serf est parfois broyé sous leur ruine.
Là bercèrent jadis leur sainte oisiveté
Des moines, des abbés au pouvoir respecté ;
Chacun, de ses penchants, y suivait les caprices.
Priait ou s'endormait en de molles délices,
De l'austère science augmentait le trésor
Ou parait le vélin d'azur, de laque et d'or.
D'autres reproduisaient ces ouvrages antiques,
D'un art évanoui merveilleuses reliques ;
Et, copiant Virgile, Ovide ou Cicéron,
Leur âme se troublait aux soupirs de Didon (1).

(1) Jules Canonge.

En parcourant cette colline, on se représente à peine les bosquets et les jardins qui devaient l'embellir : les fourrés où les Bénédictins venaient se reposer ou méditer. La nature sauvage a maintenant tout envahi, et l'imagination a fort à faire pour évoquer l'ombre des moines se profilant sous les portiques, dans les galeries du cloître, sous les arceaux déserts, où ne se fait plus entendre que la conversation accidentelle de rares visiteurs.

L'église de Montmajour était autrefois fort vaste ; mais lorsque l'affluence des pèlerins se ralentit avec la ferveur populaire, on diminua sa nef de trois travées : sa façade et son portail gothique furent remplacés par une construction sans caractère.

La crypte souterraine contient des oubliettes où l'on renfermait les religieux coupables d'infraction ou quelquefois victimes de la jalousie de leurs semblables, et les murs portent des inscriptions très-anciennes qui transmettent aux indifférents de bien lointaines angoisses et des larmes autrefois versées.

Le cloître, qui n'a que de très-petites dimensions, était orné d'élégantes colonnettes en marbre qui, par suite d'incurie, ont changé de destination. Le préau était autrefois peuplé de dalles à inscriptions et de tombeaux sculptés ; il y avait de riches mausolées élevés à des comtes de Provence et aux abbés de l'ordre ; de tout cela il ne reste plus que l'inscription du comte Geoffroy et le mausolée d'une princesse de la maison d'Anjou, encadrés de vignes sauvages, de lierres et de toutes ces plantes vivaces qui s'emparent des solennelles solitudes.

La tour de défense qui rappelle celle de Villeneuve-lès-Avignon, fut construite, en 1369, par l'abbé commendataire Pons de Ulmo, en forts matériaux taillés à bossages, qui ont acquis une belle couleur dorée.

Elle défendait la tête de la chaussée qui traversait l'étang pour aller à Arles. Elle est haute de 26^m et ses murs ont une énorme épaisseur. Elle est restée intacte, comme souvenir de la puissance armée dont étaient investis les abbés du moyen-âge.

Il ne faut point oublier de visiter la petite chapelle de Sainte-Croix qui, sous des dimensions exiguës, offre des formes très-originales. Elle fut consacrée, en 1019, par Pons de Marignan, archevêque d'Arles, quoiqu'une inscription en attribue faussement la construction à Charlemagne, à la suite d'une victoire remportée sur les Sarrasins.

Cette chapelle est construite sur un rocher ; à l'entour furent creusées des tombes qui ont la forme du corps humain et qui indiquent presque, par leurs dimensions, l'âge du cadavre qui leur fut confié. Toutes ces fosses monolithes sont depuis longtemps ouvertes et vides, et le passant qui s'agite ici-bas peut mesurer la juste place réservée à son ambition.

On voit non loin de cette chapelle, dans le flanc méridional de la même colline, une crypte souterraine tout à fait primitive et d'une date de beaucoup antérieure, avec plusieurs chambres creusées dans le roc. Ce lieu humide et sombre dut être la demeure peu enviée de quelques-uns des premiers cénobites chrétiens.

Il y a encore dans Arles ou ses environs quelques débris d'une foule de monuments ecclésiastiques que nous nous abstenons de décrire, non que leur histoire soit dénuée d'intérêt, mais parce que leurs restes, peu considérables, ont trouvé des historiographes fidèles auxquels nous renvoyons le lecteur.

Il existe, sous les eaux du Rhône, les piles d'un pont romain qui unissait Arles à Trinquetaille ; les mariniers connaissent et évitent ces écueils. Il y a aussi, à proximité, des anneaux de bronze qui servaient à amarrer les galères romaines.

ARLÉSIENS ET ARLÉSIENNES (¹)

« Arles moderne a gardé le prestige de ses anciens jours. Ce qui, dans cette ville, éblouit surtout l'étranger, ce qui le captive, le fait soupirer au départ et désirer ardemment le retour, c'est la beauté des femmes. Les dominations successives que nous venons d'indiquer y ont chacune apporté comme un tribut pour la formation de cette beauté.

» Il n'est même pas rare d'y rencontrer les trois types : grec, romain et sarrasin, dans leur pureté originelle. Suivez, sous les portiques du Théâtre, cette jeune fille à la stature élancée, au profil droit, au cou d'une blancheur lactée, aux joues d'un incarnat velouté; observez la grâce de sa démarche; écoutez l'accent léger, le tour ingénieux de sa parole, la limpidité sonore de ce dialecte qui fait dire dans les contrées voisines : « *Nous ne parlons pas aussi bien que les filles d'Arles;* » essayez d'entamer avec elle une causerie, et la vivacité de ses propos, la finesse de ses réponses, vous rappelleront ce qu'on raconte des blondes filles de l'Attique.

(1) Jules Canonge.

» Celle que vous voyez, majestueusement assise sur les gradins de l'Amphithéâtre, se draper dans sa mante, promener impérialement sur l'arène l'ardente gravité de son regard et dominer la foule de sa tête brune, aux grandes lignes si régulières et si fermes, n'est-elle pas évidemment la fille de ces puissantes matrones dont le pouce donnait, au Colysée, le signal d'égorger le gladiateur vaincu, la sœur de ces Transtévérines qui se vantent de sentir le sang romain couler dans leurs veines ?

» Pouvez-vous enfin, sans rêver à l'Espagne et à l'Orient, voir la similante allure, l'œil de gazelle, le teint doré de cette jeune femme dont la taille svelte semble onduler à travers les galeries mauresques du cloître, avec la souplesse du palmier balancé par la brise ? Ces analogies physiques sont rendues encore plus manifestes par l'analogie dans les caractères ; délicate et rieuse comme l'hétaïre grecque, capable de grandes pensées et de dévouements héroïques comme la forte Romaine, l'Arlésienne a la grâce coquette de l'Espagnole, la brûlante et profonde passion des sœurs de Gulnare et de Zuleïka.

» L'Arlésienne aime les fleurs, raffole des parfums, et la poésie ne lui est point étrangère ; le bruit la charme, le mouvement l'enivre, elle se plaît aux promenades, recherche les fêtes, court aux bals, aux sérénades. Tout spectacle l'attire, moins pour lui-même que pour les épisodes dont il est l'occasion.

» Partout et toujours, elle rit et folâtre. Dans une église, pendant une solennité, j'ai vu des jeunes filles tremper leur bouquet dans un bénitier et se poursuivre joyeusement autour des piliers, en se menaçant d'une aspersion que le rituel ne mentionne guère.

» Les femmes d'Arles sont, en quelque sorte, les Athéniennes de la Provence. Ce que nous avons dit de la supériorité de leur langage est également vrai pour la supériorité du costume; aussi la toilette est-elle la grande affaire de leur vie. Conservé par les Arlésiennes, en dépit de l'invasion générale des modes de Paris, ce costume contribue beaucoup à leur attrait, et elles portent, dans son perfectionnement, l'art le plus exquis, les plus subtiles recherches.

» La toilette est leur grande affaire, mais elle n'arrive cependant qu'après l'amour, dont elle est, du reste, un si puissant auxiliaire. C'est dans son amour que l'Arlésienne concentre toutes les ressources de son esprit, toute l'ardeur de sa passion, toute l'énergie, toute l'activité de son âme. Confiante parce qu'elle aime, elle cède plus facilement peut-être que beaucoup d'autres, mais c'est par dévouement plutôt que par l'attrait du bonheur. Son amour devient alors son existence même, et le temps passe sans l'altérer. Mais lorsque l'enthousiasme de la jeune fille ne rencontre chez l'homme que les froids calculs, la passion brutale, les infidélités de l'égoïsme, alors ce n'est pas seulement la douleur, mais bien un véritable désespoir qui achève de briser son existence.

» Si le sombre couvent des Carmélites adoucissait un moment l'austérité de la règle que lui imposa l'ardent génie de sainte Thérèse, et laissait tomber devant nous le voile noir dont s'enveloppent ses recluses ; si nous pouvions les voir secouer la cendre de leur couche ; si nous pouvions entendre ce que, dans leur morne tête-à-tête, elles racontent au crâne, unique compagnon de leur cellule, combien n'apprendrions-nous pas de navrantes infortunes, et que de larmes n'apercevrions-nous pas dont la source n'est point au ciel ? »

Nous terminons cette esquisse féminine en rappelant quelques traits d'un joli pastel que traça sur le même sujet une célèbre muse méridionale :

Parmi tant de cités que le Rhône orageux
Arrose de son cours, ou limpide ou fangeux,
Celle où mon souvenir sans cesse me ramène,
C'est Arles, à la fois et gothique et romaine,
Ville des grands débris et des belles amours.
Là l'idéal des Grecs plus pur renaît toujours ;
Là de leurs frais atours les femmes revêtues
Ont la taille et les traits des antiques statues,
Et la fille du peuple au jupon écourté,
De la Vénus du lieu rappelle la beauté.
Oh! quel marbre divin vaut ces femmes divines,
Fleurs riantes sans cesse au milieu des ruines !
Par un été brûlant, il faut les voir, le soir,
Dans le vaste Alyscamps, sur les tombes s'asseoir ;
Ou bien d'un fol amour peuplant leurs rêveries,
Aux Arènes chercher l'ombre des galeries ;
Ou dans la cathédrale au féerique portail
Prier, le front rougi des reflets d'un vitrail ;
Vers les rives du fleuve errer sous les saulées,
Ou guidant un esquif de leurs mains effilées ;
Folâtres, se pencher vers l'onde en l'agitant,
Passer d'un bord à l'autre et ramer en chantant !
....
Aussi que d'aspirants courbés à leurs genoux !
Que de jeunes cerveaux elles ont rendus fous !
Que de brillants seigneurs (au temps des seigneuries)
Pour leur plaire ont aux pieds foulé leurs armoiries;
Greffant l'arbre orgueilleux d'une antique maison
Sur la fleur de beauté qui vaut bien un blason (1) !

Un plaisir émouvant, qui a autant de charmes
pour les Arlésiens que pour les Andalous, c'est

(1) Mme Louise Collet.

la course de taureaux. Ce n'est pas, il faut bien le dire, le seul point de rapprochement qu'il y ait entre ces deux types qu'une grande distance sépare pourtant ; mais cela prouve que les plus beaux enfants du Prophète ont trouvé de sympathiques alliances encore palpables à Arles, comme en d'autres lieux.

Il y a dans les veines des Arlésiennes, de ce même sang qui se révèle chez les Malaguënes par la même ingénuité de conversation ou par cet adorable abandon qui fait d'elles de dangereux enfants gâtés dont on aime jusqu'aux défauts. Cette similitude de grâce, cet irrésistible penchant pour la toilette, ne les ont-elles pas puisés à la même source ? Ne sont-ce pas là des péchés originaux qui datent d'un peu loin ?

La marque des jeunes taureaux, qu'on appelle la *ferrade*, a ici, comme au pied des Alpujarras, autant d'adeptes chez les jeunes filles que chez les jeunes gens. C'est jour de grande fête en Camargue, lorsqu'on fait le triage dans les *manades* pour amener, dans un cirque improvisé au milieu d'une grande plaine nue, les jeunes taureaux que l'on doit marquer aux lettres de leurs propriétaires ; et cette passion date de loin, puisque nous trouvons le récit suivant dans Poldo d'Albenas :

« Or donc, ainsi que chacun père de famille
» ou mesnagier a certaine quantité de beufz, il
» est besoin, s'il ne veut mettre en hazard de
» les perdre (car ilz ne s'enferment ordinaire-
» ment ne jour ne nuict es.estables ou granges),
» qu'il note de sa marque ou armoiries la race
» et succession d'iceux ou de deux en deux ou
» pour le plus de trois ans, parce que les tau-
» reaux plus aagés ne sont aiséz à être ainsi
» marqués ; ce qu'on fait en une plaine bien
» grande n'ayant ne caillous, ne buissons, toute
» découverte, sèche, et la plus dure qu'on peut
» choisir ; sur un bout de laquelle l'on fait venir
» tout le bétail, et à l'autre fin d'icelle y fait-on
» un *buyer* et feu assez grand pour chauffer
» les ferrements et marques emmanchés de
» longues hastes.

» En ceste plaine se trouvent les gardiens du
» gros bétail, circonvoisins en grand nombre,
» montés sur chevaux du haras du pays, qui
» sont autant légers à la course qu'il est possi-
» ble, et portans en main au lieu de lance un
» long bois ferré ainsi qu'un trident fors que le
» fer du milieu est plus court que les autres
» deux. Ainsi à force et sur tout le troupeau on
» choisit les jeunes taureaux, nõ encore mar-
» qués, que à course de chevaux et coups de

» tridents l'on chasse jusques auprès du feu où
» ya gens à pié, qui les attendent, et se ruant le
» taureau sur l'homme de sursaut, ayant ja esté
» harassé et piqué par ces chevaucheurs à tout
» leurs tridens, l'homme qui l'attend, se des-
» tournant à costé, le saisit par les cornes, et à
» la mode de la lucte, lui baille un croc en iambe,
» et le pousse à terre; il est aisément enferré
» du fer chault et ainsi marqué. »

AVIGNON

Entre Arles et Avignon, il n'y aurait plus aujourd'hui de distance appréciable, sans le temps que l'on estime perdu à quelques-unes des stations. Les chemins de fer nous ont rendus exigeants outre mesure ; nous supputons les secondes de retard que nous fait éprouver la locomotive, et, il nous semble qu'on retranche de notre existence toutes ces minutes d'arrêt.

Non seulement nous n'avons plus le souvenir de l'allure traditionnelle des coches, mais encore nous voudrions voir franchir d'un trait, sans égard pour les besoins du prochain, toute la dis-

La Camargue

Une Manade

tance qui nous sépare du but. Que dire de ce vaste paysage, traversé par le Rhône, qu'encadrent les Alpines et les derniers chaînons du Vivarais?.... Il change si rapidement qu'on n'a pas le temps d'y arrêter ses impressions. Tantôt on se sent emporté dans la vaste plaine de Tarascon que l'on domine ; tantôt on suit la voie laborieusement tracée à travers les taillis de maigres collines ; puis on entre dans celle de Graveson, coupée par de nombreux canaux, variée par de riches cultures ; enfin on découvre la silhouette de la ville papale, qui se détache sur les vapeurs du mont Ventoux, et une fois la Durance franchie, la locomotive s'arrête bientôt à l'embarcadère d'Avignon.

Cette ville, dominée par le rocher calcaire des Doms, est située sur la rive gauche du Rhône. Elle appartenait, au moment de l'invasion romaine, à la province des Cavares, dont elle était la capitale, sous le nom de *Arenio Cavarum*.

Elle avait dû avoir, comme Arles, des relations commerciales avec les Phocéens, établis à Marseille six siècles avant J.-C. Elle fit partie d'une province romaine, au commencement de notre ère, jusqu'à la chute de l'empire d'Occident, et cette vague dénomination est venue jusqu'à nous sous le nom de Provence.

Ce fut, au moyen-âge, l'*Urbs Vennicorum*, d'où fut formé par corruption le nom de Comtat-Venaissin, dont Avignon était la capitale, par substitution à la ville de Venasque.

Avignon passa successivement sous la domination des Goths, des Bourguignons et des rois d'Austrasie. Les Sarrasins s'en emparèrent deux fois, en 730 et 737 à la faveur de l'anarchie, qui régnait dans cette partie du royaume, non encore soumise aux Francs.

En 733, Karl Martel, dont le génie tendait à reconstruire la monarchie de Clovis, venait de soumettre une partie des révoltés depuis Lyon jusqu'à Avignon. Les nobles qui s'étaient rendus indépendants étaient donc les uns dépossédés, les autres sur le point de l'être. Ils ne trouvèrent pas d'autre moyen que d'appeler à leur aide les Sarrasins établis à Narbonne. Le traité fut conclu en 734, et les Sarrasins entrèrent sans coup férir à Arles que le duc Mauronte leur livra ; de là ils gagnèrent Avignon qui ne leur résista pas longtemps.

Mais après une occupation de courte durée, Karl Martel amena son armée dans le Midi en refoulant devant lui les garnisons sarrasines qui s'étaient établies depuis quelques années dans les villes principales du Nord.

Arrivés sous les murs d'Avignon, qui était déjà *urbem munitissimam*, les Franks en firent le siège qui fut long et meurtrier.

Karl Martel eut recours à toutes les lourdes machines alors en usage pour l'attaque des places. Enfin la ville fut prise d'assaut, tous les Sarrasins et une grande partie des habitants furent passés au fil de l'épée et leurs maisons livrées aux flammes.

Ce terrible siège et le sac qui en fut la suite peuvent expliquer pourquoi Avignon, malgré le séjour des Romains, offre si peu de restes pour satisfaire les archéologues; car le Temple de Diane, que les auteurs anciens ont mentionné sur la partie septentrionale du rocher, dut disparaître sous les fortifications qu'on avait opposées à celles de Villeneuve, comme le temple d'Hercule dut être absorbé par les colossales constructions du palais papal.

Lors du démembrement de l'empire de Charlemagne, l'esprit méridional se réveilla de nouveau par la fondation du royaume d'Arles; Avignon appartint alors aux comtes de Provence.

Cette nouvelle possession fut la source de violents débats qui se terminèrent en 1125, par le partage de cette ville avec les comtes de Toulouse.

Les Avignonnais fermèrent leurs portes, en 1226, à Louis VIII qui voulut, lors de la croisade contre les Albigeois, traverser la ville pour marcher contre le comte de Toulouse.

Guillaume de Puylaurens, chapelain du comte Raymond, mentionne ainsi ce siège dans sa chronique :

« L'an du Seigneur 1226, au printemps que les roys ont coutume d'aller à la guerre, le roy Louis, bénit de Dieu, après avoir pris la croix, accompagné du romain diacre cardinal de Saint-Ange, légat du Saint-Siège, qui ne le quitta jamais, ayant assemblé une puissante armée, s'en vint à Lyon, et de là par le Rhône descendit en Languedoc. Par chemin, tous les consuls des ville que tenait le comte de Tholose lui en apportèrent les clefs, même ceux d'Avignon lui furent au devant présenter leur obéissance : mais y étant arrivé la veille de la Pentecôte, après qu'une partie de son armée eut passé le pont, les habitants, de crainte d'être pillés par les soldats, s'ils entraient en nombre, ou Dieu le voulant ainsi, fermèrent leurs portes au roy et au légat, ne leur voulant permettre l'entrée qu'en petite compagnie, sinon qu'il plût à Sa Majesté de passer avec son armée sous la roche qui était un chemin fort étroit ; ce que le roy jugeant être non seulement injurieux, mais aussi dangereux, commanda qu'on campât et que l'on dressât les machines de guerre pour assaillir la ville ; d'autre part, les citoyens se mirent en défense.

» Ayant dressé de contraires machines pour incommoder l'armée et les gens du roy, le siège fut rude durant trois mois qu'il dura. Enfin les habitants se voyant hors de secours et sans espérance de pouvoir tenir plus longtemps, se rendirent au roy et au légat le 12 de septembre, promettant d'obéir et d'accomplir tout ce qui leur serait ordonné par le légat. Le roy entra dans Avignon, fit abattre une partie des murailles, combler les fossés, et après quelque séjour, reprit le chemin de Tholose. »

Quelques mois après, une sentence de vengeance du légat dictait aux Avignonnais les conditions expiatoires suivantes :

« Ils ne pourront avoir que des podestats agréés par l'évêque.

» Ils paieront au clergé mille marcs d'argent pour l'indemniser de ses pertes.

» Ils détruiront leurs forteresses, leurs murs et quelques tours, combleront leurs fossés et abattront trois cents maisons désignées par le légat.

» Ils enverront trente cavaliers bien équipés dans la Terre-Sainte.

» Ils paieront six mille marcs d'argent pour les frais de la guerre, et livreront toutes leurs machines défensives.

» Ils ne porteront aucun secours à Raymond et à ses partisans, et serviront fidèlement le roi de France.

» Tous les droits de l'épiscopat et de l'Église seront rétablis comme auparavant.

» Ils donneront deux cents otages en garantie de l'exécution de cette sentence de grâce. »

En 1251, lorsque la ville fut ainsi affaiblie, il devint très-aisé aux comtes de la soumettre; ils reprirent alors les droits qu'avaient leurs prédécesseurs, en vertu de l'ancien acte de partage, et ils ne laissèrent aux Avignonnais que l'ombre de leur propre gouvernement, et la république d'Avignon succomba autant par suite des discordes intestines que par les prétentions féodales.

La lutte des anciens pays de la langue d'oc fut personnifiée dans les comtes de Toulouse contre les envahissements de la race franke.

Les Français, maîtres par les armes, n'en étaient pas moins considérés comme les oppresseurs du pays, comme d'injustes conquérants qui avaient expulsé la famille nationale des comtes de Toulouse. Les antipathies de race se manifestaient dans toute leur force ; le Provençal n'obéissait qu'avec contrainte à son supérieur d'origine franke et n'aspirait qu'après le jour de l'indépendance.

Les capitouls, jurats, magistrats municipaux, les châtelains qui avaient conservé leurs domaines, toute la population en un mot, ne reconnaissait que par la violence cette autorité nouvelle imposée à ses mœurs et à ses habitudes.

Charles d'Anjou, roi de Naples et comte de Provence, déjà seigneur de la moitié d'Avignon. reçut l'autre moitié de l'unique héritière des comtes de Toulouse.

Cette posession, d'abord contestée, revint à Charles II, qui resta seul maître de cette ville, partagée entre deux compétiteurs depuis 1125.

Lorsque Clément V fut nommé au siège pontifical, sous l'influence du roi de France, il ne fut qu'un instrument de la cupidité de Philippe-le-Bel. L'ambitieux pontife se fit sacrer à Lyon, et après avoir erré dans une partie de la France, il vint, en 1307, établir sa résidence à Avignon qui dépendait du saint-siège en vertu des droits de suzeraineté que les papes prétendaient avoir sur les possessions de Charles II de Naples.

Quand les Avignonnais apprirent la détermination du pontife, ils furent transportés de joie, car leur ville, abandonnée et déserte, allait devenir, à la place de Rome, la capitale du monde chrétien. On fit préparer le couvent des Frères-Prêcheurs qui lui servit de résidence. En 1313, il alla résider pendant un an à Carpentras.

Rome n'eut qu'un rôle secondaire, et la papauté, qui avait prétendu à la suprématie universelle, dut se contenter d'une faible part de puissance spirituelle, lorsqu'elle fut devenue l'instrument passif des dessins des rois de France.

La fortune d'Avignon commença dès lors à se relever. Une école de droit, fondée par les comtes de Provence, y attirait beaucoup d'étrangers.

Sa population doubla tout à coup à l'arrivée de la cour papale ; les citoyens cédèrent leurs demeures à d'illustres prélats, de nouveaux usages furent introduits dans les mœurs locales, et cette capitale improvisée gagna tout aussitôt en richesses ce qu'elle perdit du côté des bonnes mœurs.

Jacques d'Ossa, chancelier du roi de Naples, était de Cahors. Homme très-remuant et actif, il devint archevêque d'Avignon, puis cardinal, et enfin pape, en 1316, sous le nom de Jean XXII.

Son audace et son savoir lui donnèrent une

grande prépondérance dans la solution des questions d'État pour lesquelles il était pris pour arbitre. Humble et suppliant quand il le fallait, il savait s'élever à propos à un ton de hauteur ou de menace pour trancher une difficulté. Il se montra peu partisan de l'humilité et de la pauvreté évangéliques, car son avidité et sa volonté ferme surent augmenter sa puissance et faire affluer dans ses coffres les immenses richesses dont l'épaisse tour de la Trésorerie conservait le dépôt. Un de ses panégyristes prétend ingénument qu'il amassait par prévision des éventualités terrestres.

Quatre Frères-Mineurs, convaincus d'hérésie, furent brûlés à Marseille d'après son ordre. Ce fut lui qui fit commencer le Palais des Papes et y institua le tribunal de la rote.

Le moine de Citeaux, fils d'un meunier de Saverdun, qui dut son avancement à la rigueur qu'il déploya pour délivrer la province de Languedoc des hérétiques qui y abondaient, fut évêque de Pamiers, de Mirepoix, et devint Benoît XII. L'ancien inquisiteur sut se maintenir moins ferme que son prédécesseur, entre les prétentions princières qui cherchaient à s'affranchir de la prépondérance papale.

Il se brouilla avec le roi de France et conçut

la pensée de rétablir le saint-siège en Italie ; mais ne pouvant pas concentrer sa puissance à Rome ou à Bologne, il continua de construire la formidable prison que Jean XXII avait commencée. Il fit démolir certains murs et leur donna des bases plus larges pour supporter plus d'élévation ; il fit pratiquer des escaliers dans l'épaisseur des murailles pour pouvoir, au besoin, disparaître de toutes les salles. Pendant toute la vie de Benoît XII, de nombreux ouvriers travaillèrent à ce labyrinthe de Pierre Obreri, qui participe, dans des dimensions colossales, du cloître, du tombeau et de la citadelle, et dont l'architecture n'est pas sans analogie avec le Palais du Podestat à Bologne ou le Palais de Venise à Rome.

En 1342, Clément VI succéda à Benoît XII. Issu d'une noble et ancienne famille, il apporta sous la pourpre pontificale tous les goûts qui accompagnent la fortune et la grandeur. Sa maison et ses écuries ressemblaient plutôt à celles des rois qu'à la demeure d'un serviteur de Dieu. Il dispensait les faveurs avec générosité, disant qu'il ne fallait pas qu'on sortît mécontent du palais d'un souverain. C'est sous son pontificat que les mœurs atteignirent, à Avignon, le plus haut degré de licence, car un historien prétend que les femmes de qualité entraient chez le pontife aussi familièrement que les prélats. La belle Cécile de Comminges eut l'art de s'emparer de l'esprit de Clément et d'amasser une grande fortune par des moyens scandaleux.

Sous son règne, Avignon fut témoin d'un spectacle étrange : Louis de la Cerda, prince en disponibilité, demanda à Clément, comme dispensateur des trônes, l'institution d'une royauté en sa faveur pour les îles Canaries qui venaient d'être découvertes par les Espagnols. Le pape lui en accorda le titre, à condition que le nouveau roi établirait la religion catholique parmi les insulaires ; et l'on vit ce roi de nouvelle fabrique, diadème en tête, parcourir les rues d'Avignon avec une brillante et nombreuse suite de gens à cheval ; mais il ne jouit que de ces premiers honneurs et de leurs frais. Clément fit continuer le gigantesque palais pontifical ; il fit construire la grande tour soutenue par un immense arc-boutant du côté de la vice-gérance, et élever, en 1350, les remparts depuis le rocher des Doms jusqu'à la porte du Rhône.

Malgré son infaillibilité, Clément eut des doutes, au moment de sa mort, sur la pureté de

sa vie : « Si nous avons avancé, disait-il, par
» nos écrits ou par nos paroles, des proposi-
» tions contraires à la religion ou aux mœurs,
» nous les révoquons et nous les soumettons à
» la correction de notre successeur. »

Ce fut sous le pontificat de Clément VI que la reine Jeanne de Naples, si fameuse par l'assassinat de son mari, André d'Anjou, vint se réfugier à Avignon, et que, pour obtenir l'absolution de ce meurtre, elle vendit cette ville au pape, en 1348, au prix de 80,000 florins d'or, lesquels, dit-on, ne furent jamais payés.

L'audacieuse tentative de Rienzi, pour régénérer les Romains, jeta dans ce même temps un certain trouble en Italie.

L'obscur Cola, fils d'un tavernier, avait puisé dans son intrépidité et dans son éloquence naturelle le pouvoir d'ébranler les masses populaires. Il fut à la fois le Ledru-Rollin et le Mazzini de son temps. Il vint pourtant en députation, avec d'autres Romains, presser Clément de retourner à Rome. Celui-ci répondit, en présence de l'agitation populaire, par un refus formel.

Cette révolution s'opéra toutefois sans secousse et sans trop de tumulte. Cola chassa de Rome les nobles qui s'étaient rendus coupables d'exactions et de violence, et par le seul ascendant de sa parole, il rassembla, le 20 mai 1347, une foule immense et la conduisit au Capitole, accompagné de l'évêque d'Orvieto, vicaire du Pape, et se fit décerner le titre de tribun et de libérateur de Rome.

Investi d'une autorité sans bornes, Rienzi ne put pas se soutenir longtemps au même degré d'élévation, et, comme tous les tribuns, dont le seul ascendant s'appuie sur les passions populaires, il devint bientôt altier et oppresseur. Ne trouvant aucun appui à l'étranger et impuissant à contenter l'exigence des masses, il gouverna par la terreur, moyen qui bientôt se retourna contre lui.

Rienzi fut poursuivi par l'émeute et livré prisonnier dans le palais d'Avignon, où l'intercession de Pétrarque le sauva du dernier supplice.

Innocent VI crut pouvoir se servir plus tard de son ancien ascendant pour ramener les Romains à la soumission ; mais Rienzi fut impuissant à remplir une mission aussi délicate. Il se livra de nouveau à toutes ses mauvaises passions, jusqu'à ce qu'un assassin termina, en 1354, au Capitole, cette vie dont l'aurore avait été consacrée à la liberté et l'âge mûr à la tyrannie.

Pendant plusieurs années aussi sévit le fléau le plus terrible dont les annales de l'Europe aient conservé le souvenir.

La peste noire, le choléra d'aujourd'hui, fit à Avignon, de 1343 à 1348, plus de trente mille victimes. On comptait avant, dans cette capitale, quatre-vingt mille âmes environ.

Innocent VI, élu pape en 1352, d'une extraction populaire, apporta d'autres goûts et d'autres mœurs sur le siège pontifical. Il était imbu dès sa naissance d'une probité sévère et d'une sagesse tout évangélique. Il fit subir à sa cour toutes les réformes qui lui furent possibles sans se créer trop d'ennemis. Pendant la guerre civile qui désolait Rome, il y envoya le cardinal Albornos et Rienzi pour tâcher d'en faire la conquête soit par les armes, soit par les négociations. Il fit continuer la construction des remparts depuis la Sorgue jusqu'à la porte Saint-Lazare.

Ses goûts paisibles prirent pourtant le dessus, car il aimait à se livrer aux douceurs du repos dans sa poétique solitude de Villeneuve, dont il fit, plus tard, une magnifique chartreuse.

Atteint depuis longtemps de la goutte il mourut très-âgé, le 12 septembre 1362. Son corps fut transporté dans cette *vallée de bénédiction* qu'il avait tant aimée, et l'on voit encore son tombeau dans la chapelle de l'hospice de Villeneuve.

Le choix du conclave tomba sur un abbé de Saint-Victor de Marseille, alors absent d'Avignon, qui fut élu pape, le 27 septembre 1362, sous le nom d'Urbain V, et qui se livra, dès son avènement, à la réforme des mœurs dans toutes les branches de l'administration. Urbain songeait souvent à retourner dans Rome, reconquise par Albornos, afin de pacifier toutes les villes italiennes si turbulentes ; mais les cardinaux, ne pouvant se décider à quitter les délices de la cité avignonnaise, employèrent toutes les ressources de l'intrigue pour le retenir.

Le pape quitta pourtant Avignon le 30 avril 1367, s'embarqua à Marseille, et, après avoir touché sur plusieurs points du littoral, débarqua à Corneto et arriva à Viterbe le 9 juin ; il ne se rendit à Rome que le 16 octobre. Constamment retenu ou ballotté par les séditions qui s'élevaient au milieu de ces populations turbulentes, où la démocratie était toujours prête à s'insurger contre le pouvoir, il se prenait parfois à regretter sa paisible cité d'Avignon.

Il fixa son départ pour le mois de septembre 1370, et il arriva à Avignon le 24. Il mourut le 19 décembre suivant. Son corps fut transporté à l'abbaye Saint-Victor de Marseille.

Pierre Roger de Beaufort, neveu de Clément VI, d'une constitution frêle et maladive, fut élu pape, à 39 ans, sous le nom de Grégoire XI. Il craignit que cette dignité ne fût au dessus de ses forces, car il prévoyait le choc des révolutions qui allaient troubler son pontificat.

La compétition entre la France et l'Angleterre, et, le schisme naissant ne lui laissèrent ni paix ni trêve. La guerre civile était en permanence, en Italie, sur tous les points à la fois.

A la peste, qui désola à plusieurs reprises Avignon, vint se joindre la famine, conséquence naturelle de tous les malheurs publics.

Grégoire, réduit à l'impuissance, perdit la tête, foudroya et excommunia, sans porter remède à des maux si complexes. Ce fut sur ces entrefaites que les Toscans lui envoyèrent une étrange ambassade, dans la personne de Catherine de Sienne, jeune fille austère et mélancolique qui devait persuader à Grégoire que le seul moyen de ramener la paix en Italie était de rétablir au plutôt le Saint-Siège à Rome.

Le pape se laissa gagner par la sainte éloquence de Catherine, et partit le 13 septembre 1376. Il était néanmoins toujours flottant d'une idée à l'autre, et d'une calamité présente à une calamité imminente. La confusion des idées morales et les aberrations étranges au milieu desquelles le schisme naissant faisait des progrès lui firent regretter d'avoir quitté la France. Il voulut retourner à Avignon, et il mourut, le 27 mars 1378, avant d'avoir pu effectuer son projet.

Les Romains voulaient avoir leur pape romain, ou pour le moins italien. Le conclave se réunit au milieu d'émeutes incessantes. Les cardinaux français auraient voulu nommer Robert de Genève, et sous l'empire de la pression et des menaces, on proclama pape Barthélemi Prignano, archevêque de Bari, sous le nom d'Urbain VI, en avril 1378.

L'intrigant archevêque, à qui l'on avait dit que sa nomination n'était que provisoire, ne voulut pas renoncer à la tiare, et Robert de Genève fut nommé à Fondi, le 20 septembre suivant, sous le nom de Clément VII.

Voilà le monde chrétien divisé en urbanistes et en clémentins, et le schisme, fort et vivace, se dressant contre le dogme absolu et intolérant.

La guerre se déclara entre les deux papes, et une sanglante bataille fut livrée sous les murs de Rome, bataille où les partisans de Clément furent défaits et lui-même forcé de reculer jusqu'à Naples. Comme il trouva peu de sympathie chez les Napolitains, il pensa à s'embarquer pour la France, et arriva à Marseille le 10 juin 1370; il fut reçu à Avignon avec enthousiasme. Les excommunications et les anathèmes se croisent sans effet entre les deux papes. Urbain était avide et cruel : ses cardinaux conspirent contre lui ; mais, averti à temps, il les fit jeter dans des étroits cachots, soumettre à la torture et les traîna avec lui à Gênes, où il les fit disparaître pendant une nuit orageuse du mois de décembre 1385.

Plusieurs évêques et seigneurs sollicitèrent Urbain pour s'entendre avec Clément et faire cesser le schisme. Il fut sourd à leurs prières, disant qu'il était le seul vrai pape.

Naples lui avait été infidèle, et s'était rangée sous l'obédience de Clément VII, ainsi que plusieurs autres villes d'Italie. Il voulut se mettre en campagne pour soumettre le royaume de Naples par sa présence ; il eut un mulet qui s'abattit sous lui, aux environs de Pérouse. Soit des suites de sa blessure, soit qu'il fût miné par les agitations perpétuelles de son règne, il tomba malade au mois d'août et mourut le 15 octobre 1389, à l'âge de 72 ans.

Profitant de ces discordes et de ces compétitions, J. Wiclef semait des idées qui contribuaient à ébranler le pouvoir pontifical dans son autoritétem porelle.

Wiclef flattait les préventions du peuple contre le clergé, et le dégageait de la contrainte sous laquelle il avait courbé la tête, en avançant des propositions semblables à celles-ci :

« Si le pape est un homme méchant, il est le
» suppôt du diable, et n'a par conséquent aucun
» pouvoir.

» Après Urbain VI, on ne doit plus reconnaî-
» tre de pape, etc.

» La confession faite aux hommes est inutile,
» confessez-vous à Dieu, etc. »

Wiclef avait répandu dans les esprits les germes d'une révolution religieuse que toutes sortes de conjonctures favorables firent fructifier, un siècle plus tard, au profit de la réforme de Luther.

Au moment où Clément VII était resté le seul pape régnant sur la chrétienté, le roi de France Charles VI fut reçu à Avignon, le 1er novembre 1389, au milieu de fêtes splendides. Les cardinaux apprirent la mort d'Urbain avec la plus vive joie, car la circonstance semblait favorable pour voir mettre fin au schisme qui troublait les positions et les consciences, et ils se flattaient de l'espoir que Clément VII pourrait aller siéger seul à Rome, lorsqu'ils reçurent la foudroyante nouvelle de l'élection de Boniface IX.

Les cardinaux, assemblés à la hâte, tant ceux qui se trouvaient à Rome que ceux qui résidaient dans les provinces voisines, au nombre de quatorze, élurent, d'un vote unanime, Pierre Tomacelli, homme superficiel et peu versé dans les affaires ardues.

La chrétienté continua à voir le scandale de deux papes s'excommuniant et s'anathématisant réciproquement. Ils étaient aussi avides et aussi besogneux l'un que l'autre à se procurer des ressources qui tendaient vers le même but, à l'anéantissement du rival de Rome ou d'Avignon, plutôt qu'à la paix des peuples et à l'unification de l'Église.

L'université de France s'assembla en conférences pour avoir l'avis de ses plus illustres docteurs. On procéda au vote, et la grande majorité se déclara pour la cession ou la renonciation des deux prétendants à la papauté vraie, et, au besoin, à la convocation d'un concile général.

On fit porter cet avis à Boniface qui se trouvait à Pérouse, et qui n'en voulut rien entendre, traitant Clément d'antipape.

Clément, de son côté, envoya à Paris le cardinal Pierre de Luna, son plus zélé partisan, afin de modifier la décision de l'université. Le nouveau légat ne réussit pas dans sa mission, et la proposition explicite qui fut portée à Clément VII de renoncer à la papauté, parut déranger ses facultés mentales ; car le 16 septembre, il fut frappé d'apoplexie, à l'âge de 52 ans.

L'Espagnol Pierre de Luna fut élu le 28 septembre 1389, et prit le nom de Benoît XIII. Doué d'un esprit fin, d'une conception prompte et d'une certaine éloquence, il avait puisé dans les arcanes de la science canonique cette habitude d'argumentation, cette destérité à soutenir, par les voies les plus tortueuses, ce qu'il affirmait être son droit.

Luna avait promis de renoncer à la tiare, si ce sacrifice était nécessaire à la paix publique. Le roi de France lui envoya des ambassadeurs qui invoquèrent la réalisation de cette promesse comme un devoir impérieux.

Benoît éluda la demande, fit d'autres protestations qui ne tendaient qu'à faire perdre du temps.

Pressé par de nouvelles sollicitations, le pape sortit de son arsenal d'éloquence toutes les bonnes raisons que nous avons vu exhumer de nos jours par la politique immobilisée de la cour de Rome, et qui s'est résumée par le *non possumus* du cardinal Antonelli.

« Sachez, vous tous, princes de l'État et de
» l'Église, que vous êtes nos sujets, et que je
» suis le souverain seigneur des peuples et des
» rois ; sachez que les cardinaux n'ont d'autre
» pouvoir que celui de choisir parmi eux le plus
» digne, et de le faire pape, et dès qu'ils l'ont
» déclaré chef suprême, l'Esprit-Saint l'illumine
» tout à coup, il devient infaillible, et sa puis-
» sance égale celle de Dieu, etc., etc.

» Il est placé au-dessus des puissances de la
» terre, et il ne peut plus être déposé du trône
» apostolique, même par sa volonté ; enfin la
» dignité du pontife est si redoutable que le
» monde doit écouter ses arrêts, courbé dans la
» poussière, et trembler à sa parole. »

L'acte de cession fut proposé à Boniface qui se montra aussi obstiné que Benoît, et répondit qu'il céderait, si son compétiteur cédait le premier.

Benoît attira à lui des troupes aragonaises, de passage à Marseille, pour appuyer sa résistance ; elles entrèrent à Avignon le 31 mars 1397. Leur chef, ébloui par l'éloquence du pontife, résolut de le seconder dans le projet qu'il avait formé de se rendre maître de la personne de Boniface ; mais leurs combinaisons avortèrent. Il fit revenir les troupes espagnoles, et les habitants eurent à supporter les charges d'une garnison indisciplinée.

Les ambassadeurs du roi de France se concertèrent à Villeneuve, avec le maréchal de Boucicaut pour réduire le pape par la force. Le maréchal se présenta devant Avignon, dont les habitants lui ouvrirent les portes. Benoît se tint enfermé dans une des tours du palais, avec des vivres et des munitions.

Boucicaut l'assiégea sans succès, tant Rodrigue, son neveu, déploya de valeur et d'activité, et le siège fut changé en un blocus qui dura plusieurs années. Benoît trouva moyen d'avoir des intelligences au dehors et de se fortifier pour une nouvelle lutte; Rodrigue de Luna le seconda par une vive attaque contre la ville.

Les cardinaux et le maréchal ne s'attendaient pas à tant de résistance; Benoît sortit une nuit, le 12 mars, à la faveur d'un déguisement. Le capitaine Braquemont le conduisit, sous bonne escorte, à Château-Renard, où il reprit les insignes et le rôle de pontife, et se fit faire la barbe qu'il avait laissé croître en signe de l'oppression qu'on lui avait fait subir pendant sa captivité.

Le pape accorda leur pardon aux cardinaux et aux Avignonnais qui avaient déserté sa cause, non sans conditions, car on avait affaire à un homme avide et vindicatif.

Après son évasion, Benoît mit en jeu toutes les ressources de son esprit pour faire peser son influence sur la cour de France, et parvint à opérer un revirement dans l'opinion publique. On n'exigea plus de lui, avec autant d'insistance, l'acte de renonciation, et Charles VI lui restitua le droit d'obédience. Cet exemple, suivi par d'autres souverains, fit passer Benoît de l'abîme des humiliations au comble de la puissance. Ébloui par le succès, il fit rentrer dans ses coffres des subsides et des redevances de toute espèce. Il établit de nouveau ses batteries pour renverser son compétiteur de Rome, et lui envoya une ambassade qui avait, sous main, la mission de conclure un véritable marché.

Boniface dit aux députés, pendant ces conférences pleines d'agitation :

« J'accuse Pierre de Luna, l'Aragonais, l'anti-
» pape, qui se fait appeler Benoît XIII, de
» m'avoir proposé un marché infâme, de m'avoir
» offert dix millions de florins d'or pour prix
» de la papauté. »

Les députés, jouant la surprise et l'indignation, déclarèrent sous serment que ce n'était point Benoît, mais Boniface lui-même qui avait proposé le marché.

Pendant la véhémence de ces discussions, Boniface fut atteint d'une fièvre aiguë qui l'emporta, le 1er octobre 1404.

Les ambassadeurs de Benoît prièrent les cardinaux romains de surseoir à l'élection nouvelle ; mais ceux-ci, au lieu d'en tenir compte, les firent provisoirement arrêter et conduire au château Saint-Ange, au mépris de leur sauf-conduit. Ce ne fut que par le paiement d'une rançon de 5,000 florins d'or qu'ils purent en sortir.

Les cardinaux, réunis en conclave au nombre de neuf, élurent Cosmo Megliorati, cardinal de Bologne. qui prit le nom d'Innocent VII, et qui fit les plus beaux serments du monde pour assurer l'union tant désirée de l'Église.

Comme il n'était pas doué de très grands moyens, il se trouva impuissant à défendre son autorité contre les factions, et il chercha à assurer sa domination par des actes contradictoires qui ne faisaient qu'accuser son impuissance. Il fut poursuivi par le peuple, et se retira à Viterbe avec plusieurs de ses cardinaux.

Il mourut, le 6 novembre 1406, d'une attaque d'apoplexie, et on ne voulut pas différer une nouvelle élection, sous prétexte que les Romains, ne se sentant pas gouvernés, pourraient soulever quelques émeutes.

En conséquence, le 30 suivant, quatorze prélats élurent, sous le nom de Grégoire XII, le cardinal Angelo Corrario, noble vénitien, âgé de 70 ans, qui s'engagea à renoncer à la papauté si le pape d'Avignon consentait à faire cession de son pouvoir, ou si les cardinaux de l'une et de l'autre obédience venaient à s'entendre.

« Oui, mes frères, prêchait-il un jour, je jure
» du haut de la chaire de vérité que je me ren-
» drai dans le concile qui sera convoqué pour
» réunir les deux obédiences, malgré mon âge
» et mes infirmités, en quelque lieu qu'on s'as-
» semble. Si je n'ai point de galère, j'affronterai
» la mer sur une barque ; si je n'ai point de che-
» vaux, j'irai à pied un bâton à la main. »

Il semblait qu'on ne pouvait pas douter de la sincérité d'un vieillard, mais l'exercice du pouvoir a des charmes capables de faire oublier par un pape les serments faits par un cardinal. Ainsi que Benoît, il usa de duplicité, et, après bien des pourparlers et des ambassades, il fut convenu que les deux papes auraient une entrevue à Savone, le 1er novembre 1407. Comme il ne convenait à aucun des deux de toucher au dénoûment, ils firent tout leur possible pour ne pas se rencontrer au lieu de réunion.

On affichait dans Lucques, sous les yeux même du pape de Rome :

« Anathème à Grégoire, le lâche, le fourbe,
» l'hérétique, le précurseur de l'antéchrist !
» Anathème sur lui ! Il est monté dans la chaire
» de l'Apôtre comme un larron, pour mettre le
» feu aux quatre coins de la maison de Dieu,
» et pour en abattre les colonnes !

» Anathème sur lui, car il s'est associé à une
» infernale conspiration, avec l'infâme Benoît,
» digne coopérateur de son œuvre de violence
» et d'iniquité. »

Benoît s'était rendu à Savone et à Gênes, d'où la peste le fit revenir à Marseille ; il se retira ensuite à Perpignan, où il convoqua un concile, tandis que Grégoire en convoquait un à Aquilée.

Ce n'était alors auprès d'aucun des deux papes que se trouvait la puissance réelle : elle était à Paris, où la cour et l'université étaient devenues hostiles à l'un comme à l'autre.

En conséquence, les puissances chrétiennes intéressées dans le débat convoquèrent un concile général à Pise, où il fut décidé que puisqu'on n'avait pas pu compter sur la cession volontaire des deux concurrents, il fallait procéder à leur déposition.

La célèbre assemblée s'ouvrit le 15 mars 1409, et tint vingt et une sessions, en quatre mois.

Deux des cardinaux sommèrent, pendant deux jours consécutifs, les deux papes de se présenter à la porte de l'église, et personne n'ayant comparu pour eux, le président du concile prononça la sentence de contumace.

Le 1er mai, une déclaration solennelle fut rédigée, par laquelle le siège apostolique fut déclaré vacant. Immédiatement après sa lecture, les cardinaux entrèrent en conclave pour procéder à l'élection d'un nouveau pape. Dix jours après, Pierre Philargi, cardinal de Milan, prit le nom d'Alexandre V.

L'autorité pontificale se trouva ainsi divisée, sur le monde chrétien, entre trois papes, dont l'un résidait à Perpignan, l'autre à Gaëte et le troisième à Bologne.

L'élection d'Alexandre V fut d'abord favorablement accueillie en France, car l'abbé Pierre Philargi avait étudié dans les universités de Paris et d'Oxford. Quoique de père et de mère inconnus, ses mérites et son aptitude lui valurent un prompt avancement dans les ordres. Cependant il ne montra qu'un génie très-ordinaire dans sa nouvelle position.

Une fois en possession de la chaire apostolique, il se laissa mener par le cardinal Eustache, le fameux Balthazar Cozza, qui lui succéda, sous le nom de Jean XXIII.

Benoit XIII irrité contre le résultat du concile de Pise, recommanda à son neveu de se maintenir dans Avignon, où lui-même ne devait plus revenir. Le 27 mai 1410, les citoyens d'Avignon assiègent vivement Rodrigue de Luna dans le palais, et, après dix-huit mois de combats et d'escarmouches, le forcent à quitter la ville et à ramener ses troupes en Espagne.

La ville d'Avignon perdit ainsi son titre de capitale de la chrétienté, et resta démantelée et livrée à la guerre civile.

Balthazar Cozza travaillait, sous main, à se ménager la voie du pontificat; il angagea Alexandre à passer l'hiver à Bologne, et le dissuada de se rendre à Rome dont une ambassade vint lui présenter les clefs.

Le pontife eut pourtant la faiblesse de céder aux sollicitations qui l'attiraient vers le Vatican : la veille de son départ, le 3 mai 1410, il mourut, après un règne de dix mois, et l'on soupçonna Balthazar Cozza de l'avoir empoisonné. Par suite des intelligences qu'il s'était ménagées dans le concile de Pise, le choix du conclave tomba sur son nom, et l'ancien homme de guerre put se livrer à toutes sortes d'intrigues pour augmenter son pouvoir et son influence.

De concert avec l'empereur Sigismond de Luxembourg, il convoqua le concile de Constance qui devait tourner ses votes contre lui ; s'assura de la possession d'Avignon et du Comtat, où il envoya son neveu, en qualité d'intendant général, et Cousi, son légat, qui résida à la vice-gérance.

Jean XXIII se rendit en personne au concile de Constance, où se réunirent un très-grand nombre de princes, de seigneurs et de prélats, tandis que Grégoire XII et Benoît XIII n'y furent représentés que par des légats.

Les intrigues du pontife le firent bientôt brouiller avec l'empereur Sigismond qui était là tout-puissant. Jean fut obligé de s'enfuir, mais il fut arrêté à Fribourg et transféré dans une forteresse voisine.

Le concile instruisit son procès, dont on lui lut l'arrêt dans la prison.

Jean XXIII, qui avait montré tant d'audace, fut obligé de subir honteusement sa condamnation, et on chercha à obtenir la renonciation de ceux qui se disaient aussi souverains pontifes.

Angelo Corrario envoya bien la sienne, mais Pierre de Luna ne voulut jamais céder, et, après divers séjours à Collioure, à Perpignan et à Valence, il se retira dans la petite ville maritime de Péniscola.

En présence de son obstination, plusieurs princes, fatigués de ses plaintes, abandonnèrent son obédience, et le concile de Constance le déclara déchu de tout pouvoir, en mai 1417.

La déposition de Benoît fut suivie d'une nouvelle élection, et un nombreux conclave, réuni à Constance, élut, le 11 novembre suivant, Othon Colonna, qui prit le nom de Martin V.

Le vieux Benoît, toujours cramponé à son rocher de Péniscola, fut menacé d'un siège par les partisans de Martin. Celui-ci quitta Constance pour se rendre à Milan et à Florence, où il apprit que Jean XXIII qui était détenu depuis trois ans dans la forteresse d'Heidelberg avait acheté sa liberté à prix d'or. Il craignait de sa part une nouvelle guerre civile. Jean, qui manquait d'argent et par conséquent de soldats, vint se jeter aux pieds de Martin et le reconnut pour pape légitime.

Martin le reçut avec une feinte joie, le combla de présents et d'honneurs ; peu de temps après, Balthazar Cozza mourut empoisonné.

Benoît, de son côté, finit sa carrière à Péniscola, à l'âge de 90 ans, toujours convaincu de la légitimité de son pouvoir, puisqu'il fit nommer pour son successeur Clément VIII qui eut le bon sens de renoncer, en faveur de Martin V, à sa ridicule papauté.

C'est ainsi que se termina ce qu'on appelait en Italie la captivité de l'Église à Babylone.

Depuis ce temps, les papes gouvernèrent la ville d'Avignon par des légats, jusqu'à ce que, en 1791, elle fût réunie à la France par un décret de l'assemblée constituante.

Le séjour des papes contribua beaucoup à l'agrandissement d'Avignon. Cette ville se peupla surtout de moines, de nonnes et de pénitents de toutes couleurs. La moitié de sa surface se couvrit d'établissements religieux, dont trente-cinq monastères des deux sexes et une commanderie de l'ordre de Malte. La moitié de la population n'était occupée que du soin de prier Dieu, et on y entendait chaque jour sonner deux ou trois cents cloches, ce qui justifiait la désignation de Rabelais, qui l'appelait la *ville sonnante*.

La situation d'Avignon est des plus agréables. La ville se déploie au bord du Rhône, en face d'une île verdoyante que désigne son nom de la Barthelasse, dans une vaste plaine dont une bonne culture augmente la fertilité naturelle.

Vaucluse

Vue d'Avignon

Le mont Ventoux borne cette plaine au nord-est, et dresse au loin sa tête chauve et blanchie par la neige.

L'autre rive du fleuve est bordée d'une suite de coteaux calcaires au pied desquels on voit le pittoresque assemblage de Villeneuve, de la Tour du Pont, de la Chartreuse et du fort Saint-André.

Avignon a la forme d'un ovale presque régulier, à l'extrémité duquel se dresse à pic, du côté du Rhône, le rocher des Doms, haut de soixante mètres, et dont on a revêtu les flancs de verdure et de fleurs, d'allées sinueuses, d'arbres toujours verts, à l'instar du mont Cavalier de Nîmes, ainsi que d'une source factice qui alimente plusieurs bassins.

La ville est entourée de remparts crénelés et flanqués de tours, qui doivent à leur caractère architectural et à leur conservation une certaine célébrité ; on y voit de distance en distance de grosses tours carrées peu élevées, dans lesquelles étaient placés les escaliers conduisant sur les murailles. Entre chacune de ces tours, il y en avait deux plus petites et moins saillantes, sur la plateforme desquelles on montait par des escaliers extérieurs. D'autres murs, avec lices, servaient à l'intérieur d'auxiliaires aux premiers.

Ils sont bordés d'élégants boulevards qui forment des promenades agréables autour de la ville où circule l'eau de la Sorgue et où l'ombrage abonde.

Ils renferment, outre les maisons, des parcs, des jardins et des potagers. La population fut à diverses époques plus considérable que de nos jours. Plusieurs pestes la décimèrent, et l'abandon des papes acheva de répandre la solitude dans la cité.

Les maisons sont construites en belle pierre de taille tendre, des bords du Rhône. La plupart sont grandes et empreintes d'une couleur vénérable; il se mêle dans tout ce fouillis, vu du rocher des Doms, une foule d'édifices religieux de tout genre, de terrasses crénelées, de vieilles tours et d'autres constructions d'aspect assez triste, mais qui présentent de la singularité et des détails d'architecture d'un goût bizarre et d'un style bien mélangé. Ces constructions, à l'exception de quelques églises, ont dévié de leur destination première, ou sont abandonnées.

La ville est mal percée; presque toutes les rues sont étroites et tortueuses : la plus spacieuse, la rue Calade, est large, propre et silencieuse. Quelques beaux hôtels, presque déserts, tracent la courbe irrégulière de son parcours.

La rue de la Ferraterie et la place de l'Hôtel-de-Ville sont les lieux les plus animés, l'une par ses nombreux magasins, l'autre à cause de la jolie salle de spectacle et des principaux cafés qui l'entourent.

Le Palais des Papes est tout auprès. Il écrase les édifices voisins par sa masse et sa hauteur. Son aspect sourcilleux impose, du reste, une instinctive terreur que son histoire justifie.

L'ensemble du monument manque d'élégance et de régularité. On en avait fait plutôt une forteresse sombre et menaçante qu'un palais destiné au représentant d'un Dieu de paix et de pardon.

Le moyen-âge, guerroyant ou tremblant de peur, se manifeste ici par ses murs épais, percés de meurtrières et d'archières, par ses souterrains, ses issues secrètes, ses portes cachées, ses passages brisés.

On voit tant à l'intérieur qu'à l'extérieur, que ce palais est l'œuvre de plusieurs papes ; que divers architectes ont travaillé à agrandir ce qui n'était d'abord qu'un simple pied à terre. Rien n'y a été sacrifié à l'art, à l'agrément, à la commodité, et toutes les précautions ont été prises, à l'extérieur et contre toute attaque, à l'intérieur contre toute surprise.

On ne visitera pas sans émotion la tour de l'Inquisition, avec sa voûte conique, qui amortissait d'abord et portait bien haut vers le ciel les cris et les gémissements des victimes du saint-office. On retrouve encore la place des instruments de torture et d'un foyer significatif ménagé dans l'épaisseur des murs.

On s'y souvient des traces de sang et des restes d'ossements dans les *in-pace*. On y voit la curieuse chapelle des pères inquisiteurs, où le Giotto avait peint, en immense fresque, un *Jugement dernier* qui a disparu par suite de l'abandon du palais.

Il existe encore, aux pendentifs d'une voûte, des prophètes peints dans des poses roides et d'un style naïf, avec des draperies aux couleurs vives. Les têtes expriment le calme convenable aux personnages bibliques, et accusent cette enfance de l'art qui précéda le Pérugin.

Ce sombre palais sert maintenant de prison et de caserne.

Un peu plus haut, une rampe à repos mène devant l'ancienne métropole, Notre-Dame-des-Doms, fondée dans les premiers siècles du christianisme, sur les débris d'un temple romain. Elle fut ruinée lors des invasions du huitième siècle et, l'on dit que Charlemagne la fit rebâtir à l'aide de ses dons, que certains étymologistes retrouvent dans le nom du rocher sur lequel elle repose.

Elle est formée de constructions de diverses époques, et la principale entrée est décorée d'un calvaire dans le goût italien. Les papes officiaient dans cette église, et plusieurs y furent sacrés sur le siège en marbre blanc que l'on voit dans le chœur. Elle renferme les mausolées de Jean XXII, de Benoit XII, de plusieurs cardinaux et archevêques, de Crillon et de sa famille.

Quelques jolies allées, très-heureusement tracées à travers des bosquets d'arbres verts, conduisent le curieux sur le sommet du rocher des Doms, qui porte maintenant la statue du persan Althen, l'introducteur de la garance.

Le panorama dont on jouit du sommet de ce rocher offre une analogie toute naturelle avec celui du château de Beaucaire ; mais la plaine est ici plus riche est plus variée dans ses accidents pittoresques.

Les derniers chaînons des Alpes, le mont Ventoux et les rochers de Vaucluse présentent des lignes d'horizon très accentuées.

Le Pont Saint-Bénézet, dont on ne voit à ses pieds que quelques arches et une chapelle, fut longtemps considéré comme une de ces constructions merveilleuses que le moyen-âge nous a transmises enveloppées de légendes bizarres.

Ce monument, enté sans doute sur les fondements d'un pont antique, parut au pauvre peuple l'œuvre d'une inspiration divine, et ce lointain étonnement des classes ignorantes est venu jusqu'à nous avec les premiers vers d'une ronde populaire entonnée dans la suite des générations :

<blockquote>Sur le pont d'Avignon, tout le monde y passe.</blockquote>

La chronique attribue la première pensée de ce pont à un petit berger du Vivarais qui avait obéi à un ordre de Dieu, en venant à Avignon annoncer sa construction.

Voici ce que dit la légende :

« Il y a longtemps, avant l'arrivée des papes à Avignon, avant que les tours du palais fussent bâties, un jeune pâtre, nommé Bénézet, gardait dans la campagne les brebis de sa mère. Un jour le soleil s'obscurcit, et tout à coup ces mots répétés trois fois retentirent dans l'air :

» — Bénézet, mon fils, écoute la voix de J.-C.

» L'enfant étonné, répondit :

» — Où êtes-vous, Seigneur ? J'entends votre voix et je ne vois personne.

» — Écoute sans crainte, reprit la voix.

» — Abandonne le troupeau de ta mère, et va bâtir un pont sur le Rhône, etc............

» Obéissant à l'ordre de Dieu, le jeune berger se mit en route, et ne tarda pas à rencontrer un ange en habit de pèlerin qui lui dit :

» — Cher enfant, suis moi sans inquiétude ; je te guiderai auprès du fleuve où tu dois construire un pont.

» Cela dit ils arrivèrent en un instant sur les bords du Rhône. A l'aspect de la largeur de son lit, l'enfant frappé de stupeur, s'écria qu'il était impossible d'y construire un pont. »

Nous abrégeons la légende à cause de sa conception par trop puérile, pour revenir à l'histoire suivante :

« Un berger, nommé Bénézet, que ses vertus ont fait mettre au rang des saints, conçut le projet du pont et anima de son zèle l'évêque et tout le peuple d'Avignon. »

Le pont fut construit dans l'espace de onze ans. Il avait 260 mètres de long et 19 arches. On établit tout auprès, du côté de la ville, une communauté de religieux chargés de veiller à sa conservation et d'en construire d'autres sur le Rhône, d'où leur vint le nom de frères pontifes ou constructeurs de ponts. Celui de Saint-Esprit est dû à la même institution.

Bénézet mourut avant que le pont fût achevé. On l'ensevelit dans une petite chapelle bâtie sur l'éperon de la troisième arche.

L'Hospice des aliénés.

On doit citer parmi les monuments d'Avignon l'hospice des aliénés et l'escalier de 128 marches par lequel on descend du rocher des Doms, auprès de la chapelle de la Miséricorde. En 1681, le vice-légat Nicolini décida que les insensés de la ville, qui jouissaient alors d'une liberté importune, seraient désormais enfermés. Il choisit, pour les recevoir, la tour du vice-gérant connu sous le nom de l'official.

Les pénitents de la Miséricorde furent institués, en 1586, par Pompée Catilina, colonel de l'infanterie du pape.

Clément VIII leur accorda le privilège de délivrer annuellement, le 29 août, un criminel condamné au dernier supplice. Ces pénitents furent chargés de prendre soin des aliénés et des prisonniers, et d'assister les condamnés jusqu'à l'instant suprême de leur exécution.

Une pension de 60 écus fut assignée par la ville à l'institution, et l'archevêque Libelli lui assura, en 1680, un revenu de quarante-cinq livres.

En 1726, le vice-légat Dulci, trouvant ces malheureux dans des bas-lieux plus propres à recevoir des bêtes que des hommes, les fit passer dans l'enclos des pénitents de la Miséricorde, et offrit cinq cents écus pour la fondation d'une maison convenable ; un marchand nommé Royre, ajouta mille livres à cette somme ; la ville donna trois mille livres pour trois cellules de plus, et, en 1755, on put en avoir seize, au moyen des douze mille livres que fournit le Comtat. Depuis la fin du siècle dernier, une administration qui n'a plus rien de commun avec la confrérie des pénitents dirige cette maison qui reçoit plus de cent aliénés de tout sexe.

La chapelle de la Miséricorde renferme quelques beaux tableaux de Mignard, du Dominiquin, et un beau Christ en ivoire de grande dimension. On l'attribue à un Allemand qui aurait sauvé la vie de son neveu, condamné au dernier supplice, par l'exécution de cet admirable travail que l'on montre au moyen d'une rétribution volontaire destinée à l'œuvre de l'établissement ; au nombre des artistes qui ont attentivement admiré ce chef-d'œuvre, on est fier de citer Canova.

Hôpital Sainte-Marthe ou de Rascas

Cet hôpital, situé au milieu des jardins, fut fondé, en 1353, par Bernard de Rascas, citoyen d'Avignon, qui fournit dix mille florins d'or pour cette institution. Il fonda, l'année suivante, le couvent des Trinitaires, et une bulle d'Innocent VI, datée d'Avignon du 28 juillet 1354, sanctionna ces deux fondations pieuses. Divers particuliers augmentèrent dans la suite, par leurs offrandes, les revenus de cet établissement. Le souvenir en a été consigné par des inscriptions gravées sur la façade de l'édifice.

Rascas joignait les talents du poète à ses vertus chrétiennes. Il écrivit, dans un âge mûr, des vers remplis de pieuses maximes. Nous en transcrirons quelques-uns pour montrer le provençal tel qu'on l'écrivait au quatorzième siècle, avec la traduction en français [du seizième, faite par Nostradamus :

Touto caouso mourtalo uno fés périra,
Hors de l'amour de Diou que toujour durara.
Tous nostei corps vendran eissuhs coumo falesko,
Lous aoubres laïssaran lour verdour tendro et fresko,
Lous aouselets des boscs perdran lou cant subtioŭ,
E nou s'aousira plus lou roussignoŭ gentioŭ.

Lous buols al pastourage et las blanquas fédétos
Sentran lous aguilhous de las mortal sagettos
Lous crestats d'Arles fiers, reinards e loups espars,
Cabrols, cervis, chamous, senglars de touto pars,
Lous ours hardis e forts saran poudro e areno;
Lous douphins dins la mar, lou toun e la baleino,
Meustres impétuous; rouyaumes e comtats
Lous princes e lous reys saran per mouart doumtats;
E, noutas ben eissó chascun ! la terro grando
(Ou l'Escrituro ment), lou firmamen que brando),
Prendran aoutro figuro. Enfin tout perira,
Hors de l'amour de Diou que toujours durara.

Églises et Couvents

Du côté du canal fourni par la Sorgue, le curieux retrouvera les restes croûlants de la vieille église des Cordeliers qui renfermait autrefois le tombeau de Laure de Noves, celui de Crillon, du chevalier Folard, homme de plume et d'épée.

Près des Cordeliers est l'*Aumône générale* fondée en 1511, par les consuls, à l'époque d'une disette.

L'église des Bénédictins de Saint-Martial, bâtie en 1346, qui servit longtemps de musée lapidaire.

Elle renfermait aussi plusieurs tombeaux remarquables, et entre autres un squelette en marbre avec une inscription qui rappelait aux chrétiens de toute condition et de tout sexe leur fin terrestre plus ou moins prochaine.

On conservait aussi dans le monastère des Célestins, qui devint l'Hôtel des Invalides, un grand tableau qui représentait un squelette de grandeur naturelle, avec une toile d'araignée en trompe-l'œil. On lisait au-dessous de ce tableau les vers suivants du poète-artiste qui étaient, comme la peinture, la reproduction du même ordre d'idées inspirées par l'exaltation ascétique,

    Une fois fus, sur toutes, femme belle ;
    Mais par la mort suis devenue telle.
    Ma chair estoit très belle, fraîche et tendre :
    Or, elle est toute tournée en cendre.
    Mon corps estoit très plaisant et très gent :
    Or, est hideux à voir à toute gent.
    Je le souloye souvent vestu de soye :
    Or, en droit faut que toute nue soye.
    Fourrée estoit de gris et menu vair :
    Or, sont en moy partout fourrés les vers,
    En grand palais me logeois à mon veul :
    Or, suis logée en ce petit cercueil.
    Ma chambre estoit de beaux tapis ornée :
    Or, est d'areigne ma fosse environnée.
    De tous costés nommée dame chière :
    Or, qui me voit me fait semblant ni chière.
    Maint me louoit qui près de moi passait :

Or, à présent, tout le monde se tait.
Partout estoit ma beauté raccontée :
Or, n'en est vent ni nouvelle comptée.
Si pence celle qu'en beauté va croissant
Que toujours va sa vie en décroissant,
Soit ores, dame, damoiselle ou bourgeoise,
Fasse donc bien, tandis qu'elle en a l'oise ;
Ains que devienne comme moi pourvoye telle,
Car chacune est, comme ay esté, mortelle.

Nous devons citer aussi, parmi la liste interminable des églises d'Avignon, Saint-Agricol, précédée d'un porche élevé sur la rue de la Fusterie ; elle contient le tombeau de Mignard, mort en 1725, à l'âge de 86 ans ; l'église Saint-Didier avec sa chaire en pierre à pendentifs, du plus pur gothique.

L'église Saint-Pierre, qui existait au septième siècle, fut réparée au dixième ; mais sa façade gothique fut construite, en 1512, pour dix-huit cents écus d'or. La porte est d'un beau travail, et toutes les sculptures ont conservé leur pureté primitive. La chaire, en belle pierre blanche, se distingue par des détails très-ouvragés et très-originaux. On y lit ces paroles sculptées en beau gothique :

> Afin que mieux c'est chaire cy
> A Dieu du ciel li soit plaisante,
> Jacques Malhe lui cry mercy,
> Et de bon cœur la lui présente.

Le Musée Calvet

Le musée d'Avignon a été formé en 1810, par les collections que le docteur Calvet, médecin d'Avignon, légua à sa ville natale ; c'est un des plus intéressants et des plus variés parmi ceux des villes du Midi. Il est parfaitement logé dans les vastes salles de l'élégant hôtel Deleutre, rue Calade (ci-devant de Villeneuve).

Il comprend la bibliothèque, le muséum de peinture, une collection lapidaire très-intéressante, des sculptures antiques, du moyen-âge, et des statues modernes de Pradier, de Briant, etc, ; des poteries et des bronzes antiques, un riche médailler, renfermant 22,000 pièces de toutes les époques, grecques, romaines, de la Provence, du Dauphiné, du comtat Vénaissin, et enfin la collection des sceaux des papes et des légats qui ont résidé à Avignon.

Nous aurions trop à dire si nous voulions faire seulement une énumération approximative des richesses de tout genre que ce musée renferme. Nous nous bornerons à citer, parmi les peintres que nous avons admirés à diverses époques, S. Bourdon, Granet, Mignard, Parrocel, Subleyras et toute la famille des Vernet. Il compte aussi

Gard

Villeneuve-lez-Avignon

plusieurs tableaux modernes d'un grand mérite, de Gudin, Brune, Déveria, Bigand, enfin des Guaspre, des Poussin, des Hobbema et des Ruisdaël aussi authentiques que les Salvator Rosa et quelques autres paraissent douteux.

VILLENEUVE-LÈS-AVIGNON

Nous avons vu Villeneuve-du-Gard, bâti au pied d'une série de coteaux calcaires, et cette petite ville, avec la Chartreuse et la tour gothique, nous a rappelé, comme la cité de Carcassonne, les mœurs et les orages de l'époque féodale.

L'abbaye Saint-André, fondée vers la fin du sixième siècle, fut détruite par l'invasion sarrasine au huitième, et rétablie, en 989, par les soins d'un évêque d'Avignon.

Le pape Gelase II, qui s'enfuit à Gaëte, puis se réfugia en France, consacra l'église dédiée à Saint-André, le 13 décembre 1118, et en confirma les privilèges, par une bulle datée d'Orange, l'année suivante.

Le comte de Toulouse, lui fit une donation importante par le bourg de Saint-André et celui des Angles, en présence des seigneurs voisins et de l'évêque d'Avignon.

C'est ainsi que Villeneuve devint une enclave papale dans le Languedoc.

En 1210, les abbés, moines et habitants de Saint-André opposèrent toute la résistance possible aux citoyens d'Avignon qui s'étaient donné un gouvernement républicain.

Louis VIII fut reçu à l'abbaye, déjà célèbre en 1226, lorsque, voulant faire passer le pont à son armée, les portes d'Avignon lui furent fermées.

En 1292, Philippe le Bel acheta de Bertrand de Laudun, abbé du monastère, la seigneurie du bourg Saint-André et des Angles, afin de fonder une ville de quelque importance en face des possessions du roi de Naples. On remarque une petite chapelle du onzième siècle dans l'enceinte de l'Abbaye Saint-André, et sur le bord du Rhône, une tour de Philippe le Bel, qui défendait du côté de la France, le vieux pont d'Avignon. Ce roi accorda diverses franchises de tailles et questes afin d'y attirer des habitants. Il fit ériger l'abbaye en forteresse armée, comme ville frontière, et y établit des foires et des marchés, en y promettant la même protection qu'aux citoyens de la capitale.

« Item quod nos habitatores dicti loci tueamus,

» custodiamus et defendamus ubique sicut nos-
» tros cives Parisienses. »

Lorsque Clément V vint transporter le siège papal à Avignon, en 1309, plusieurs des cardinaux qui le suivaient choisirent le séjour de Villeneuve. On y construisit de belles maisons et il y eut là une certaine affluence de grands personnages, ce qui lui fit donner par Innocent VI le nom de la *Vallée bénie*.

Charles VI passant à Villeneuve en octobre 1389, y resta deux jours ; il fut reçu à la cour de Clément VII qui couronna son cousin roi de Sicile.

Le maréchal de Boucicaut vint assiéger Avignon, afin d'obliger le pape Benoît XIII à se démettre du pontificat.

Il manda au sénéchal de Beaucaire d'intercepter tous les passages, tant par eau que par terre, de sorte que rien ne pût entrer dans cette ville.

Le cardinal de Villeneuve, évêque d'Ostie, fut envoyé avec des troupes qui avaient été levées au nom du sacré-collège, et réunit sa petite armée à celle de Boucicaut, après avoir pris le gouvernement de la ville que lui livrèrent les consuls ; le pape, assiégé dans son palais, fut obligé de faire usage du canon pour se défendre.

En 1595, 1610, 1617, il s'établit à Villeneuve diverses confréries de moines et de pénitents de toutes les couleurs.

Nous terminons ces quelques lignes sur Villeneuve en citant un fragment de lettre que Racine écrivait d'Uzès, le 13 juin 1662, et que nous rappelle le tombeau d'Armand de Bourbon, prince de Conti, lequel demanda, par son testament, d'être inhumé au milieu du chœur de la chapelle, pour s'attirer à chaque heure du jour les prières efficaces des saints religieux :

« M. le prince de Conti est à trois lieues de
» cette ville et se fait furieusement craindre
» dans la province. Il fait rechercher les vieux
» crimes qui y sont en grand nombre. Il a fait
» emprisonner bon nombre de gentilshommes et
» en a écarté beaucoup d'autres.

» Une troupe de comédiens s'était venue
» établir dans une petite ville proche d'ici, il les
» a chassés. On dit qu'il n'y a que des mission-
» naires et des archers à sa queue. Les gens de
» Languedoc ne sont pas accoutumés à telle
» réforme. »

Villeneuve possédait, il y a quelques années, une bibliothèque publique de 7,500 volumes et des manuscrits du plus haut intérêt : tout cela a été vendu et disséminé. Il y a des tableaux curieux dans ses églises, et l'on conserve dans l'hôpital un *Jugement dernier* que la tradition attribue au roi René d'Anjou.

VAUCLUSE

> Ah! partout la nature est belle
> Pour les cœurs qui savent l'aimer;
> Sa jeunesse, toujours nouvelle,
> A des secrets pour nous charmer,
> E. DE V.

Ce nom de Vaucluse a retenti tant de fois dans les vers des poètes ou dans la prose descriptive des voyageurs qu'il éveille presque involontairement une idée de grandeur et de perfection que l'on dispute le plus souvent aux choses trop vantées ; de là viennent les jugements divers exprimés sur Vaucluse, et quelquefois le dénigrement sceptique de quelques intelligences par trop positives, qui ne trouvent d'appréciable auprès de la source célèbre que les truites et les écrevisses qu'ils y ont mangées.

Vaucluse n'est pas seulement un beau site consacré par le souvenir de Pétrarque, mais c'est bien réellement une des merveilles naturelles les plus frappantes que nous possédions dans nos provinces méridionales.

On parcourt pour y arriver une route qui prépare parfaitement le voyageur aux sensations qu'il va éprouver ; elle est d'abord riante et sinueuse, à travers un paysage varié, avec de beaux arbres et de charmantes villas. Elle change ensuite brusquement d'aspect : le pays devient plat, monotone, et le voyageur se demande s'il ne s'est pas fourvoyé à quelque détour du chemin, et si ce paysage sans caractère peut promettre la vallée close où Pétrarque était allé chercher une poétique retraite pour y entretenir sa passion imaginaire.

Après avoir parcouru huit kilomètres, on voit se détacher une haute masse de rochers à pic, à teinte bleuâtre qui ferme tout à coup le vallon où l'on s'est engagé.

En approchant de Lisle, la campagne devient plus fraîche et plus ombreuse ; la Sorgue se divise en plusieurs canaux, pour porter des forces motrices dans tous les recoins de la ville qu'elle sépare en plusieurs îles, d'où lui vient son nom.

On trouve là partout des eaux claires, de la fraîcheur et des effets pittoresques. Il y a aussi le mouvement industriel des fabriques de soie et de garances, des papeteries, des moulins à plâtre qui, aux heures de travail, retiennent dans les ateliers la partie la plus jeune et la plus valide de la population. Ce mouvement ne se traduit donc guère au dehors que par les révolutions lentes et continues des grandes roues hydrauliques distribuées sur les canaux de la Sorgue.

En sortant de Lisle, on parcourt la même plaine qui n'a pour borne que les rochers calcaire de Vaucluse, dont on se rapproche à chaque pas ; on y touche enfin, et l'on se demande où est cette merveille pour laquelle on s'était élevé si haut sur la gamme de l'enthousiasme.

Enfin, en approchant du village, le promeneur le plus indifférent ne peut se défendre d'admirer la richesse et la variété du paysage qui l'environne.

Les rochers se dressent de toutes parts, ici en murailles abruptes, là en aiguilles, et la Sorgue bouillonne à travers des blocs bouleversés par ses grandes crues.

L'antre de la source s'ouvre au pied d'une masse imposante de rochers à pic, et lorsqu'on a franchi le dernier obstacle, on descend, par des pentes humides, au fond du gouffre, où l'on trouve une belle nappe d'eau limpide et en apparence immobile, à laquelle une immense profondeur donne une teinte rembrunie.

Dans l'état ordinaire, l'eau passe par des fissures souterraines et paraît sortir inopinément d'un amas de grands blocs moussus et disloqués, pour former la Sorgue, tandis que dans les temps de crue, elle s'élève au-dessus du monticule que l'on a franchi, bouillonne à ciel ouvert et se précipite sur les premiers quartiers de roches amoncelées qui sont ordinairement à sec.

Cette naissante rivière est grossie bientôt par d'autres ruisseaux assez considérables que le voyageur a vu, en arrivant, sourdre à droite et à gauche, provenant du même courant souterrain, et qui tombent, à gros bouillons d'écume, dans son lit tourmenté.

A quelques mètres au-dessous, elle met en jeu les roues hydrauliques des papeteries et des filatures construites dans le village.

En approchant de ce lieu tout-à-fait romantique, le voyageur a été frappé par les ruines étranges d'un château perché bien haut, sur l'étroite esplanade d'une de ces roches qui complètent une mise en scène théâtrale.

On aura pu le lui désigner sous le nom de château de Pétrarque ; mais il appartenait, du temps du poète, au cardinal Philippe de Cabassoles, seigneur de Vaucluse en sa qualité d'évêque de Cavaillon.

Dans la belle saison, ce cardinal venait habiter son manoir fortifié et jouissait de la société du poète italien qu'il avait en très-haute estime.

Les évêques de Cavaillon ont longtemps continué à être seigneurs de Vaucluse et propriétaires du château.

Il faut chercher et reconstruire par la pensée la maison de Pétrarque au pied de ce même rocher, et voir son jardin dans la petite île que forme la Sorgue, près de là.

C'est donc bien à tort qu'on veut trouver dans une énorme construction militaire fort ancienne la modeste demeure du grand poète qui a donné une célébrité éclatante à un lieu que ses beautés naturelles rendaient déjà si remarquable :

> Sans doute quand, sur ces rivages,
> Un poète des anciens âges,
> Pétrarque, enivré de langueur,
> Evoquait d'une voix savante
> Le nom de Rome renaissante
> Que lui rendait ce ciel d'azur
> Cette source était éloquente,
> Elle avait une voix puissante,
> Mais ce flot n'était pas plus pur,

> Et la rive dont il caresse
> Les contours frais et gracieux,
> N'opposait pas plus de tendresse
> A ses efforts capricieux.

Pétrarque lui-même prend le soin de décrire sa maison.

« Ici mon jardin est terminé par une rivière profonde, là par une montagne taillée à pic, opposée aux chaleurs du midi, et qui ne cesse jamais de donner de l'ombre au milieu du jour.

» Dans l'éloignement, un mur agreste rend cet asile inaccessible aux hommes et aux animaux.

» J'ai deux jardins, et rien dans le monde ne leur ressemble. L'un est ombragé, propre à l'étude, consacré à Apollon ; il est en pente à la naissance de la Sorgue, terminé par des rochers inaccessibles ; l'autre est plus près de ma demeure moins sauvage, agréable à Bacchus, au milieu d'un courant rapide, séparé par un petit pont d'une grotte voûtée, impénétrable aux rayons du soleil. »

Pétrarque vint à Avignon fort jeune, en 1313, pendant que la guerre civile mettait aux prises Guelfes et Gibelins. Clément V venait d'y transporter sa cour, et cette ville était devenue le

Vaucluse

La Fontaine de Vaucluse

refuge de beaucoup d'Italiens de haute naissance.

Ce fut le 6 avril 1327, un vendredi-saint, qu'il vit pour la première fois, dans une église d'Avignon, la belle Laure de Sade née de Noves, et l'amour qu'il conçut pour elle révéla un grand poète à l'Italie.

Laure, fidèle à ses devoirs d'épouse et de mère, ne voulut voir dans Pétrarque qu'un ami. Flattée des sentiments qu'elle inspirait, elle n'en fut que plus attentive à les cacher.

Pétrarque se rendait à toutes les fêtes où il prévoyait devoir rencontrer son amante, et chaque fois que le hasard la lui faisait apercevoir, il trouvait dans cette rencontre tous les éléments d'un harmonieux sonnet. Si ce mysticisme dans l'amour nous semble aujourd'hui incroyable, c'est que nous sommes loin des mœurs du moyen-âge et de la chevalerie, ou même que nous oublions qu'il y a eu, à toutes les époques, des natures exceptionnelles.

Pétrarque fut couronné au Capitole en 1341.

L'année précédente, il avait reçu dans sa solitude de Vaucluse deux lettres, l'une du sénat de Rome, relative à la cérémonie de son triomphe, l'autre du Florentin Robert de Bardi, chancelier de l'université de Paris, qui l'invitait à se rendre dans cette capitale pour y recevoir un semblable honneur.

Le poète donna la préférence à sa patrie. Après son couronnement, il revint habiter sa modeste demeure de Vaucluse, d'où il fut tiré pour assister au couronnement de Clément VI, et pour remplir bientôt après une mission diplomatique à Naples.

Dans cet intervalle, il apprit que Rienzi, maître de Rome, n'aspirait à rien moins qu'à faire ressaisir à ses concitoyens leur ancienne et universelle domination.

Toutes les illusions patriotiques de Pétrarque se réveillèrent : il se fit, au sein de la cour pontificale, l'ardent défenseur du tribun qu'il alla bientôt rejoindre en Italie ; mais les rêves glorieux du poète s'évanouirent à mesure qu'échouaient les tentatives du tribun.

Pendant qu'il voyait s'écrouler une à une ses illusions patriotiques, il vint à perdre la plus chère de ses réalités : Laure fut enlevée, en 1348, par le trop célèbre choléra, connu alors sous le nom de *peste noire*.

Voici le portrait qu'il a tracé de son amante dans plusieurs sonnets :

« Son visage avait quelque chose de céleste, » sa taille était fine et légère, ses yeux bril-

» lants, ses sourcils noirs et des cheveux cou-
» leur d'or flottaient sur ses épaules.

» Elle avait le col bien fait, son teint était
» animé par ce coloris de la nature que l'art
» s'efforce en vain d'imiter.

» Rien de si doux que sa physionomie, de si
» modeste que son maintien, de si touchant que
» le son de sa voix.

» Son regard avait quelque chose de gai et de
» tendre, mais il était en même temps si hon-
» nête qu'il portait à la vertu. »

Le souvenir de Pétrarque est aujourd'hui conservé, dans le village de Vaucluse, par une colonne que l'on avait primitivement érigée à l'entrée de la source. Un pont de pierre conduit au village dont les rues sont étroites et tortueuses. Le peintre peut trouver de piquants sujets d'études dans ces vieilles masures, envahies par la mousse et le lierre, reflétées çà et là par des eaux transparentes et inondées de soleil. Il passera sous une voûte singulière, creusée en partie dans le roc et complétée par une maçonnerie antique. C'est, dit-on, l'un des vestiges d'un aqueduc romain qui portait les eaux de la Sorgue à la cité d'Arles.

On peut revenir à Avignon par l'extrémité méridionale de la colline de Morières, et examiner en passant la chartreuse de Bonpas, au bord de la Durance. Il y avait vis-vis de ce monastère un pont qui servait en même temps d'aqueduc pour conduire les eaux de Vaucluse en Provence.

Lorsque les Sarrasins voulurent envahir la contrée, la noblesse et le peuple d'Avignon tentèrent de s'opposer à leur passage et firent des prodiges de valeur ; mais ils durent céder, accablés par le nombre. On érigea à cette place une chapelle qui reçut le nom de Maupas, et qui fut donnée d'abord aux Templiers, puis aux Chartreux. Ces derniers y bâtirent une église et un couvent et en changèrent le nom.

On y lisait cette inscription, il y a peu d'années :

SEPULTURA NOBILIUM
AVENIONENSIUM QUI OCCUBUERUNT
IN BELLO CONTRA SARRACENOS.

Orange et le Mont Ventoux

Se trouvant si près, on ne peut se dispenser d'aller passer quelques heures à Orange, pour voir les beaux restes antiques que cette ville offre à la curiosité du voyageur.

La ville est située dans une magnifique plaine, arrosée par l'Aigues et par d'autres rivières qui descendent des versants du mont Ventoux.

La grande muraille du théâtre se voit de très-loin et semble écraser par sa masse toutes les maisons environnantes. Elle a 35 mètres de hauteur, sur 100 mètres de longueur. Au centre est une grande porte carrée. Dix-huit portiques, dont neuf de chaque côté, sont divisés par des pilastres d'ordre dorique. Au dessus de l'entablement, le mur, mince aujourd'hui et isolé, s'élève sans ornement de toute sa hauteur. Une rangée de petits arceaux paraît avoir été sculptée sur place, après l'érection de la muraille, pour lui donner à l'œil plus de légèreté. C'est cette façade qui manque complètement au théâtre d'Arles.

La partie la plus intéressante est sans contredit, l'intérieur de la scène et le pourtour des gradins. Dans les angles, de chaque côté, se voient deux corps de bâtiments avancés qui contenaient des salles spacieuses, des corridors, des escaliers et toutes les constructions accessoires d'un théâtre nécessaires aux acteurs et aux machines. Plusieurs parties de l'édifice portent les traces d'un violent incendie qui parvint à vitrifier le sable employé dans le ciment.

Les gradins, adossés contre la pente d'une colline, suivant l'usage constant des Romains, sont en grande partie détruits, mais partout encore très-reconnaissables, aux restes de voûtes ou aux entailles, dans les pierres qui servaient à les soutenir.

Un *velarium* était tendu à la partie supérieure, suivant le système usité dans les amphithéâtres, pour abriter les spectateurs contre les effets d'une première ondée, ou contre l'importunité plus persistante des rayons solaires. La scène était ornée de plusieurs rangs de colonnes de granit ou de marbre qui constituaient une décoration fixe à laquelle on n'avait que quelques accessoires à ajouter.

L'enceinte de ce théâtre a été longtemps encombrée de pauvres maisons construites avec ses ruines, et les salles, aujourd'hui désertes, servaient de prisons. Pour bien juger de ces magnifiques restes de la grandeur romaine, on ne manquera pas de monter sur le haut de la colline, où l'on voit encore les faibles restes de la puissante citadelle élevée par les princes d'Orange et démantelée sous Louis XIV.

On domine de là toute la belle plaine d'Orange, bornée d'un côté par le Rhône, et de l'autre par les collines de Gigondas et par le mont Ventoux, si vaporeux dans ses teintes, comme pour dissimuler la distance qui vous en sépare.

On plonge de là sur tous ces gradins où se sont assis les auditeurs de Plaute et de Térence. On peut repeupler en imagination la scène, l'orchestre et les portiques, et, pour complément d'illusion, y entendre un vieux concierge réciter la mort d'Hippolyte tant pour vous faire juger de la sonorité de la salle que pour vous émouvoir jusque dans les profondeurs de votre porte-monnaie. Près du théâtre était un cirque ou hippodrome, dont on voit les traces dans le roc taillé à pic. On a trouvé aussi les vestiges d'un amphithéâtre qui est entièrement rasé aujourd'hui.

Il complétait l'ensemble des lieux de récréation de l'*Aurentia Cavarum*, plus que suffisants pour une population de quarante mille âmes, réduite aujourd'hui au quart de ce chiffre.

A quatre ou cinq cents mètres de la ville, sur la route de Marseille à Lyon, on trouve un bel arc de triomphe, presque entier, auquel le nom de *Mario* a fait donner celui d'arc de Marius, mais qui paraît avoir été élevé en souvenir des victoires de Marc-Aurèle en Germanie. Cet arc de triomphe, que certains guides ont cité comme n'ayant pas son pareil à Rome, appartient au contraire à une époque où le gout dégénérait visiblement en prétention, et si l'on trouve convenable d'en admirer les détails, on ne peut point le citer comme le modèle le plus pur de l'art antique.

Il forme un immense cube dont l'arceau principal s'élève à la moitié de sa hauteur. Deux autres plus petits sont placés l'un de chaque côté.

Des bas-reliefs, représentant des guerriers et des prisonniers, des armures et des trophées, en ornent les quatre faces avec une trop grande profusion.

« Les princes d'Orange qui faisaient de l'arc
» de triomphe leur résidence d'apparat, avaient
» établi leur salle de réception sous l'un des
» arceaux, dont le plafond était orné de cais-
» sons du meilleur goût. Mais les princes
» d'Orange n'étaient sans doute pas très-passion-
» nés pour l'art romain ; aussi firent-ils dispa-
» raître l'ornementation, afin d'y renouveler
» plus commodément des couches de chaux.

» Cet acte de vandalisme, à peine croyable,
» rehausse le mérite des savantes réparations
» dirigées par MM. Renaux et Caristie, à l'aide
» desquelles ces architectes intelligents ont con-
» servé à la France un de ses plus gracieux
» monuments. »

En sortant d'Avignon, le voyageur parcourt de belles plaines arrosées par diverses saignées de la Sorgue, où l'on soigne spécialement la garance, la plante tinctoriale la plus importante que l'on cultive en France, et qui donne lieu à des manipulations considérables et à un grand commerce d'exportation. La garance est originaire du midi de l'Europe ; on la cultivait dans les Gaules pendant les premières expéditions de Jules César. La décoction de ses racines servait à teindre en rouge les étoffes des habitants, et on la mêlait au pastel pour obtenir diverses nuances violettes.

La culture de cette plante a disparu de la plupart des contrées où elle était alors en usage, et ce n'est plus aujourd'hui qu'en Alsace et en Provence qu'elle fournit des produits importants.

Elle fut introduite dans le Comtat, en 1772, par le persan Althen, à qui l'on devait bien une statue, puisque la production annuelle s'en élève à 20 millions de kilogrammes de racines pulvérisées, valant environ quinze millions de francs, dont la moitié est exportée à l'étranger.

On sait que sa racine donne des nuances d'un rouge peu brillant, mais très solide : c'est elle qui communique au coton la belle couleur incarnat connue sous le nom de rouge d'Andrinople, à la soie les fonds rouges des foulards garancés, et qui fournit à notre armée les pantalons rouges et les passepoils des uniformes.

Cette plante vivace, herbacée, à racines rameuses, demande un sol calcaire, léger, perméable et souvent arrosé; aussi les anciennes terres marécageuses, les *palus* du département de Vaucluse, lui conviennent-elles admirablement, ainsi que le soleil de la Provence, et par complément une grande quantité de fumiers fortement azotés.

Son feuillage fournit aux vaches un fourrage médiocre qui communique une teinte rougeâtre au lait, qui colore le beurre, les urines et même les os des animaux.

Carpentras est à 24 kilomètres d'Avignon; c'était l'ancienne capitale du Comtat Venaissin et aujourd'hui une sous-préfecture du département de Vaucluse. Les Romains y ont laissé des traces de leur passage dont il ne reste aujourd'hui qu'un arc de triomphe enclavé dans le palais de justice, qui fut jadis palais épiscopal.

Cette ville, qui appartenait au Saint-Siège, est entourée de murailles flanquées de tours et percées de quatre portes qui s'ouvrent dans les directions opposées. Les rues léguées par le moyen-âge, en sont étroites et mal pavées. En dehors des murs, on rencontre une large esplanade plantée d'arbres, d'où l'on jouit de beaux points de vue sur une fertile et verdoyante campagne.

Carpentras possède une des bibliothèques publiques les plus précieuses de province. Elle fut formée par le savant jurisconsulte Peiresc. Augmentée par les Thomassin Mazangue, elle fut achetée, en 1745, par l'évêque d'Inguimbert qui l'enrichit de toutes ses acquisitions en Italie et la légua à la ville.

La cathédrale est un édifice gothique dont on fait remonter l'érection au temps de Charlemagne. Dans l'hôtel de ville, construit en 1751, on trouvera le mausolée en marbre blanc de l'évêque Inguimbert.

Les fontaines de Carpentras sont alimentées par les eaux de plusieurs sources, conduites au moyen d'un aqueduc plus remarquable par sa hardiesse et son utilité que par l'élégance de son architecture.

Il fut construit par Clément V, sur une longueur de onze kilomètres, dont 850 mètres en arcades sur le vallon de l'Auzon.

Si l'on veut faire l'ascension du mont Ventoux, il faut se diriger, vers l'est, sur le petit village de Bédouin qui est sur sa pente la plus inclinée au midi, et si l'on veut prendre la direction de Vaison, il faut passer par Malaucène, gros bourg de deux mille âmes, situé à son pied le plus abrupte, du côté du nord.

Vaison, petite ville de deux mille six cents âmes, située, comme les Baux sur un rocher escarpé, est bâtie à quelque distance de l'antique *Vaisio*. Le roc qui surgit partout a quelque peu forcé l'alignement des rues qui se dominent les unes les autres depuis le quai et le pont romain jusqu'à ses murs gothiques.

Si la ville du moyen âge s'est abritée là sous la protection du château féodal, la ville romaine était située sur l'autre rive de l'Ouvèze, où l'on peut remarquer encore deux arceaux massifs qui faisaient partie d'un théâtre, et un peu plus loin quelques traces de gradins, des murs et des corridors dont les dimensions d'ensemble font supposer que son enceinte pouvait contenir deux mille spectateurs assis.

Le pont, d'une seule arche, construit en blocs énormes, paraît vouloir défier encore longtemps l'assaut des débordements de l'Ouvèze.

Le mont Ventoux

Cette montagne isolée, située dans la partie orientale du département de Vaucluse, que nous trouvons sans cesse au bout de notre horizon, forme un abrupte ressaut de la chaine des Alpes-Maritimes de 1,950 mètres d'élévation au dessus de la Méditerranée. Le versant qui nous regarde descend par des replis très-inclinés vers une belle plaine bordée par le Rhône et la Durance, tandis que le versant du nord, composé de couches brisées et inclinées, repose sur le sol comme au moyen des marches d'un escalier gigantesque. A l'ouest encore, il plonge brusquement près de la petite ville de Malaucène. Vu d'Avignon, le Ventoux offre un gracieux contour composé des teintes vaporeuses que lui donnent ses pentes ravinées par suite des déboisements ; mais à mesure qu'on s'en approche, on voit ses formes se détailler et ses dimensions prendre plus d'étendue. On aperçoit de larges vallées strier ses flancs, et des bois plus sombres marqueter par ci par là ses pentes grisâtres. La végétation s'est réfugiée dans les petites vallées, où le passage des eaux entretient un peu de fraîcheur, sous un sol où les débris calcaires se sont amoncelés.

Les eaux pluviales, pénétrant entre les tranches des couches, s'arrêtent sur les bancs argileux qui font partie du sous-sol, et viennent se réunir en certains points, où elles donnent naissance à de véritables rivières qui surgissent de terre par de grands évents. Telle est la célèbre fontaine de Vaucluse, et la source plus modeste de Groseau, au dessus de Malaucène.

Sur la montagne même, les puits du mont Serein, situés sur le versant septentrional, à 1,500 mètres d'élévation, abreuvent les troupeaux de moutons qui passent l'été sur ce plateau. La source d'Angel, à 1,190 mètres, et la font Filiole, à 1,780 mètres, sont évidemment le produit de la fonte des neiges accumulées dans des glacières naturelles.

Le sommet du Ventoux, couvert de neige pendant sept mois de l'année, doit à ses diverses expositions, qui correspondent à des latitudes très différentes, une grande variété de végétaux que M. Charles Martins én mère dans une excellente monographie botanique ; aussi a-t-il été fréquemment visité par les botanistes. M. le docteur Martins cite Gouan, Laurent de Jussieu, Bentham et l'agronome de Gasparin ; mais celui qui l'a le plus foulé, c'est Esprit Requiem, d'Avignon, qui a répandu sur toutes les collections du globe ses herborisations par voie d'échange.

« Il existe sur le Ventoux une poétique indus-
» trie qui repose sur l'existence des plantes la-
» biées, thym, lavande, romarin, sarriette, mé-
» lisse.

» C'est celle de la production du miel. Au
» printemps, tous les villages environnants en-
» voient à la montagne des ruches d'abeilles :
» placées au pied des rochers tournées vers le
» midi, elles forment de véritables hameaux, et
» la montagne est explorée dans tous les sens
» par ces ouvriers infatigables qui, butinant le
» pollen et le nectar des fleurs, fabriquent le
» miel parfumé connu dans toute l'Europe sous
» le nom de miel de Narbonne. En automne, on
» vient chercher les ruches avec leurs habitantes
» et elles passent l'hiver dans la plaine, devant
» un mur exposé au midi, près de la maison du
» maître.

» On s'est activement occupé, dans ces der-
» nières années, du reboisement du Ventoux, et
» l'on a naturellement choisi les essences qui se
» comportaient le mieux avec les terrains et les
» altitudes.

» Dans les parties basses, on a semé le chêne
» ordinaire et l'yeuse ; dans les parties élevées

» le pin maritime, le pin Sylvestre et le cèdre
» que nos arrière-neveux verront un jour pros-
» pérer en belles forêts, comme sur les pentes
» du Liban et de l'Atlas.

» Mais les semis les plus précieux sont ceux
» des chênes dans les parties basses de la mon-
» tagne, au-dessous de la limite des hêtres.

» Dans le Midi, la culture des chênes appelle
» une autre industrie, celle de la production des
» truffes noires. Cet étrange champignon, si
» cher aux gastronomes, croît principalement
» entre les racines des arbres de ce genre, où il
» acquiert son exquis parfum.

» Quelques détails sur ce champignon auront
» peut-être de l'intérêt pour ceux qui prisent
» la truffe sans savoir précisément ce qu'ils
» mangent.

» La truffe est un champignon souterrain dont
» les spores ou organes reproducteurs, sont
» intérieurs, comme ceux du champignon blanc
» sphérique que l'on nomme communément
» *Vesse de loup.*

» Les truffes viennent en général dans les
» sols argilo-calcaires De même que beaucoup
» de champignons aériens ne poussent jamais
» que sur le bois mort, de même façon les truf-
» fes noires ne peuvent végéter qu'au milieu du

» chevelu des arbres en général, et en particu-
« lier de trois espèces de chênes répandues en
» France, le chêne blanc, le chêne vert et le
» chêne kermès.

» C'est entre les racines de ces essences que
» les tubercules se multiplient le plus et acquiè-
» rent un parfum qui les fait particulièrement
» rechercher. Quand les arbres sont trop grands
» et ombragent tout le sol, la récolte diminue,
» tandis qu'elle va en augmentant à mesure que
» le taillis grandit.

» Le mode de reproduction des truffes est celui
» de tous les champignons ; à leur maturité,
» elles contiennent des spores d'une ténuité ex-
» trême, et lorsque la truffe pourrit dans le sol,
» ces spores produisent des filaments blancs
» analogues au blanc des champignons de cou-
» che. Ce *mycelium*, comme l'appellent les bota-
» nistes, donne naissance aux truffes elles-mê-
» mes, qui sont pour ainsi dire le fruit de cette
» trame souterraine.

» Quoique ces faits soient acquis à la science,
» mille préjugés bizarres sont encore en vogue
» parmi les chercheurs ou les cultivateurs de
» truffes.

» Les uns s'imaginent que la truffe est une
» excroissance naturelle de la racine du chêne,

» et les autres, le résultat de la piqûre d'un
» insecte qu'ils appellent mouche trufigène.

» La plupart sont convaincus qu'il existe des
» chênes au pied desquels on trouve des truffes,
» et que pour cela on appelle chênes truffiers,
» tandis que d'autres sont voués à l'impro-
» duction.

» Autant d'erreurs et d'illusions, car la truffe
» se reproduit, comme ses congénères, suivant
» certaines circonstances favorables ou contrai-
» res, ne prospère que dans des terrains calcai-
» res, sous l'influence du soleil et dont les pluies
» en juillet et en août favorisent la récolte.

» Le reboisement du Ventoux, dont l'admi-
» nistration s'est préoccupée, transformera la
» montagne elle-même et la contrée qui l'envi-
» ronne.

» Quand les pentes seront boisées, elles ne
» s'échaufferont plus comme actuellement pen-
» dant les chaleurs de l'été. Les courants d'air
» ascendants n'entraîneront plus les nuages vers
» le haut de la montagne, où ils se condensent
» subitement, sous l'influence du froid, en pluies
» ou en averses torrentielles.

» Les eaux que nul obstacle n'arrête ne se
» précipiteront plus immédiatement ou dans les
» ravins ou dans la plaine. Les nuages se traî-

» nant le long des flancs de la montagne, ou
» s'élevant successivement vers le sommet, se
» résoudront peu à peu en pluies modérées. »

Le sommet du mont Ventoux est éloigné de deux lieues et demi du village de Bédouin d'où l'on part ordinairement pour en faire l'ascension. On trouve là des mules vigoureuses, caparaçonnées à l'espagnole, avec force pompons, cuivres et grelots, ayant l'habitude de la montagne. Il ne faut pas moins de quatre ou cinq heures pour atteindre la cîme, sur laquelle est bâtie une chapelle d'où la vue se perd de tous côtés sur des horizons immenses. A cause de son isolement, peu de montagnes offrent un aussi bel observatoire. Les plus grandes hauteurs ne semblent que de faibles ondulations, et l'on remarque à peine les villes et les villages. Le Rhône offre plutôt l'aspect d'un ruban argenté et onduleux que celui d'un large fleuve.

Les masses vous frappent, mais on distingue à peine les détails, car les collines se confondent avec la plaine, et une différence de verdure indique à peine les forêts sur les autres cultures.

MONTPELLIER

La contrée que l'on traverse pour se rendre de Nimes à Montpellier a été, comme tout le Midi, fortement éprouvée par la disparition de la vigne ; la culture a changé de régime et au lieu des vins qui y procuraient la richesse par leur abondance et leurs qualités, on y récolte sans grands profits des céréales ou des fourrages, lorsque les propriétaires découragés n'y laissent pas leurs terres en jachère.

Les collines du nord sont revêtues de la verdure grisâtre des oliviers du milieu desquels se détachent en blanc ou en jaune, une multitude de petites contructions cubiques, très communes aux abords des villes, que l'on nomme ici des *masels*, *grangeons* à Narbonne, *cabanons* à Cette, et qui, prenant de plus grandes proportions, deviennent de somptueuses bastides à Marseille et à Toulon.

Ces collines ont été couvertes, par suite d'un grand morcellement, d'une végétation qui ne récompense pas toujours le travail employé. On peut dire que tout en étant le but des plus modestes fortunes, l'agriculture en serait peu rémunératrice si on avait le soin de tout compter ; mais ces propriétés sont la source de distractions infinies, autant par l'exploitation ardue à laquelle elles donnent lieu, que par les plaisirs qu'elles procurent tous les huit jours, à leurs heureux possesseurs.

Les plus aisés des artisans ont consacré une certaine place vague à leur plaisir favori, et là le dimanche matin, dès l'aube du jour, les filets sont tendus avec leurs appeaux, et l'on peut voir dans un coin, dissimulés par un tas de pierres, deux ou trois adeptes, blottis contre un mur, grelottant de froid, quoique abrités du vent du nord ; l'un d'eux tient à la main le cordeau des couvertes, l'autre fait mouvoir ceux des appeaux, et ils guettent silencieusement au passage, pendant plusieurs heures, le chardonneret ou la linotte, sans dédaigner pourtant la plus harmonieuse mésange.

Tout ce qui vole ou se pose devient l'objet de leur convoitise ; il s'agit surtout de faire nombre, car la gloriole autant que l'appétit sont engagés dans les résultats de cette campagne hebdomadaire, entreprise sous prétexte de chasse et couronnée par un déjeuner assaisonné de lazzis locaux et de grosse joie. Nous ne quitterons pas ces modestes garrigues sans nous diriger vers la petite éminence qui pointe sur le sud-ouest, nommé le Puech d'Autel ou du Theil, tout parsemé de petites maisons de campagne, d'où l'on jouit d'un air pur et d'une étendue sur la plaine jusqu'à Aiguesmortes. Auprès du vieux moulin qui servit autrefois aux signaux télégraphiques, on trouve une petite grotte formée par la dislocation des roches soulevées, au fond de laquelle on parvient en rampant.

Les eaux d'infiltration qui suintent de tout le plateau, se rendent dans cette citerne naturelle, dont l'eau avait autrefois la réputation de jouir de propriétés médicinales, soit à cause de la décomposition des pyrites que renferment les rochers, soit à cause de l'apparence merveilleuse que lui donnait son existence dans cette situation élevée. L'abondance des pluies influe naturellement sur le niveau de cette réserve, comme aussi l'évaporation ou l'infiltration dans les couches inférieures la met à sec pendant les plus fortes chaleurs, un maset des environs possède des excavations où l'eau suinte goutte à goutte, en contrebas de la même source.

Le chemin de fer de Montpellier forme la ligne de démarcation de ces deux régions auxquelles la configuration du sol donne des mœurs et des cultures distinctes.

Après Saint-Césaire viennent les stations de Milhaud, Bernis, Uchaud, Vergèze, dont les coteaux fournissaient autrefois des vins estimés.

Les populations de tous ces villages conservent au plus haut degré le goût des courses de taureaux. La proximité des manades et l'habitude de voir ces animaux à l'état sauvage ont sans doute perpétué ce goût qui vient de très loin.

Aussi faut-il voir avec quelle joie et quel entrain une semblable fête s'organise dans ces villages, à la moindre occasion et le plus souvent pour le mariage d'un veuf ; depuis combien de temps à l'avance on en parle et on en prépare le succès.

Enfin lorsque les taureaux doivent arriver toute la population va au devant, et les jeunes gens se divisent en deux parties ; ceux qui veulent les faire entrer dans le village, et les plus turbulents qui ne cherchent qu'à les faire échapper dans la campagne. Dès qu'ils sont enfermés dans une grange, les hautbois et les tambourins parcourent dès le matin tous les quartiers pour animer une ardeur qui aurait plutôt besoin d'être modérée.

Un cirque de charrettes, de claies et de tonneaux est improvisé sur la place principale et l'on a peine à contenir l'impatience de la multitude qui s'attend toujours à des scènes émouvantes.

Six à huit taureaux composent la course, divisée en deux séances par le goûter, et la municipalité est bien heureuse lorsqu'elle n'a pas à déplorer des morts ou des blessures chez aucun de ses administrés.

Si quelques-uns des taureaux échappent, et c'est une péripétie que les plus imprudents savent toujours ménager, ils regagnent d'eux-mêmes le chemin par où ils sont venus, et retournent tout ahuris à la *manade* dont ils ont été séparés la veille.

Le convoi passe auprès de Gallargues, village étagé comme une forteresse gothique, sur la crête d'un mamelon, et descendant progressivement vers la plaine pour se mettre en contact de ce grand civilisateur qui passe à ses pieds, de fortes digues ont été élevées à diverses époques, au bord du Rhôni et du Vidourle pour défendre les terrains d'alluvions contre les dévastations de leurs crues subites.

En traversant la seconde de ces rivières, on aperçoit, à travers les arbres, les restes du pont d'Ambrusium, et bientôt après le train s'arrête à la gare de Lunel, ville généralement connue par son muscat et par d'autres productions alcooliques, bières et absinthes.

A une demi-lieue de Lunel-Viel, on trouve sur la hauteur une grotte à ossements fossiles, où s'étaient réfugiés, avant les époques diluviennes, les animaux carnivores qui peuplaient le pays. Ce réceptacle, bien connu des curieux et des naturalistes, a été bientôt épuisé à la suite de plusieurs fouilles.

Lunel doit la prospérité de son commerce à sa situation au milieu des vignobles autrefois si féconds, et au canal qui lui fournit des débouchés faciles sur les ports de la Méditerranée. Une bonne route par laquelle on peut visiter Aiguesmortes et le Grau-du-Roi, relie Lunel au grand village de Massillargues.

On entend nommer les stations de Valergues, Saint-Brès, Saint-Aunès et Castelnau que l'on voit sur la colline à droite annonce l'approche de Montpellier.

Toutes les villes sont plus ou moins jalouses de rechercher les fondements de leur fortune, et celle-ci a une origine si complexe que ses enfants se sont plu à torturer plus ou moins son étymologie.

On a appelé alternativement ce lieu *Mons pessulanus* ou *pestellarius* qui se rapprochent du langage vulgaire, Monpeiler, Mon peylat ; ou *Mons petrosus* Montpelé, parce que, dit-on les bergers de Substantion menaient paître leurs troupeaux sur la colline aride et pelée où se trouve la promenade du Peyrou.

Quoiqu'il en soit, l'existence de cette humble bourgade acquit un subit accroissement pour la dispersion des cités voisines, la ville épiscopale de Maguelonne, la cité centrale de Melgueil (*Mauguio*) les restes de Lattes (*Castellum Latara*) et Substantion qui dataient tous les deux de l'époque romaine.

Au septième siècle Gumildus, évêque de Maguelonne, appelait ses sujets et vassaux aux armes pour résister à l'invasion des Visigoths, mais les habitants débordés par le nombre se dispersèrent dans les localités voisines. Un siècle plus tard, toutes ces villes des côtes étaient périodiquement visitées par des pirates Sarrasins qui partaient de là pour entreprendre leurs incursions et dépouiller les villes de l'intérieur.

Afin de leur ôter toute retraite, Charles Martel fit prendre et démanteler les places où ils s'étaient fortifiés et c'est alors qu'eut lieu (737) le plus grand désastre pour Maguelonne, car l'évêque et son chapitre se retirèrent à Sustantion, au-delà du Lez.

A la suite de vifs démêlés survenus entre l'évêque de Maguelonne et Guillaume V, pour attributions de droits féodaux, ce dernier fut obligé de se constituer son vassal.

Le comte de Barcelone engagea ce même Guillaume à faire partie d'une expédition qu'il préparait en 1114 contre les Sarrasins qui possédaient l'île de Majorque. Le testament que fit Guillaume constate qu'outre Montpellier, qu'il reconnaissait tenir de l'évêque de Maguelonne, il possédait en alleu plusieurs châteaux qui constituaient sa baronie, dont le chef-lieu était Frontignan.

Le juif Benjamin Tudèle en parle en ces termes à la fin du douzième siècle:

« Étant partis de Béziers, nous arrivâmes en deux jours au *Montremblant* que les habitants du pays appelaient autrefois *Monpessulan*, et aujourd'hui Montpeilé, cette ville, qui abonde en toute sorte de marchandises, est éloignée de la mer d'environ deux lieues et elle est fréquentée pour son commerce, par les gens des diverses nations des côtes de la Méditerrannée. »

Saint Bernard avait dit qu'un archevêque de Lyon étant tombé malade (1136), en allant à Rome, se détourna de son chemin pour aller à Montpellier, où il dépensa avec les médecins tout ce qu'il avait et même ce qu'il n'avait pas. Pierre II, roi d'Aragon, épousa en 1204, Marie, fille unique du dernier Guillaume, qui lui apporta en dot la seigneurie de Montpellier. Jacques 1ᵉʳ, son fils, joignit le royaume de Majorque à la couronne d'Aragon et à la seigneurie de Montpellier. Majorque et Montpellier revinrent au plus jeune de ses fils, de sorte que cette dernière ville passa ainsi entre les mains de la famille du roi de Majorque.

Jacques 1ᵉʳ chassa les Maures de Valence et de Majorque, ce qui lui valut le nom de *Don Jayme el Conquistador*, le batailleur, sous lequel sa mémoire est encore vénérée en Catalogne et aux îles Baléares.

Suivant ses dernières volontés, Montpellier passa, avec les Baléares, à la branche cadette. Ces partages de provinces ne manquaient jamais de susciter des guerres, aussi furent-elles fréquentes entre les rois d'Aragon et de Majorque, ce qui engagea ceux-ci à s'allier avec le roi de France.

Philippe-le-Bel ayant déjà acquis le quartier nommé Montpellieret, voulut faire valoir ses droits sur l'autre partie. La situation précaire du roi de Majorque, alors en guerre avec le Roi d'Aragon devint une occasion favorable dont profita le roi de France.

En effet, après une possession de cent quarante-cinq ans de la seigneurie de Montpellier, Jacques III, roi de Majorque, de la branche cadette des rois d'Aragon, aliéna la ville et la seigneurie de Montpellier à Philippe de Valois, pour 120,000 écus d'or.

Jacques employa l'argent qu'il avait reçu pour une nouvelle expédition dans laquelle il périt, et son royaume fut définitivement annexé à la couronne d'Aragon. Pendant la fin du quatorzième siècle, la seigneurie de Montpellier fut donnée au duc d'Anjou, le pays fut ravagé tantôt par les troupes franches qui se mettaient au service de ceux qui leur promettaient le pillage, et tantôt pressuré par les exactions du duc d'Anjou, quand il n'était pas désolé par le retour périodique de ces épidémies pestilentielles qui sont le cortège des civilisations peu avancées. Du duc d'Anjou, la province tomba aux mains du duc de Berry, son frère, pour être pressurée encore davantage.

Lorsque Charles VI vint à Montpellier pour calmer les plaintes que son oncle avait soulevées, on le reçut en grand cérémonial, avec force fêtes et riches présents.

Charles augura bien des ressources de la ville au luxe déployé à son occasion, et on ne lui cacha pas que la province avait été bien plus riche avant que le duc d'Anjou et le duc de Berry ne l'eussent, chacun à leur tour, aussi cruellement pillée par leurs exactions.

La réforme pénétra à Montpellier en 1559; l'année suivante, deux prédicants venus de Nimes, tinrent des assemblées clandestines et s'enhardirent même a en avoir de publiques.

Dès lors deux camps rivaux se formèrent, et une agitation constante s'ensuivit entre les diverses classes par suite de la réaction du parti vainqueur. Les temples et les églises furent assiégés et démolis tour à tour, le fort Saint-Pierre fut renversé et les protestants s'emparèrent de la ville sous Henri III. En 1621 étant de nouveau maîtres de la ville, ils la fortifièrent par des murailles et des bastions. Louis XIII en fit commencer le siège le 3 août 1622, et la ville ne se rendit qu'à la fin d'octobre. Les fortifications furent alors démolies et le roi fit son entrée le 20 par la porte de la Blanquerie.

C'est dès ce moment que l'on commença à construire la citadelle que l'on voit entre l'Esplanade et le chemin de fer.

Louis XIV vint à Montpellier en janvier 1650 soit pour calmer les passions soit pour maîtriser les dissidents par des mesures coercitives. Les

États-Généraux décidèrent de lui élever un arc de triomphe pour célébrer l'extinction de l'hérésie d'une part, et les bienfaits procurés dans la contrée par la réalisation du canal de Languedoc.

Comme ils furent pourchassés, ils se rassemblèrent en plus grand nombre, et ils passèrent de la résistance passive à une vigoureuse défense.

A dater de cette époque, la guerre civile allumée en haut lieu, secoua périodiquement ses brandons sur tout le pays, sous prétexte de guerre religieuse.

Nous avons besoin de détourner nos regards et nos souvenirs de ces affligeantes scènes qui ont envenimé si longtemps les esprits passionnés de nos contrées, et nous transporter vers les époques plus rapprochées de nous.

Montpellier est situé sur des dernières collines qui descendent des Cévennes dans la plaine fertile que borne la Méditerranée. La ville est située à 8 kil. de la mer avec laquelle elle communique par le Lez, les étangs et surtout par le port de Cette.

Ses rues sont étroites et tortueuses, tandis que les maisons, presque toutes en pierre de taille perdent tout bon aspect à cause de leur entourage mesquin et resserré.

Il y a cependant de nombreuses réserves à faire pour rectifier cette opinion, puisqu'on a ouvert depuis quelques années, dans plusieurs quartiers, de nouvelles percées qui ont fait disparaître bon nombre de rues et ruelles sombres et malsaines, notamment la rue Nationale, qui va du Peyrou, en dégageant l'Hôtel de Ville, le Palais, la Préfecture, les Halles, au Théâtre, en traversant toute la vieille ville, les rues Saint-Roch et Maguelonne, aboutissant à la gare.

La construction irrégulière de nos vieilles villes avait sa raison d'être dans le bon plaisir de chacun, ou dans l'idée de laisser le moins de prise possible au froid ou au soleil, pendant les saisons extrêmes, ou enfin dans le besoin qu'avaient les habitants de se grouper suivant leur convenance, pendant la longue série de siècles guerroyants du moyen-âge.

Cette irrégularité n'est pas, du reste toujours aussi déplaisante que la ligne droite moderne; car, de même que l'on préfère parcourir des allées sinueuses, plutôt que des avenues qui ne laissent rien à deviner, de même, aussi les rues obliques sont plus agréables au promeneur distrait que les maisons uniformes, sur une désespérante longueur.

Le nom de Montpellier rappelle toujours au loin, ainsi que ceux d'Hyères et de Nice, des idées riantes, et comme l'emblême du printemps. La célébrité de son école de médecine, autant que la pureté de son ciel, attire annuellement de nombreux étrangers, car pour les habitants du Nord, Montpellier apparaît, comme une espèce de serre chaude, réservée aux constitutions délicates. C'est par dessus le marché la patrie des anciens troubadours au doux parler. Il est vrai que tout cela, vu de près, perd bien un peu de son prestige ; mais pour qui vient de loin, il en reste toujours assez pour ménager l'illusion du voyageur.

Cependant, pour ne rien dissimuler, notre beau climat, sec et chaud, passe souvent, d'une manière un peu brusque, à cause de notre situation entre la mer et les montagnes, au froid et à l'humidité ce qui commande de ne pas se dévêtir trop tôt. Le printemps y est si court, qu'on ne peut guère compter sur lui, tandis qu'au contraire les automnes sont une vraie continuation de l'été, ou comme on dit vulgairement ailleurs, l'été de la Saint-Martin.

Montpellier dut sans doute aux Arabes, une certaine part de sa renommée, car la science de la médecine ou de l'alchimie y fut professée par les Maures. La ville posséda aussi une école de droit, fondée par le Lombard Placentin et qui dériva par conséquent de celle de Bologne mais qui ne s'y est pas maintenue, tandis que l'école de médecine parvint à une renommée qui n'eut pas d'égale dans le monde entier.

Elle a dû subir depuis le sort de ses rivales, et reconnaître la suprématie de celle de Paris; mais elle n'a pas cessé de fournir à l'art médical, à la chirurgie et aux sciences naturelles, un sérieux contingent de noms célèbres.

Montpellier semble avoir été aussi, dans le moyen-âge, une sorte d'asile où venaient se réfugier les populations que les guerres et les invasions chassaient du sol natal, et que ses institutions locales et la douceur de son climat y retenaient. On trouve la trace de ces dispositions dans plusieurs chartes municipales qui démontrent des intentions favorables à l'égard des étrangers.

En arrivant à la gare, le voyageur trouve cette exhubérance de vie et d'activité qui annonce une grande ville; il aborde par les rues Maguelonne ou Saint-Roch, les nouveaux quartiers où abondent les cafés, les hôtels et les buvettes de tout ordre, les uns fréquentés par les étudiants, les voyageurs de commerce, les touristes ou les rentiers ; les autres par la population flottante des ouvriers, ou des petits hôtels, ce qui amène une circulation de voitures et d'omnibus du côté du boulevard ou de l'Esplanade ; en traversant la place du Théâtre et laissant à gauche la Grand'Rue et la rue du Cardinal, il peut suivre la grande voie, à peine terminée (rue Nationale) qui le mènera en droite ligne à la promenade du Peyrou, à la Banque de France, au Jardin des Plantes ; il trouvera sur son passage les Halles, l'Hôtel des Postes, la Préfecture, l'Hôtel-de-Ville, le Palais de Justice.

Nous signalerons aussi comme construction bizarre, la maison à la coquille, construite par l'architecte Daviler, l'auteur de l'arc de triomphe ; l'un de ses angles est supporté par un segment de voûte formant sur la rue une profonde échancrure en forme de coquille.

Un peu plus loin, derrière la Mairie, se trouve l'église Saint-Pierre, la plus ancienne de Montpellier, l'Évêché, l'École de médecine et de pharmacie, la Faculté des lettres ; et dans le faubourg Boutonnet, des Couvents, des Hôpitaux et des Refuges pour tous les déclassés de la société.

L'entrée de la promenade du Peyrou est dominée par des Lions que le statuaire Injalbert a fait maîtriser, par une fiction mythologique un peu forcée, par des Cupidons ailés, tout à fait inconscients du danger d'un tel voisinage.

Ce plateau, qui est le lieu le plus élevé de la ville, se trouve à 30™ au-dessus du niveau de la mer, la vue s'étend de là sur tous les côtés de l'horizon, et domine du nord des maisons de campagne ombragées de leurs massifs de verdure, et plus loin des lignes de montagnes; du midi, elle plane sur la mer et ses lagunes, bornées par la petite chaîne aride de la Gardiole.

Lorsque le temps est serein, on peut distinguer d'un côté, le groupe du Canigou surgissant de l'azur de la Méditerrannée, et de l'autre le mont Ventoux, sentinelle avancée des Alpes.

La promenade du Peyrou, construite à grands frais, sur un monticule pierreux, consiste en une grande terrasse rectangle, plantée d'allées d'arbres et de bosquets, enceinte de trois côtés par de grands murs surmontés de balustrades en pierre; divers grands escaliers servent à descendre dans des promenades basses. Le fond du rectangle, un peu plus élevé, se termine par un vaste bassin dans lequel l'eau conduite par l'aqueduc Saint-Clément, tombe en cascade, après son passage dans un élégant château d'eau à six faces.

On monte sur la dernière terrasse des eaux par deux escaliers garnis de balustrades en fer, et une grille barre le chemin pour le cas où quelqu'un aurait la velléité de faire une promenade aérienne sur les dalles qui couronnent le haut de l'aqueduc.

La statue équestre de Louis XIV fait tellement partie intégrante de cette promenade, que c'est pour elle que la promenade fut faite pendant toutes les viscissitudes gouvernementales des deux derniers siècles.

Les États du Languedoc la votèrent en 1685, au monarque qui, outre ses victoires au dehors, venait de vaincre l'hérésie au-dedans, par la révocation de l'Édit de Nantes, et l'on se demanda où l'on pourrait dresser cette lourde effigie qui avait eu bien de la peine à venir de Paris à Montpellier.

Entre plusieurs projets, on choisit cette vaste place, hors de la ville, qui avait toujours servi d'aire à vanner le blé.

Le fer à cheval qu'elle formait avait été le centre de défense que les protestants y firent en 1622, contre les troupes de Louis XIII. Dans un pays où les passions religieuses ou politiques ont toujours été très vives, il y eut sans doute des gens qui pensèrent qu'il était juste qu'un monument qui consacrait l'anéantissement de l'hérésie, s'élevât sur le lieu même qui avait été témoin du courage expirant des religionnaires ; d'autres invoquèrent cette raison, que la porte qui conduisait de la ville au Peyrou était un arc de triomphe élevé aux victoires de Louis XIV, et que la place même, dès 1689, avait été convertie en promenade, sous l'administration du comte de Broglie, et portait le nom de place Royale.

Ce bloc de bronze, ayant eu nombre d'accidents et d'aventures en voyage, arriva enfin à Montpellier en 1717, il fut inauguré le 10 février 1718, trois ans après la mort du Grand Roi, qu'il représentait dans un costume moitié romain, moitié moderne, ce qui semblait être la quintessence de l'art à cette époque.

La place fut encore trouvée trop petite pour une statue de 6^m de hauteur. On fit voter aux États, dont Montpellier était le siège, un agrandissement indispensable, et on avança même que pour donner un but plus utile aux travaux, il fallait y faire arriver les eaux de la fontaine Saint-Clément, au moyen d'un aqueduc à arcades qui rappellerait celui du Pont du Gard.

Les États en délibérèrent, et les travaux qui furent commencés en 1766 durèrent dix ans, après quoi l'esplanade du Peyrou devint telle que nous la voyons aujourd'hui, séparée de la ville par une tranchée ou boulevard sur lequel un pont fut jeté, et terminée à l'ouest par le château d'eau hexagone dans lequel se déversent les eaux de l'aqueduc.

La première statue fut renversée le 2 octobre 1792, soixante-quatorze ans après son érection, et quarante-six ans plus tard, celle que nous y voyons y fut replacée.

Parmi les édifices qui attirent, près de là, l'attention du voyageur, nous devons signaler l'école de Médecine, auprès de la Cathédrale, et les ombrages du Jardin des plantes. Comme un établissement a été la conséquence de l'autre, nous commencerons par la célèbre école.

L'École de Médecine

Ce sont ordinairement les discordes civiles ou l'état prolongé de guerre qui, en causant les migrations des peuples, apportent dans une contrée ou dans une ville de nouveaux usages, ou qui en modifient soit les mœurs, soit les tendances industrielles.

C'est en vertu de ce principe que l'École de Médecine de Montpellier doit son origine aux voyages des Juifs ou des Arabes que les évènements politiques des dizième et onzième siècles forcèrent ces immigrants à venir chercher l'hospitalité sur les bords du Lez.

La recherche et la classification des simples devint le corrolaire de l'exercice de la médecine, et dès la fin du douzième siècle, il y eut à Montpellier un véritable enseignement de ces deux sciences fortuitement importées par les disciples d'Averrhoès.

Ce n'est pas sans une certaine vénération que l'on contemple l'antique façade de ce monument qui fut élevé en 1364, par le pape Urbain V, pour un monastère de Bénédictins.

Lorsque le siège épiscopal de Maguelonne fut transféré à Montpellier en 1536, la chapelle du monastère Saint-Germain devint la Cathédrale sous l'invocation de saint Pierre; le cloître fut transformé en palais Épiscopal, et Guillaume Pellicier, à qui l'on dut ces aménagements, fut le premier évêque qui occupa cet édifice.

Le bâtiment de la Faculté est vaste et bien distribué. On franchit un pont comme pour entrer dans un château, et dans le magnifique vestibule, vous serez obligé de prendre un *cicerone* pour vous guider dans le labyrinthe des salles où se professent les cours, dans l'amphithéâtre, la bibliothèque et le conservatoire ou musée anatomique, dans les cabinets de physique et le laboratoire de chimie.

Ce musée anatomique possède de magnifiques ou terribles collections où l'art a tenté de reproduire tous les secrets ou les difformités de la nature, à l'aide de moulages en cire, en cuir repoussé, en caoutchouc ou en carton-pâte.

Tout ce qu'il serait impossible de conserver ou de représenter sur toutes ses faces à l'aide du dessin a été imité là dans son effrayante réalité. De tous côtés, les regards se promènent sur des organes affectés de maladies; mais une fois le premier mouvement de répugnance passé, on comprend l'indispensable utilité de ces leçons par lesquelles nous rendons hommage à l'essence de la création, en veillant par l'étude et la science à la conservation de notre existence terrestre.

Dans la salle de réception (*Hippocratis sacrum*) un buste en bronze antique du maître surmonte la chaire du président, et ceux d'Esculape et de la déesse Hygie, en marbre, sont placés dans la salle avec ceux des plus illustres professeurs défunts.

Nous devons mentionner pour mémoire l'ancienne cérémonie dans laquelle le récipiendaire devait revêtir la prétendue robe de Rabelais que l'on avait jadis conservée, mais qui dût être bien des fois renouvelée, quoiqu'elle conservât toujours le nom du joyeux curé de Meudon.

Voici la formule du serment que doit prononcer le postulant qui va être reçu docteur :

« En présence des maîtres de cette école, de
» mes chers Camarades et de l'effigie d'Hippo-
» crate, je promets, au nom de l'Être suprême,
» de rester fidèle aux lois de l'honneur et de la
» probité dans l'exercice de la médecine. Je
» donnerai mes soins gratuits à l'indigent, et
» n'exigerai jamais un salaire au-dessus de mon
» travail. Admis dans l'intérieur des maisons,
» mes yeux n'y verront pas ce qui s'y passe, ma
» langue taira les secrets qui me seront confiés,
» et mon état ne servira pas à corrompre les
» mœurs, ni à favoriser le crime. Respectueux
» et reconnaissant envers mes maîtres, je ren-
» drai à leurs enfants l'instruction que j'ai
» reçue de leurs pères. »

Dans la salle du conseil, parmi les professeurs de l'Université, on ne manquera pas de rechercher ceux de Rabelais et de son ami Rondelet qu'il appelle, dans Pantagruel, le docteur Rondibilis.

Le Jardin Botanique

La création du jardin des plantes de Montpellier n'est postérieure que de quelques années à celle des jardins de Padoue, de Pise, de Bologne, etc., et il peut être considéré comme le plus ancien de la France, et même comme le plus considérable sous le rapport du nombre et du classement des végétaux.

Sous Arnaud de Villeneuve, régent de la faculté, à la fin du treizième siècle, la botanique médicale était en grand honneur; en 1550 les herborisations régulières initiaient les élèves à la connaissance pratique des végétaux.

Le premier qui se distingua dans cet enseignement fut le célèbre Rondelet, mais le vrai créateur du jardin fut Pierre Richer de Belleval qui y consacra toute sa fortune.

Henri IV rendit, en 1593, un édit qui créait, dans la Faculté de médecine de Montpellier, une cinquième régence pour l'anatomie en temps d'hiver, et l'explication des simples, tant étrangères que domestiques, pour le printemps et l'été.

Muni des lettres patentes qui portaient la création du jardin, Richer de Belleval ne perdit pas de temps, puisqu'en 1596 le jardin était achevó avec cette inscription sur la porte d'entrée :

HIC ARGUS ESTO, NON BRIAREUS

sentence mythologique qui n'apprenait guère au visiteur illettré qu'il pouvait tout regarder sans rien toucher.

La création du premier jardin botanique de France dût être un évènement scientifique dont s'occupa le petit nombre de facultés qui existaient alors ; Strasbourg et Paris voulurent imiter plus tard en ceci celui de Montpellier.

Pierre Richer avait épuisé le crédit que Henri IV lui avait accordé, ainsi qu'une partie de ses propres ressources, lorsque pour le peupler de tous les végétaux nécessaires, il fut enhardi, par la renommée de son œuvre, à écrire de nouveau au roi :

« L'achapt, lui disait-il, bastiment et peuple-
» ment de vostre jardin, l'entretènement ordi-
» naire de six hommes et bestes chevalines
» pour le transport des terres et des plantes,
» les recherches loingtaines et les voyages, ont
» tellement épuisé mes petits moyens, que je ne
» suis demeuré que chargé de grosses debtes
» et d'une nombreuse famille.

» Et néanmoins, à ce qu'un si beau dessein
» esclos pour le bonheur et vertu de Vostre
» Majesté ne soit emporté comme une tendre
» fleur par la gelée, avant de se tourner en
» fruict, il est nécessaire de faire encore quel-
» ques frais, tant pour continuer la recherche
» des plantes, l'estendre en Espagne et en
» Italie, et en peupler vostre jardin, que pour
» la peinture et gravure des plantes ; ce qui fait
» que, prosterné à vos pieds, je m'adresse en
» toute humilité à Vostre royale Majesté et
» magnificence.

En 1622, Richer de Belleval eut la douleur de voir le jardin ravagé par les troupes, pendant le siège de Montpellier.

Il eut le temps d'effacer toutes les traces de destruction, car il mourut dix ans plus tard à l'âge de soixante-huit ans, et dans son testament il estimait à 100,000 livres les dépenses personnelles qu'il avait faites en faveur de son cher jardin.

Un grand nombre de savants ont recueilli après lui son héritage, en continuant l'impulsion donnée par un tel créateur.

Il suffit de nommer les Chicoyneau, les Magnol, les de Jussieu, Broussonnet, de Candolle et Delille, pour n'avoir pas besoin de dire qu'après lui son œuvre a été largement fécondée.

Le Jardin des Plantes, outre sa portée scientifique, est une charmante promenade dans laquelle la nature a fini par voiler l'uniformité de l'art.

On y trouve des végétaux gigantesques, de belles serres, des bassins et des canaux pour les plantes aquatiques, et au-delà de son enceinte, on aperçoit des tours gothiques sur l'une desquelles se balance au vent le feuillage des pins.

Le jardin de la Reine est réuni au précédent par un pont, sur la route de Ganges.

Au bout d'un sentier onduleux et un peu à l'écart, sous un monticule couronné d'arbres et de plantes grimpantes, le promeneur rencontre une voute fermée, en guise de tombeau par un triple treillage. C'est là, d'après la tradition, que devaient reposer les restes de Narcissa, la fille de Young, le mélancolique auteur des *Nuits* :

And bore her nearer to the sun.
« Et il la porta vers les régions qu'aime le soleil. »

Letourneur traduisit et commenta ce vers par Montpellier ou des riches anglais avaient l'habitude de séjourner.

Mais Élisa Lée, la fille de sa femme, que Young appelait poétiquement Narcissa, fut réellement ensevelie de nuit dans le petit cimetière de la colonie Suisse, à l'Hôtel-Dieu de Lyon. On a trouvé l'acte de son décès dans le registre protestant, où on lit :

« Madame Élisabeth Lée, fille du colonel Lée, âgée de dix-huit ans, fiancée de M. le chevalier Temple, anglais de naissance, a été inhumée à l'Hôtel-Dieu de Lyon, dans le cimetière de Messieurs de la religion prétendue réformée de la nation Suisse, le sixième d'octobre 1738, sur les onze heures du soir, par ordre de M. le Prévost des Marchands, reçu 729, livrés 12 sols.

Signé : PARA, *prêtre économe.*

Le tragédien Talma étant en tournée dans le Midi avec Mlle Van-Hove, entendant raconter la légende de Narcissa, voulut faire placer cette plaque de marbre, avec l'assentiment de M. de Candolle qui était alors directeur du Jardin ; plus tard, à la suite d'enquêtes et de contre-enquêtes, on acquit la certitude que, à peu près à la même époque un riche anglais, qui n'était pas Young, fut obligé de faire ensevelir sa fille de nuit, et à prix d'argent, par le jardinier Bannal, parce que l'intolérance catholique lui refusait toute place au cimetière.

Le Musée Fabre

Le Musée de Montpellier est bien un des plus remarquables de province, par le nombre et le choix des pièces qu'il renferme. Plusieurs généreux donateurs ont contribué à l'enrichir de vrais chefs-d'œuvre, quoique tout ce qui garnit ses salles ne le soit pas au même degré.

Le premier fondateur fut le peintre François-Xavier Fabre, élève de David, ami de Girodet, de Canova et d'autres artistes de l'époque. Il avait formé sa collection en Italie pendant un séjour de quarante années, et il avait peint lui-même un certain nombre de toiles, non sans mérite, mais dans un style classique qui ne s'accorde plus avec la peinture des audacieux coloristes de nos jours. Après avoir joui de tous les chefs-d'œuvre avec lesquels il se mettait en communion journalière de son vivant, il eut la bonne pensée de les léguer à sa ville natale, et cet exemple fut imité plus tard par MM. Valedeau, Collot et enfin par l'excellent M. Bruyas, à qui il faut bien pardonner la douce manie de se faire représenter en pied et en buste, par plusieurs peintres et sculpteurs modernes qu'il avait pu connaître pendant de fréquents séjours à Paris.

Outre les tableaux et de nombreuses statues, plusieurs salles sont destinées à des dessins de maîtres, à des gravures, des aquarelles et des bronzes qui forment une mine féconde d'études fortes et très-variées.

Nous pourrions citer en première ligne deux portraits de Raphaël, deux chefs-d'œuvre qui ne seraient déplacés dans aucune galerie, mais pourquoi entreprendrions-nous l'énumération de toiles et de noms presque tous hors ligne, lorsqu'un livret spécial suffit à peine à la tache.

PALAVAS

Par ces temps d'anémie qui poussent les docteurs à envoyer leurs malades aux eaux, Montpellier se trouve bien placé pour offrir les moyens curatifs les plus variés. Il y a les établissements voisins des Bouillens, de Foncaude, de Balaruc, le Boulidou de Pérols, etc. Pour résister aux fortes chaleurs des mois de juillet et d'août on peut trouver facilement une fraîche température au nord du département, dans plusieurs petites villes ou villages situés au pied des Cévennes, comme Saint-Martin-de-Londres, Ganges, Lassalle, Saint-Jean-du-Gard, le Vigan, etc. Pour ceux qui ont besoin d'être tonifiés par les bains de mer, Cette et Adge offrent toutes les ressources des villes confortables et bien approvisionnées ; et enfin Palavas-les-Flots qui a un chemin de fer d'intérêt local, dont la gare est située au-dessous de l'esplanade.

Ce petit tronçon suit la vallée du Lez, petite rivière canalisée jusqu'à son embouchure, sous le nom de Canal des Graves. Il passe au village de Lattes, au bord des étangs de Perols et de l'Arnel entre le cours du Lèz et de la Mosson, en vue de la petite chaîne de la Gardiole. On arrive à Palavas rive droite, et à 200 mètres plus loin à Palavas-les-Flots, village de pêcheurs, situé sur la rive gauche du Lez où se trouve une vaste plage qui attire chaque été les habitants de l'Hérault, du Gard, de la Lozère, etc. On y a construit depuis une quinzaine d'années, outre un Casino, plusieurs hôtels très-confortables et des châlets élégants qui font de ce village une station balnéaire d'une certaine importance. Il n'y manque que de la verdure et des larges plantations pour rompre la monotomie de l'horizon.

Sur les côtes de l'Adriatique on trouve des

stations balnéaires où les bois et les jardins viennent se réunir à la plage, et plonger presque à la mer ; pourquoi sur nos côtes méditerranéennes, des industriels ou des propriétaires ne profiteraient-ils pas de tels exemples pour attirer les baigneurs, en leur offrant toute sorte d'agréments et de commodités en échange de l'argent qu'ils y laissent.

AIGUESMORTES

On va de Nimes dans cette ville par Codognan en passant le Vistre et le Vidourle, à travers des vignobles, puis par une plaine marécageuse où la *malaria* et les moucherons, les deux fléaux de la contrée, n'engagent pas le voyageur à y faire un long séjour.

Un peu avant de passer sous l'arceau de la tour Carbonnière, on remarque à gauche sur la cîme d'un monticule quelques vieilles constructions près d'une ferme, sur lesquelles plusieurs siècles ont déposé leurs rudiments d'architecture.

La tradition a conservé à ce lieu le nom de *Psalmodi*, parce que les Bénédictins qui s'y étaient établis dès le huitième siècle y faisaient entendre des chants continuels. Cette abbaye, qui fut jadis suzeraine de toute la contrée, vit grouper autour d'elle, toute une population qui fut dispersée de 720 à 725 par les invasions des Sarrasins.

Les moines dispersés de Psalmodi firent tous leurs efforts pour relever leur monastère ; ils provoquèrent des donations qui agrandissaient leur territoire, et parmi elles la tour Matafère qui leur donna la suzeraineté d'une bourgade naissante qui prit le nom des eaux mortes dont elle était entourée.

En 791, Charlemagne autorisait les religieux de Psalmodi à accepter toutes les donations qui leur seraient faites. Divers moines et habitants leur en firent de considérables ; un gouverneur de province légua à Psalmodi, pour le repos de son âme, les terres qu'il possédait dans le territoire de Maguelonne.

Les Bénédictins de Psalmodi voyant leur influence se consolider, firent tous leurs efforts pour favoriser l'accroissement d'Aiguesmortes et pour y attirer le commerce maritime ; dès le xiie siècle des navires de Gènes, de Livourne et d'Alexandrie et autres ports de la Méditerrannée s'y rendaient annuellement.

S. Louis, malade en 1224, avait fait vœu de

mener une expédition en Terre-Sainte, s'il revenait à la santé.

Il fit l'échange avec l'abbé de Psalmodi du Port d'Aiguesmortes, contre des terrains qu'il possédait le long du Vidourle, c'est de ce moment que date la construction de la Tour de Constance.

Tous les ports voisins avaient leurs souverains particuliers; celui de Narbonne dépendait d'Aimery IV, celui de Maguelonne de son évêque ; Montpellier avec ses Graus, relevait des rois d'Aragon et de Majorque; l'ancien port d'Agde et celui de Saint-Gilles appartenaient à Raymond VII, comte de Toulouse; celui de Marseille ne suffisait pas au roi, qui avait plus de confiance dans un port avancé dans les terres, où il put faire de longs préparatifs et rassembler en sûreté ses 800 galères et ses 40,000 soldats .

Louis IX fit exécuter des grands travaux dans ce port, pendant que les croisés y arrivaient en grand nombre. Il vint les joindre au mois d'août accompagné de la reine, de ses frères et d'un grand nombre de seigneurs que son exemple avait entraînés.

De nombreuses troupes régulières ou mercenaires s'embarquèrent successivement, sous les ordres de deux amiraux génois qui commandaient la flotte, et le roi monta sur son navire le 25 août 1248, accompagné des cris de joie, des prières et des adieux de la population d'Aiguesmortes et des nombreux étrangers qu'y avait attirés ce royal départ.

La ville, pendant les temps historiques, a toujours été située à quatre kilomètres du rivage de la Méditerranée, et les vaisseaux y remontaient par un ou plusieurs canaux formés par les attérissements du Rhône, et qui ont été comblés depuis, ainsi que le port qui avait été creusé sous ses murailles.

S. Louis partit de Saint-Jean-d'Acre le 25 avril 1254, mais au lieu de débarquer à Aiguesmortes, comme il en avait l'intention, les vents le poussèrent vers Hyères, où il arriva le 12 juillet. Il alla visiter Aix, la Sainte-Baume, Beaucaire, Aiguesmortes et Nimes et s'achemina vers Paris où les habitants l'accueillirent avec grande joie.

En mars 1267 le saint Roi qui avait pris goût à la vie aventureuse des camps, fit préparer une seconde expédition, qui ne put prendre la mer que deux ans après, le 1er juillet 1270, et après avoir reçu la bénédiction du Cardinal légat dans l'église de N.-D. des Sablons, S. Louis s'achemina vers le rivage. Le vaisseau royal que

Gênes avait fourni était prêt à le recevoir, et il fit ses adieux à cette terre de France qu'il allait quitter pour toujours, car il expira le 25 août suivant, près des ruines de Carthage.

Louis IX ne put accomplir les promesses qu'il avait faites aux habitants d'Aiguesmortes, mais son fils Philippe fit construire les remparts sur le plan de ceux de Damiette. Ils subsistent dans toute leur intégrité, et ils offrent le modèle le plus intact qui nous soit resté des fortifications du moyen-âge. Ceux d'Avignon furent construits en 1348 par le Pape Innocent VI, lorsque ce pontife voulut protéger la ville contre le Rhône et contre les incursions des bandes armées qui dévastaient alors les provinces méridionales.

Ces remparts tracent la forme d'un parallélogramme dont l'un des angles est émoussé. Ils sont élevés verticalement, en pierres tendres, taillées à bossages, sur deux mètres et demi d'épaisseur et douze mètres d'élévation.

De larges escaliers, construits dans l'intérieur de l'enceinte, conduisent sur le sommet des murs, que couronne une ligne de créneaux, percés d'étroites meurtrières. Sur divers points, des guérites en pierre forment saillie pour le guet des sentinelles. Quinze tours s'élèvent à différentes distances le long des courtines, pour renforcer l'ensemble des fortifications et distribuer un plus grand nombre de combattants par toutes leurs issues.

Entre les doubles tours cylindriques s'ouvrent de grandes portes en ogive qui donnent entrée dans la ville; dans leurs parois sont ménagées des coulisses intérieures, pour les barricader au besoin avec de forts madriers. Nous nommerons quelques-unes de ces portes et de ces tours qui ont joué un rôle dans l'histoire d'Aiguesmortes.

Sur la porte Vieille, qui sert d'entrée principale à la ville, on voit les piliers d'un beffroi où l'on sonnait l'alarme dans les temps de trouble. Il y a la porte de la Marine, la tour de la Reine, celle des Poudres, celle des Bourguignons et la tour de Constance, sur laquelle saint Louis fit construire un phare pour indiquer, pendant la nuit, aux vaisseaux en mer la position du port intérieur. On avait creusé autour des remparts un large fossé qui, bien qu'utile pour la défense était nuisible aux habitants par les miasmes délétères qu'exhalaient ses eaux croupissantes. On l'a remplacé depuis longtemps par un terrassement qui éloigne l'étang de la ville.

En entrant à Aiguesmortes par la porte Vieille, on a en face de soi, sur la place de l'Hôtel-de-

Ville, la statue de saint Louis par Pradier. Elle est placée sur un élégant piédestal qui porte l'inscription suivante :

A SAINT LOUIS
LA VILLE D'AIGUESMORTES
VOULANT PERPÉTUER
LE PLUS GLORIEUX SOUVENIR
DE SES ANNALES
A ÉLEVÉ CETTE STATUE
DANS LE LIEU
TÉMOIN DE L'EMBARQUEMENT
DE CE HÉROS CHRÉTIEN
POUR LA V° ET VI° CROISADE.

Le saint roi est debout, revêtu d'une cotte de mailles et ceint de la couronne ; une de ses mains s'appuie sur le pommeau de son épée, tandis que de l'autre il montre sur sa poitrine le signe symbolique pour lequel il est allé mourir en Afrique.

La tour de Constance que l'on trouve à l'un des angles extérieurs des remparts, du côté de la porte Vieille, a 34^m de hauteur sur 22 de diamètre, et ses murs, à leur base, ont plus de 6^m d'épaisseur. Elle était aussi jadis entourée d'un large fossé aujourd'hui comblé ; elle avait été construite avec de grandes dépenses, dit une lettre de Clément IV, pour protéger le séjour des commerçants et des pèlerins. Mais détournée plus tard de sa première destination, elle ne fut longtemps consacrée qu'à renfermer des prisonniers d'Etat ou des malheureuses victimes de nos dissensions religieuses.

Deux lourdes portes doublées de fer, roulant avec peine sur leurs gonds rouillés, donnent accès dans l'intérieur; lorsqu'on les a franchies, on se trouve dans une salle circulaire de 10^{m}30 de diamètre, éclairée par des meurtrières ménagées dans l'épaisseur des murs et par une ouverture à la voûte. Un vaste chambranle de cheminée recouvre un four creusé dans l'épaisseur de la muraille; ce qui semblerait indiquer que cette première salle servait autrefois de corps de garde à la garnison. Par un escalier obscur et tortueux, on monte dans la seconde salle également voûtée, dans laquelle s'ouvre une espèce d'alcôve ménagée dans le mur où l'on renfermait les prisonniers dont on peut lire encore quelques noms.

A la double ouverture circulaire des voûtes correspond, sur le sol, une trappe qu'on a cru être l'orifice d'un puits, mais qui était le triste accès de ces cachots souterrains connus sous le nom *d'oubliettes.*

Un escalier, ménagé dans l'épaisseur de la tour est muni de machicoulis qui plongent sur la porte d'entrée, il conduit sur la plate-forme qui était un lieu d'observation et recueillait en même temps les eaux pluviales pour alimenter une grande citerne. Les antiques créneaux, subissant les modifications des moyens de défense, furent transformés plus tard en embrasures pour recevoir des canons.

Sur l'un des bords s'élève une tourelle élancée de 17^m de hauteur, destinée à porter un phare qui, se trouvant ainsi à plus de 50^m au dessus du niveau de la mer, pouvait être aperçu d'une assez grande distance. Déjà, dans le seizième siècle, les navires ne remontaient plus que fort difficilement dans l'ancien port d'Aiguesmortes. Toutefois, par les lettres patentes de François II, du 26 septembre 1560, on voit que des fonds étaient alors affectés à l'entretien de la lanterne du phare.

Le port d'Aiguesmortes reçut de Louis IX et de Philippe-le-Hardi des immunités telles que le commerce de transit y prit une réelle importance dans le treizième siècle ; il voyait flotter dans son enceinte les bannières de toutes les nations de la Méditerranée et leurs monnaies y avaient un libre cours.

Aiguesmortes resta, pendant une centaine d'années, un des points les plus florissants des côtes méridionales. La ville prit, sous Philippe-le-Bel, le nom de *Bonaperforza*, nom qui ne lui est pas resté; mais à partir du milieu du quatorzième siècle, son port s'ensabla rapidement, malgré les travaux entrepris en 1363 par Jean-le-Bon. La décadence de cette ville fut aussi rapide que sa prospérité avait été prompte, car sous Charles VI ce n'était plus qu'une bourgade de peu d'importance. Les guerres incessantes, le passage fréquent des routiers avaient épuisé le pays; la rivalité des ports voisins profita du mauvais état où se trouvaient ses *graus* pour lui enlever son commerce. Des travaux de restauration étaient votés, mais non exécutés; en somme les navires ne pouvaient plus arriver sous les murs de la ville.

Les eaux privées de circulation répandaient leurs miasmes délétères dans les airs, la ville se dépeuplait de jour en jour, et si quelques navires se hasardaient encore parfois à apporter leurs cargaisons sur la plage, ils couraient le risque d'être pillés par les pirates.

Pendant les guerres civiles qui affligeaient la France sous Charles VI, l'épisode du massacre des Bourguignons est un des plus navrants de l'histoire d'Aiguesmortes L'entrée d'Isabelle et du duc de Bourgogne à Paris avait été signalée par le massacre des Armagnacs. Presqu'en même temps, un corps de Bourguignons, commandé par Louis de Châlons, prince d'Orange, pénétra dans le Languedoc. Maître de Nimes et de Montpellier, ce prince se présenta devant Aiguesmortes. Les habitants voulaient se défendre ; mais Louis de Malepue, gouverneur du château, livra sans coup férir la place à l'ennemi. Une partie des notables habitants alla se joindre à Beaucaire aux troupes du dauphin, et leurs femmes, leurs enfants et leurs proches, restés dans la ville, furent massacrés par ordre du gouverneur, ce qui lui attira l'exécration universelle.

Les habitants, qui soupiraient après leur délivrance, car le siège durait depuis deux ans, parvinrent à se procurer des intelligences parmi les assiégeants et combinèrent avec eux les moyens de leur livrer la place.

Pendant la nuit, vers la fin de janvier 1421, les plus déterminés se précipitent sur la garde de l'une des portes et l'égorgent à l'improviste. Les troupes du comte de Clermont, qui tenaient le siège pour le dauphin, sont introduites aussitôt sans bruit et menées au quartier des Bourguignons. Ceux-ci, éveillés en sursaut, tentent de fuir ou de se défendre, mais ils sont tous impitoyablement massacrés.

Les soldats et les citoyens, ivres de sang, courent, armés de flambeaux, au château du roi qu'habitait le gouverneur.

Furieux de ne l'y point trouver, ils dispersent ou brûlent les meubles et les archives. Au point du jour cependant, on parvint à découvrir Malepue dans le réduit où il s'était caché. Le comte de Clermont eut de la peine à l'arracher à la vengeance du peuple, et pour observer à son égard un certain semblant de justice légale, il le condamna à être décapité.

Les cadavres étaient si nombreux qu'on prit le parti, pour éviter les dangereux effets de la putréfaction, de les entasser sous des couches de sel qu'on avait sous la main, et cela se fit froidement dans la tour qui depuis a gardé le nom de *tour des Bourguignons*.

D'après la tradition qu'ont adoptée quelques écrivains, ce serait de cet épisode mélodramatique que daterait le sobriquet de *Bourguignon salé* qui fut depuis donné aux habitants de la Bourgogne, et qu'on désignerait, sous le nom de *Bourguignon*, le succulent animal dont on opère ainsi la conservation momentanée.

Le port d'Aiguesmortes était dans un si déplorable état, en 1443, que des navires génois osèrent s'emparer d'une galère royale mouillée dans la rade, et l'emmenèrent à Gênes. Charles VII en demanda réparation à la république qui promit de restituer la galère enlevée et de punir les auteurs du larcin.

Vers le milieu de l'année 1457, la tour de Constance recevait un prisonnier du sang royal dans la personne de Jean II, duc d'Alençon, qu'y conduisit son ancien compagnon d'armes, le comte de Dunois. Ce prince que son ambition avait fait entrer dans plus d'une conspiration, fut convaincu, par sa correspondance interceptée, d'avoir voulu livrer la Normandie aux Anglais. Il fut emprisonné à Melun, mais des tentatives d'évasion ayant été découvertes, on choisit la tour de Constance comme prison plus sûre. Le duc y séjourna dix-huit mois, après quoi le lieu de sa détention fut changé.

Aiguesmortes vit renaître une petite période de prospérité par les travaux qui s'y exécutèrent sous François 1er. Ils consistaient à détourner les eaux du Rhône qui envahissaient les salines, et à les rejeter dans la mer, par une nouvelle issue, qui fut nommée le Grau-Neuf.

Au mois de juillet 1538 eut lieu l'entrevue de François 1er et de Charles-Quint. Lorsque le roi eut appris que l'escadre espagnole était arrivée sur la rade d'Aiguesmortes, il partit de Vauvert, et fit son entrée dans la ville, où il fut reçu avec tous les honneurs qui lui était dus.

Charles-Quint, plein de défiance n'aurait pas voulu que François I⁺ fût allé le voir à son bord, afin de n'être pas obligé de descendre lui-même à terre. Il lui fit proposer de conférer, placés l'un et l'autre sur la poupe d'un de leurs navires, mais ses messagers rencontrèrent dans le canal le roi de France, monté sur une chaloupe magnifiquement ornée qu'accompagnait son ministre, le cardinal Jean de Lorraine, ainsi que plusieurs autres seigneurs de la cour.

L'empereur le voyant arriver, s'avance sur le bord de son vaisseau et présente la main au roi pour l'aider à monter : « Mon frère, lui dit François I⁺, me voici de rechef votre prisonnier; » et s'étant assis à côté l'un de l'autre, Charles-Quint appela tous les seigneurs de sa suite qui vinrent baiser la main du roi.

Comme la nuit approchait, les deux souverains se séparèrent en s'embrassant de nouveau, et Charles promit, non sans quelque hésitation, de descendre à terre le lendemain.

Le 15 juillet, à neuf heures du matin, il s'embarqua en effet sur une légère chaloupe, avec quelques-uns de ses courtisans, et se dirigea vers le port. Toute la cour se rendit sur le quai pour le recevoir. Les deux monarques se donnant le bras, entrèrent dans la ville par la porte de la Marine, aux cris de : *Vive l'empereur!* et *Vive le roi!* que c'était *une tonnerie à ouïr*.

L'empereur fut conduit dans la maison de l'un des consuls, où l'on avait dressé le couvert dans une salle richement décorée.

Après le dîner, le roi et la reine menèrent l'empereur, par une galerie improvisée qui traversait la rue, dans la maison d'Archambaud de la Rivoire, qui lui était destinée.

C'est là qu'eurent lieu les conférences et les promesses qui devaient terminer leurs différents, et où ils s'engagèrent l'un à céder le Milanais et l'autre la Bourgogne, conférences et promesses dont, par la suite, ils ne voulurent plus se souvenir.

Le lendemain mardi, le roi, toute la cour et tous les habitants accompagnèrent l'empereur jusqu'à l'embarcation qui devait le ramener à sa galère; les détonations de l'artillerie signalèrent les adieux des deux souverains.

François Ier rentra dans Aiguesmortes, et le jour suivant, 19 juillet, il repartit en disant et pensant sans doute que dorénavant l'empereur et lui n'auraient qu'un seul et même intérêt, celui de faire le bonheur de leurs sujets ; mais ils devaient s'y prendre par des moyens qui ne devaient les rendre que de plus en plus ennemis.

Comme la guerre avait recommencé avec les Espagnols, on faisait tous les préparatifs nécessaires, cinq ans après, pour éviter une surprise sur la côte d'Aiguesmortes, lorsqu'on aperçut à l'horizon une flotte nombreuse cingler à pleines voiles vers la rade. Ce n'était point toutefois une flotte ennemie, quoiqu'elle montrât le croissant sur ses antennes. C'était celle du sultan Soliman II, conduite par Hariadan Barberousse, avec qui François Ier avait jugé à propos de faire une alliance contre Charles-Quint. De simple corsaire devenu roi d'Alger, le capitan-pacha de Soliman nourrissait une haine personnelle contre l'empereur Charles-Quint qui avait tenté naguère de lui ravir ses États.

Barberousse fit camper une partie de ses troupes sur la plage, non loin des ruines de l'ancien hospice de Saint-Louis. Ce ne fut pas sans émotion que les habitants d'Aiguesmortes virent flotter l'étendard de Mahomet dans les mêmes lieux où jadis leurs pères avaient vu de si nombreuses armées réunies pour aller le combattre.

Peu de jours s'étaient écoulés depuis son débarquement, lorsqu'il apprit que Charles-Quint et François Iᵉʳ qui semblaient alors irréconciliables venaient de signer une paix définitive à Crespy, le 17 octobre 1544.

Également furieux contre l'un et l'autre souverain, il aurait voulu reporter sa rage sur les remparts d'Aiguesmortes, et y faire soit du butin, soit des esclaves, s'il n'eût compris qu'on y faisait bonne garde. Dans son impuissance, il signala sa retraite par l'incendie d'une forêt de pins qui bordait le rivage.

Plusieurs villes du Languedoc avaient embrassé la réformation en 1560 ; mais comme le bûcher et le gibet qui avaient voulu l'anéantir ne faisaient qu'enfanter de nouveau prosélytes, leur nombre allait tous les jours croissant.

La ville passa tour à tour, pendant ces discordes civiles, tantôt entre les mains des calvinistes, tantôt entre celles des catholiques, et toujours malheureusement avec de nouvelles représailles.

Le chevalier Daisse, gouverneur d'Aiguesmortes, avait autorisé les prédications du ministre genevois Hélie Boisset. Le comte de Villars arrive avec le système de terrorisme qu'il exerçait dans la province, fait enfermer le ministre et ses auditeurs dans la tour de Constance, en attendant leur procès sommaire, à la suite duquel ils sont pendus sans le moindre délai.

Avant de quitter Aiguesmortes, le comte de Villars écrivit au roi, le 11 octobre, « qu'avec » l'aide de Dieu, il avait fait dépêcher les cou- » pables, et qu'il allait s'acheminer vers les mon- » tagnes pour y réduire bon nombre de cette » canaille qui s'y était retirée. »

Catherine de Médicis, promenant en grande pompe la minorité de Charles IX, avec le fameux *escadron volant* de ses filles d'honneur, passa à Nîmes et à Montpellier, au mois de décembre 1564. Le roi alla coucher le 14 à Vauvert, entra le lendemain à Aiguesmortes et donna ordre d'employer 4,000 livres aux réparations du canal et du port. Les deux partis qui étaient journellement aux mains, par suite des ordres venus de leurs chefs, attachaient une grande importance à la possession exclusive de cette place de guerre; de sorte que des tentatives de surprise et de siège étaient continuellement faites pour s'en emparer, tantôt par un parti, tantôt par un autre, et l'on pensa, aux États qui se tinrent à Béziers, en 1567, d'y transférer le siège de l'évêché de Nîmes; mais cette translation n'eut pas lieu.

Sous Henri III, le fanatisme exaltait les deux partis, et était habilement exploité par l'ambition des princes. Le maréchal de Damville, s'étant mis à la tête des mécontents qui voulaient secouer l'autorité des Guise, travailla à reprendre les places du Languedoc où commandaient les catholiques.

En 1575, Saint-Gilles se rendit après quelques jours de siège; et pendant que ce chef allait présider, à Nimes, l'assemblée des religionnaires, il envoya deux de ses capitaines les plus déterminés et quelques compagnies de fantassins pour surprendre Aiguesmortes. Ceux-ci placent une mine sous une porte et la font sauter; les soldats pénètrent instantanément dans la ville, la mettent au pillage et tuent tout ce qui résiste. Leur aveugle vengeance se porte surtout sur les couvents et les églises, et il paraît que celui des Cordeliers, fondé par saint Louis, fut incendié et détruit, sauf le clocher. Les habitants qui s'étaient réfugiés dans la tour de la Reine et la tour de Constance se rendirent dans les deux jours; les petites garnisons de la tour Carbonnière et du fort de Peccais ne firent pas non plus bien longue résistance.

La paix était loin de renaître pour la province pendant que toutes sortes d'intrigues s'agitaient à la cour. Des concessions apparentes avaient été faites aux calvinistes; mais cette paix pour Aiguesmortes était aussi onéreuse que la guerre, car on y avait mis à la charge des habitants l'entretien d'une forte garnison.

Enfin le règne de Henri III qu'avaient marqué non seulement des guerres civiles sans cesse renaissantes, mais les plus honteuses débauches, se termina de la façon tragique que l'on sait, et Henri IV, après cinq années de lutte, mais non après un complet apaisement des passions, fit son entrée dans Paris en 1594. Il accorda aux réformés, comme place d'ôtages, Aiguesmortes, le fort de Peccais et la tour Carbonnière, mettant à la charge du trésor le paiement de leurs garnisons qui s'élevaient à un total de cent cinquante hommes.

L'histoire d'Aiguesmortes nous offre le fait bien singulier d'un pouvoir mal affermi, n'ayant aucun scrupule de se servir d'imprudents moyens pour réduire un gouverneur soupçonné de trahison.

Bertichères, accusé d'entretenir des intelligences avec les Espagnols, fut sommé de se rendre à la cour, ce à quoi il se refusa ; en conséquence, Henri IV adressa aux consuls et aux habitants d'Aiguesmortes des instructions secrètes, par l'entremise de M. de Gondin qu'il avait choisi, les priant de l'aider « à faire sortir des-

» trement le sieur Bertichères, ce que nous dé-
» sirons qui s'exécute sans rumeur ni émotion,
» s'il est possible. »

Le 13 février, les habitants, armés et guidés par le premier consul et quelques officiers de confiance que M. de Gondin avait introduits dans la ville pour diriger l'attaque, se présentent à l'improviste devant le château. Le siège se fit en règle, et Bertichères, chassé de poste en poste, fut acculé dans la tour de la Reine avec une partie de ses soldats ; mais après trois jours d'une résistance désespérée, il fut forcé de capituler avec la faculté de sortir de la ville moyennant la vie sauve pour lui et la petite troupe qui lui était restée fidèle.

A la suite du service rendu au monarque, les habitants réclamèrent la récompense qui leur était due, en formulant toutes leurs conditions, parmi lesquelles se trouvaient la réparation du port et de la chaussée de la tour Carbonnière, le paiement des dépenses motivées par l'insurrection, diverses franchises pour leur consulat, etc.

Le bon roi politique remercia les habitants d'Aiguesmortes, dans la personne des députés qu'ils lui envoyèrent, pour le bon service qu'ils lui avaient rendu.

« Vous saurez d'eux ce que l'état de nos affai-

» res nous a permis de vous accorder pour cette
» heure, et dont vous devez vous contenter, en
» attendant que l'occasion se présente de faire
» mieux pour vous, comme nous en avons tou-
» jours eu la bonne intention. »

Les habitants ne cessaient de réclamer pour l'entretien de leurs *graus*, dont le mauvais état compromettait les revenus des salines et la santé publique, par le mélange des eaux douces dans les marais.

Ces détériorations périodiques étaient produites, comme on le sait, par le voisinage des embouchures du Vistre, du Vidourle et du Rhône, dont les inondations successives formaient des dépôts limoneux qui les comblaient par un travail incessant.

Le Grau-Neuf de François Ier était obstrué, le canal de saint Louis n'était plus navigable depuis longtemps par suite des ensablements et des inondations du Vistre et du Vidourle. Une nouvelle issue qu'on appela le Grau-des-Consuls s'était ouverte, et comme elle était le plus près de la ville, on résolut de la garantir des sables de la mer par un môle en pierres, et de l'encaisser dans l'étang par des chaussées solides; mais la dépense, estimée à dix milles écus (71,500 fr.), fut destinée à d'autres usages qui paraissaient plus pressants.

Les États du Languedoc, siégeant à Montpellier, avaient le projet de créer un port au cap de Cette, et Aiguesmortes vit s'évanouir l'espoir de faire construire son nouveau port au Grau-des-Consuls.

Il devient fastidieux, pour le lecteur comme pour nous d'avoir à mentionner les nouvelles escarmouches, les petits sièges et les attaques sans fin qui se produisent, sous Louis XIII, pendant les guerres dites de religion, et qui n'étaient que de fanatisme adroitement exploité par les ambitions de haut et de bas lieu.

Tantôt c'était le fort de Peccais ou la tour l'Abbé qui étaient attaqués pour le produit de leurs salines ; tantôt la tour Carbonnière, pour sa position stratégique, et le plus souvent les remparts d'Aiguesmortes, pour le nombre de combattants qu'ils renfermaient et que les deux partis étaient disposés à livrer tour à tour.

Louis XIII y entra par négociation, le 22 août, et alla assiéger Montpellier.

Deux gouverneurs nommés, au moyen des intrigues de boudoir, pendant la jeunesse de Louis XIV, le marquis de Vardes et le comte d'Aubigné, ont marqué leur passage ou leur séjour dans Aiguesmortes par la trace des dépenses ou des exactions qui ne lui furent qu'onéreuses, tandis que, pendant son âge mûr, les conversions forcées des calvinistes y ont laissé les pages les plus lugubres...

Louis XIV, au faîte de la puissance, victorieux et adulé, passant de l'amour à la dévotion, employa tous les moyens pour arriver à cette conversion ; il se décida, en 1685, à révoquer l'édit de Nantes. Dès ce moment, l'exercice du culte est prohibé, les ministres sont bannis, l'émigration est défendue et les temples sont démolis.

Ceux qu'on arrête sur les frontières, ceux qu'on surprend à des prêches clandestins, ceux enfin qui refusent de se convertir, ou dont la conversion paraît feinte, s'ils échappent au glaive des soldats, sont envoyés aux galères. Leurs enfants leur sont enlevés, leurs biens confisqués, leurs maisons rasées, et leurs femmes condamnées à la réclusion perpétuelle ; ainsi le veulent les nouveaux édits.

La tour de Constance renferma pendant fort longtemps un nombre considérable de ces femmes de proscrits ou de relaps. « Entassées dans
» les deux chambres de cette tour, où l'air et la
» lumière ont tant de peine à s'introduire,
» réduites à la plus grossière nourriture, pri-
» vées des commodités les plus indispensables
» de la vie, elles voyaient se consumer, dans ces

» noirs et fétides cachots, le cours entier de leur
» déplorable existence ; c'était dans ces mêmes
» temps que d'autres femmes, les odalisques du
» Parc-aux-Cerfs, se partageaient les prodiga-
» lités et les débauches de Louis XV.

» Les prisonnières de la tour de Constance,
» dont le sort ne rencontrait en France que
» l'indifférence ou qu'une stérile pitié, avaient
» excité à l'étranger les plus vives sympathies.
» Les Suisses, les Hollandais, qui étaient au
» courant de leurs souffrances s'ingéniaient à
» leur envoyer des secours. L'Allemagne s'était
» hautement émue en leur faveur. Le 30 mars
» 1745, le marquis de Valory, notre ambassa-
» deur en Prusse, fit connaître au gouverne-
» ment l'intérêt qu'inspirait partout autour de
» lui le sort de ces prisonnières ; mais le gou-
» vernement persista dans ses rigueurs (1). »

Quelques années après, la tour de Constance reçut la visite d'un homme qui, bien jeune alors, devait prendre plus tard une part noble et généreuse aux grands évènements qui régénérèrent la France. Voici les paroles que M Boissy d'Anglas adressait à ses enfants ; « J'ai
» vu aussi cette tour de Constance qui ne peut
» que vous inspirer un double et touchant inté-

(1) *Histoire d'Aiguesmortes*, par Em. di Piétro.

» rêt, puisque la bisaïeule de votre mère y ayant
» été renfermée étant grosse, y donna le jour
» à une fille de laquelle vous descendez. J'avoue
» que je n'ai rien vu de si propre à inspirer
» des tristes souvenirs C'était vers 1763; j'avais
» à peine sept ans : ma mère m'avait amené
» chez un de nos parents qui demeurait à une
» lieue d'Aiguesmortes. Elle voulut aller visiter
» les malheureuses victimes d'une religion qui
» était la nôtre, et elle m'y conduisit. Il y avait
» alors plus de vingt-cinq prisonnières.

» La prison était composée de deux grandes
» salles rondes, l'une au dessus de l'autre;
» celle d'en bas recevait le jour de celle d'en
» haut par un trou rond d'environ six pieds,
» lequel servait aussi à y faire monter la fumée,
» et celle d'en haut par un trou pareil, fait à la
» terrasse en forme le toit. Beaucoup de lits
» étaient placés à la circonférence de chacune
» des deux pièces; le feu se faisait au centre :
» la fumée ne pouvait s'échapper que par les
» mêmes ouvertures qui servaient à faire entrer
» l'air, la lumière et, malheureusement aussi,
» la pluie et le vent. »

L'heure de la délivrance allait enfin sonner pour ces malheureuses. Un homme juste, éclairé et brave sur le champ de bataille, M. le prince de Beauveau avait été appelé au commandement du Languedoc. A peine fut-il arrivé à Montpellier qu'il voulut aller visiter la tour de Constance : c'était le 11 janvier 1767. Il était accompagné du chevalier de Boufflers, son aide de camp, qui a laissé le récit de cette visite dans une de ses lectures à l'Académie :

« Je suivais, dit-il, M. de Beauveau dans une
» reconnaissance qu'il faisait sur les côtes du
» Languedoc.

» Nous entrons dans Aiguesmortes, et nous
» allons descendre de cheval au pied de la tour
» de Constance.

» Nous trouvons à l'entrée un concierge em-
» pressé qui, après nous avoir conduits par des
» escaliers obscurs et tortueux, nous ouvre à
» grand bruit une effroyable porte, sur laquelle
» on croyait lire l'inscription de Dante :

Lasciate ogni spéranza, o voi qu'entrate.

» Les couleurs me manquent pour peindre
» l'horreur d'un aspect auquel nos regards
» étaient si peu habitués : tableau hideux et
» touchant à la fois, où le dégoût ajoutait encore
» à l'intérêt ! Nous voyons une grande salle
» ronde, privée d'air et de jour ; quatorze fem-
» mes y languissaient dans la misère, l'infection

» et les larmes. Le commandant eut peine à
» contenir son émotion : et, pour la première
» fois sans doute, ces infortunées aperçurent la
» compassion sur un visage humain. Je les vois
» encore, à cette apparition subite, tomber
» toutes à ses pieds, les inonder de pleurs,
» essayer des paroles, et ne trouver que des
» sanglots ; puis, enhardies par nos consola-
» tions, raconter toutes ensemble leurs com-
» munes douleurs. Hélas ! tout leur crime était
» d'avoir été élevées dans la même religion que
» Henri IV. La plus jeune de ces martyres était
» âgée de plus de cinquante ans ; elle en avait
» huit lorsqu'on l'avait arrêtée, allant au prêche
» avec sa mère, et la punition durait encore.

» *Vous êtes libres*, leur dit d'une voix forte,
» mais altérée, celui à qui, dans un pareil mo-
» ment, j'étais fier d'appartenir. Mais comme la
» plupart d'entre elles étaient sans ressources,
» sans expérience, sans famille peut-être, et que
» ces pauvres captives, étonnées de la liberté,
» risquaient d'être exposées à un autre genre
» d'infortune, leur libérateur fit sur le champ
» pourvoir à leurs besoins. »

Sous Louis XV, la ville d'Aiguesmortes vit les débuts d'un singulier prédicateur, tout plein de fougue, qui, à peine revêtu des ordres, y fut envoyé pour prêcher le carême. C'était l'abbé Bridaine, à peine âgé de vingt-quatre ans.

Le 14 février 1725, les habitants voient entrer dans leur ville un étranger vêtu d'une soutane couverte de poussière, et soutenu par un bâton de voyage ; il avait sur le dos un sac en bandoulière, qui renfermait ses vêtements et ses vivres. Quoique jeune, sa taille inclinée et ses traits amaigris indiquaient la fatigue causée par une assez longue route, tout absorbé dans ses méditations, il ne remarqua pas les quolibets et les sourires que faisaient naître à son passage, sa mise négligée et sa démarche vacillante. Le bruit se répand aussitôt que c'est le missionnaire qui doit prêcher le carême, aussi les habitants mal disposés en sa faveur, ne répondent pas à l'appel que fait vers le soir la cloche de l'église ; et quand le jeune prêtre voulant faire entendre la parole divine, se dirige vers la chaire, il s'aperçoit avec une inquiète surprise, qu'il n'y a que quelques personnes autour de lui.

Prenant alors une résolution soudaine, il sort de l'église en agitant une sonnette, qu'il fait retentir en courant dans toutes les rues de la ville.

C'était à la tombée du jour, lorsque les ouvriers rentraient au logis ; chacun s'arrête, la foule grossit à la vue de cet ardent missionnaire en surplis, et curieuse de voir comment finira cette singulière scène, on se précipite avec lui dans l'église déserte.

L'abbé Bridaine monte en chaire et entonne d'une voix vibrante un cantique sur la mort, les auditeurs sourient et murmurent, et lui, pour toute réponse aux chuchottements, se met à paraphraser ce triste sujet avec une véhémence qui appelle bientôt autour de lui le silence, l'attention et l'effroi.

Sa taille s'est redressée, son visage transformé ne porte plus les traces de la fatigue, ses traits rudes et accentués, ses yeux pleins de feu annoncent une âme énergique et convaincue. Sa vive imagination est féconde en figures bizarres, et pour gagner la confiance de ce populaire, il se sert de son propre langage pour mieux captiver son attention.

Bridaine naquit en 1701 dans le petit village de Chusclan, près d'Uzès (Gard). Il apparait dans le cours de son existence, comme une mystérieuse personnalité, par l'énergie de son caractère et les inspirations de son cœur d'ascête. C'était un jeune homme austère, qui prêchait le jeûne et la repentance, au milieu d'un siècle où le luxe et la corruption des grands s'étalaient à côté de la misère populaire.

Il employa toute sorte de moyens tantôt vulgaires, tantôt extraordinaires, pour attirer le peuple à ses sermons, ce qui fit de lui le plus éloquent et le plus zélé missionnaire de ce siècle sceptique ; il fit avec un égal succès 265 missions dans toutes les villes du midi et du centre, si bien que le pape Benoit XIV lui conféra le pouvoir d'exercer son apostolat dans toute la chrétienté.

Cet insigne honneur augmenta la ferveur de son zèle.

C'est en cours de mission à Villeneuve-les-Avignon, que la mort le frappa à Roquemaure, en 1767.

Lorsque la cour se montrait si dure dans ses rigueurs envers les prisonnières de la tour de Constance, la persécution commençait cependant à se relâcher. L'indignation publique se soulevait de toute part contre elle, et d'ailleurs ses plus ardents instigateurs, les jésuites n'existaient plus, du moins en corporation. Ce ne fut toutefois qu'en 1787, pendant la première assemblée des notables, que, sur son vœu formel, un édit fut rendu pour restituer enfin aux protestants les droits civils et la liberté de concience.

La ville d'Aiguesmortes n'a pas toujours pu

faire entendre bien haut la voix de ses intérêts, à cause de la faiblesse de sa population qui de 1,500 qu'elle était en 1774, s'est peu à peu relevée à 3,400.

La population actuelle est loin d'occuper toute l'enceinte des remparts, puisque sur divers points on voit, comme à Avignon, non seulement des jardins, mais même des terres labourables. Il est à présumer que, dans les époques les plus prospères, son enceinte a pu renfermer 10 à 12,000 habitants.

Son territoire, sillonné par les canaux de Beaucaire, de Cette et de Lunel, se trouve dominé par le cours du Rhône, dont le défendent de puissantes chaussées, où pourtant ont trouvé moyen de faire brèche quelques grandes inondations.

Les habitants se souviennent avec douleur de celles de 1840 et 1841, pendant lesquelles ils virent, du haut des remparts qui les protégaient cette fois contre un insolite ennemi, les eaux monter graduellement dans les canaux, inonder toute la campagne et s'élever à deux mètres autour des murailles. On n'apercevait qu'une vaste nappe d'eau, sillonnée par de rapides courants et tourmentée comme la mer par les vagues, et çà et là paraissaient, comme sur des îlots, la cime des arbres ou les toits de quelques fermes sur lesquels s'étaient réfugiés leurs habitants en détresse.

Le Grau-du-Roi, presque fermé, était encombré de toute sorte de débris ; les bâtiments des salines s'écroulèrent et la récolte du sel s'en alla en quelques heures, dans les flots d'où on l'avait tirée.

LE GRAU-DU-ROI

On ne doit point visiter cette petite ville sans aller passer au moins quelques heures au Grau-du-Roi, où se sont élevés dans une courte période, à la place des huttes de pêcheurs, un grand nombre de maisons et d'hôtels confortables, pour loger la population de plus en plus nombreuse qu'y attire tous les étés, la saison des bains de mer. Un bateau-poste à nombreux départs, ou bien des barques à rames y conduisent en une heure environ, en attendant le chemin de fer prochain.

Quoique le trajet en pays plat n'offre rien de bien remarquable, cependant l'étrangeté des lieux incultes captive ici l'attention. Tantôt l'on aperçoit des larges étangs ou des petites flaques d'eau d'où s'élèvent des joncs, des salicornes et des tamaris ; quelques cabanes couvertes en roseaux, des digues, des petits ponts de bois, des pilotis vermoulus ou des engins de pêcheurs, tels que : labyrinthes et madragues, forment les éléments pittoresques du paysage.

Les fréquents envahissements des étangs par les eaux furent cause, à diverses époques de la dépopulation d'Aiguesmortes, et de la ruine des salines de Peccais ; telle fut aussi la cause de la création du Grau-du-Roi dans le siècle dernier, de 1725 à 1745 on construisit les chaussées du canal et les moles de l'embouchure, d'après les plans de M. Maréchal, directeur des fortifications.

Les travaux continuèrent sous l'empire et cessèrent presque sous la Restauration des Bourbons. Les divers régimes qui se sont succédés ont suivi la voie des améliorations qui avaient été projetées par les ingénieurs, à l'effet de rendre ce petit port plus accessible et plus sûr.

Aujourd'hui enfin les bords du canal se sont garnis de maisons et d'hôtels, et la population fixe de 500 habitants est plus que triplée pendant les mois d'été.

Un phare à éclipse s'élève à l'entrée du môle et projette à la distance de cinq lieues marines, des feux variés de quatre en quatre minutes. Il rend de grands services aux navigateurs, car les sinistres étaient plus fréquents sur cette côte avant son érection.

Des établissements philantropiques pour recevoir les orphelins et les indigents s'y sont créés, sous le patronage des associations de bienfaisance, les édifices importants des diverses administrations de l'état s'y sont implantés, ainsi que des restaurants de toutes classes, où les produits variés de la mer sont offerts à la consommation des touristes et des baigneurs.

LE GARDON

Nous allons continuer ce petit livre par une excursion vers la rivière qui donne son nom au département du Gard. Nous visiterons sur ses bords, quelques sites chers aux pêcheurs et aux chasseurs, qui aiment à s'arracher, le dimanche, à leurs occupations positives, pour aller s'ébattre au milieu des paysages tourmentés et pittoresques de ses capricieux méandres.

Nous avons déjà trouvé le Gardon au Pont-du-Gard, nous le visiterons plus haut par divers sentiers qui y mènent, après avoir traversé la zône cultivée de petits lopins ornés de mazets. C'est à force de labeur et d'engrais qu'on retire quelque chose de cette Arabie Pétrée, qu'on nomme les *Garrigues :* l'olivier, le figuier ou la vigne, font ombrage aux rochers pour y protéger le peu de terre végétale, qui, bon an, mal an, rapporte à leurs modestes propriétaires un bien faible produit, mais surtout une jouissance toujours nouvelle.

Le Plan-de-la-Fougasse, sur la route d'Anduze, est un plateau élevé au-delà duquel on perd la Tourmagne de vue, et d'où l'on commence à apercevoir la silhouette des Cévennes. Tout près de là sont les belles carrières de Barutel, d'où sont sortis pierre à pierre, tous nos monuments antiques, et en partie les nouveaux édifices en construction.

Il faut quitter la route et prendre un sentier à droite, qui mène à travers bois dans un petit ravin. Celui-là, franchi par quelques montées et descentes, on arrive bientôt au village de Dions, situé sur le flanc d'un côteau qui domine la rivière et une vaste plaine dans la direction d'Uzès.

Il y a là un joli château récemment restauré, attenant au parc des Buissières, et sur la colline un grand évent connu sous le nom de: les Espeluques (*Spelunca.*)

Nous traverserons le village, dont les maisons ou les rues en désordre présentent quelques jolis croquis d'album. Nous monterons pendant un quart d'heure vers le sommet de la colline qui le domine au midi, et nous trouverons à fleur du sol, l'ouverture de cette grande excavation qui est une des plus remarquables curiosités des environs de Nimes, on dirait le cratère d'un volcan, dont elle a l'apparence, sans en avoir aucun des caractères. Son diamètre irrégulier est de 120 à 130 mètres. On y descend assez péniblement, mais pourtant sans danger.

Sur l'un de ses flancs, l'évent présente une ouverture en arcade triangulaire de 40 mètres de hauteur sur 57 de largeur et 28 de profondeur. Il se prolonge sous cette cavité, qui depuis sa création a reçu des amas de terres d'alluvion, dans la direction de la rivière, et il n'est pas douteux qu'on trouverait là, si l'on pouvait en enlever ces terres, quelques tronçons des civilisations antéhistoriques.

Pendant la descente, la plus vulgaire prudence ne permet pas au regard de s'égarer et de remarquer toute la richesse de végétation qui tapisse les fissures et les parois du gouffre ; les teintes riches et les formes bizarres qui le décorent, tout ce que l'on voit en remontant et en faisant de nombreuses haltes.

En suivant le Gardon à travers bois et collines on rencontre bientôt le village de Russan sur la rive opposée, et l'on remarque sur le parcours les rochers creusés en grottes ou en ruines crénelées, souvent innaccessibles.

On trouble parfois dans leur aire les milans ou les faucons, qui font retentir la solitude de leurs cris sauvages, en signe d'effroi ou de protestation. Le lit du torrent, quelquefois à sec, est jonché de galets schisteux et de sable où brillent des grains de mica ou des paillettes d'or.

Après une heure de marche pénible, la gorge s'est un peu élargie et peuplée, et l'on arrive au moulin Charlot, modeste rendez-vous de pêche, promenade charmante, si l'on est bien ingambe, stations de bains froids et de dîners champêtres où tout abonde, comme dans les *Ventas* d'Espagne, à condition qu'on l'aura apporté avec soi.

Après Charlot, la marche devient plus difficile car il n'y plus de chemin tracé et l'on est obligé de suivre le cours du Gardon, ou si l'eau vous barre le passage, de chercher quelques sentiers de chèvres à travers les rochers et les bois.

A six kilomètres se trouve Saint-Nicolas de Campagnac, où nous traversons la rivière sur un ancien pont à la tête duquel s'élèvent encore les restes d'une abbaye, ainsi que les murailles disposées jadis pour soutenir les attaques du dehors ; l'élargissement de la vallée et l'étrangeté du site nous invitera à faire ici une longue halte, car les eaux y sont claires et fraîches en sortant des sources, et la végétation y est plus vigoureuse. Quelques rochers chaudement colorés s'élèvent plus loin au contour du courant, en face d'une chaumière rustique et d'une verte pelouse qui vous invite à ouvrir les sacs pour en sortir les provisions.

Au pied de ces rochers on voit les eaux du Gardon circuler autour des informes ruines d'un vieux moulin, comme ceux que nous rencontrerons plus bas, et dont la construction paraît remonter au quatorzième ou quinzième siècle.

Les seigneurs de Collias ou de Saint-Privat avaient dû les faire établir successivement pour résister aux rapides débordements de la rivière; et il faut croire que leurs services étaient appréciés en hauts lieux, puisqu'on fit venir à l'aide

« de quatorze mulets superbement harnachés,
» quatorze salmées de blé moulu pour Louis XI,
» huit mois avant sa mort, afin d'en reculer le
» terme fatal par une nourriture choisie, ainsi
» que l'avait conseillé Jacques Coïtier, son
» médecin. »

En suivant toujours le cours de l'eau on trouvera le site de la Baume qui offre les mêmes agréments ; et si l'on est jeunes, gais et nombreux, ces promenades offriront une foule d'agréables sensations et de joyeuses péripéties, des souvenirs pour les chasseurs ou pêcheurs, des croquis nombreux pour les artistes, et des récoltes abondantes pour les entomologistes ou les botanistes.

La grotte très vaste et étendue qui a donné le nom à cette sauvage station, est située sur la rive gauche, et l'on y monte par diverses rampes et le curé de Sanilhac en a la clef. Elle est fort curieuse à visiter le 4 septembre, jour de fête annuelle, alors que tous les contours et les chapelles sont éclairés pour le service religieux qui se célèbre ce jour-là.

Il faut suivre la rive gauche du Gardon par des sinuosités très-pittoresques pour atteindre Collias, village aux rues en désordre, comme Dions, et là on peut passer sur la rive opposée par un pont en fil de fer.

C'est au bout du village que l'Alzon se jette dans le Gardon et c'est au commencement que se trouve l'ancien château qui a été restauré par les soins et deniers de son propriétaire actuel, M. Ausset-Roger.

Le territoire de Collias est très-accidenté et tout sillonné de sentiers abruptes, entre les collines des bois communaux. L'un d'eux monte à l'ermitage, situé à cinq kilomètres, où l'on honore encore la mémoire de S. Vérédem, l'un des derniers anachorètes qui l'ont habité.

A une époque indéterminée, il fut rassemblé là des pierres celtiques et romaines portant des inscriptions très-altérées, dont la municipalité de Collias a fait l'abandon en faveur du musée épigraphique de Nîmes.

Un solide barrage et des bassins viennent d'être construits pour l'établissement de deux turbines qui refoulent l'eau des sources au haut du village, d'où elles sont distribuées par des fontaines et des lavoirs, dans les diverses rues et places du village.

A trois kilomètres de Collias se trouve le village d'Argilliers et le château de Castille où l'on remarque une profusion de colonnes sans but et sans raison, c'est-à-dire pour entourer un arbre ou un puits ; d'un côté on voit un obélisque, ailleurs un fragment de mosquée arabe enclavé dans une travée de colonnes qui précède l'entrée du château ; non loin de là il y a le village de Vers, avec une abondante fontaine qui a donné lieu à la création de ce hameau ; il était entouré de murs et de tours, dont l'une subsiste encore, et porte l'horloge ; de l'autre côté on aperçoit les ombrages et les tours de Saint-Privat dont nous avons déjà parlé, et enfin l'aqueduc du Gard dont nous venons de voir de nombreuses arcades sur les côteaux voisins.

Le comte de Castille qui joignait la philantropie à la passion de la bâtisse était heureux d'offrir, à certains moments, du travail et des salaires aux ouvriers de son canton, et c'est bien là une excuse légitime pour les fantaisies architecturales qu'il avait rassemblées autour de son château d'Argilliers.

La plupart des visiteurs seront peut-être surpris de voir le monogramme C R gravé sur toutes les parties élevées du château, ainsi que sur les bornes et limites qui l'avoisinent ; c'est encore là un trait de l'humeur fantasque de son créateur qui avait voulu multiplier autour de lui les initiales de Castille Rohan dont il était fier d'être le très-glorieux descendant.

UZÈS

Uzès, petite ville de 7,000 habitants était désignée dans l'antiquité sous les noms d'Utica, Utecia, Ucecia, d'où est dérivé le Castrum Ucetience, tandis qu'une inscription Celtique du Musée de Nimes porte celui de ITAKO.

Uzès eut naturellement à subir toutes les périodes des invasions Visigothes, Sarrasines et Frankes que nous avons mentionnées pour Nimes, et comme la ville était peu importante, tous les restes des antiques civilisations furent presque effacés.

Après avoir souffert du passage des Normands en 858; après avoir été repris par les rois de Provence et réuni ensuite aux domaines des comtes de Toulouse, le pays d'Uzège retourna à la couronne de France par le traité de 1229 passé entre Louis IX et Raymond, comte de Toulouse.

En 1418, cette ville embrasse le parti du duc de Bourgogne, et se livre aux nouveaux religionnaires qui propageaient la réformation au siècle suivant.

Uzès souffrit alors des variations successives

de la politique ; la ville fut occupée tour à tour par les troupes catholiques ou calvinistes, et elle devint une des places les plus importantes de ces derniers. La cathédrale fut détruite en 1611, pendant les guerres civiles, on n'épargna que son clocher, comme tour d'observation, et tout le faubourg Saint-Firmin fut détruit.

Occupée par le duc de Rohan, elle fut sur le point de soutenir un siège sous Louis XIII. Ce roi entra dans Uzès le 10 juillet 1622 et ordonna la démolition des remparts.

En 1632, à l'instigation de son évêque Perraud, la ville d'Uzès embrassa la rébellion du duc de Montmorency, mais la mort tragique du duc ayant changé la marche des affaires, les habitants se rangèrent de nouveau du côté de l'autorité royale, l'Évêque fut obligé de quitter la ville et de se réfugier au château de Beaucaire.

Un sieur Malarte, d'Uzès, livra, en 1704, Rolland, chef des Camisards, qui s'était réfugié dans le château de Castelnau.

Nous laisserons les faits historiques les plus récents, qui ne présentent qu'un intérêt secondaire, pour jeter un coup-d'œil sur l'ensemble de la cité.

La première chose qui frappe nos regards, c'est la haute tour circulaire près la cathédrale et qu'on appelle la *Tour Fenestrelle*; comme on ne trouve aucune date sur son érection, ce n'est que par induction sur les détails de son architecture qu'on peut en fixer l'époque entre les xi° et xii° siècles.

Elle a 39 mètres de hauteur divisés en six étages d'une conservation parfaite. Elle devait être couronnée par une petite lanterne, comme la tour de Pise, avec laquelle elle a une certaine ressemblance.

Le vaste édifice attenant à la cathédrale est l'ancien évêché, devenu le Palais de Justice avec un beau parc. Sur l'une des faces de la place on remarque un hôtel qui a toute la bizarre analogie avec ce château de Castille, près d'Argilliers dont nous venons de parler.

Au-dessus du palais épiscopal, qui est aussi la Sous-Préfecture, en suivant les allées de la promenade publique, on rencontre, sous l'ombrage d'un vigoureux alisier, un petit pavillon presque abandonné.

Les colonnes de son portique et son dôme attireront davantage votre attention, lorsque vous saurez que Jean Racine l'a habité pendant quelques mois de sa jeunesse.

Il était venu à Uzès pour s'occuper de théologie auprès de son oncle qui désirait lui transmettre son bénéfice, mais sa vocation poétique s'était déjà révélée par la Thébaïde, et il écrivait de là des lettres à ses amis, dans lesquelles il tâchait de leur donner, par quelques traits plaisants, ses observations sur le pays où il se trouvait momentanément.

« Au reste, pour la situation, dit-il à M. de
» La Fontaine, vous saurez que la ville est sur
» une montagne assez haute, ou sur un rocher
» continu, si bien que, quelque temps qu'il
» fasse, on peut aller à pied sec, tout autour de
» la ville.

» Les campagnes qui l'environnent sont tou-
» tes couvertes d'oliviers qui portent de très-
» belles olives, mais bien trompeuses pourtant,
» car j'y ai été attrapé moi-même. Je voulus
» en cueillir quelques-unes au premier arbre
» que je rencontrai et je les mis dans ma bou-
» che avec le plus grand appétit que l'on puisse
» avoir; mais Dieu me préserve de sentir jamais
» une amertume pareille à celle que je sentis!
» j'en eus la bouche toute perdue pendant plus
» de quatre heures durant, et l'on m'a appris
» depuis qu'il fallait bien des lessives pour
» rendre ces mêmes olives douces comme on les

» mange. L'huile qu'on en tire sert ici de
» beurre ; et j'appréhendais bien ce change-
» ment ; mais j'en ai goûté aujourd'hui dans
» les sauces, et sans mentir, il n'y a rien de
» meilleur. »

Depuis que le jeune Racine a fait l'apologie de ce fruit, il a du généraliser autour de lui son bon goût, aussi les olives conservées vertes, lorsquelles sont bien préparées, sont admises sur toutes les tables, comme un délicat hors-d'œuvre. Nous sommes donc obligés de dire ici un mot de l'olivier et de ses produits.

Ce petit arbre, qui prend dans les climats plus chauds de plus grandes proportions, a l'avantage de renouveler sans cesse son feuillage, de sorte que s'il revêt d'une verdure un peu triste nos plus arides collines, elles ne sont jamais, du moins complètement dépouillées. Il se plait chez nous à l'exposition du midi, car se trouvant sur la limite de sa zône d'acclimatation, ses racines sont très-sensibles aux gelées rigoureuses.

Dans les environ de Nimes, on donne deux ouvres autour de l'arbre, et on le fume en automne, pour préserver du froid le collet de ses racines.

Pendant très-longtemps on a mutilé l'olivier

en lui enlevant le plus de bois possible, sous le prétexte que le fruit ne vient que sur les jeunes pousses ; la généralité des vignerons revient pourtant à des pratiques plus judicieuses qui sacrifient moins les récoltes du fruit, en ne forçant pas l'arbre à réparer sans cesse ses pertes en bois.

Les olives auxquelles on veut enlever leur amertume, doivent être cueillies au commencement de novembre, avant leur complète maturité.

On les tient immergées pendant cinq à six heures dans une lessive alcaline, qui doit les pénétrer jusqu'à ce que la pulpe se détache aisément du noyau. On les retire alors de la lessive pour les mettre dans l'eau fraîche que l'on renouvelle deux fois par jour, jusqu'à ce qu'elle soit rendue claire, après cela on conserve les olives dans de l'eau salée.

La cueillette pour l'huile se fait, suivant la saison, de novembre à décembre. On les laisse en tas pendant huit jours, après quoi on les porte au moulin, où elles sont broyées dans une auge circulaire, par une meule qu'un cheval fait tourner, comme fit Samson chez les Philistins.

Lorsque chaque foulée est bien réduite en pâte, on la change dans une auge voisine, où l'on peut recueillir, dans les angles, l'huile la plus pure qu'on appelle de *l'huile vierge.*

Les ouvriers distribuent enfin la pâte dans des cabas en sparterie, en l'arrosant d'eau bouillante et ils les empilent sous de fortes presses ; l'huile qui en découle, mélangée avec l'eau, est soigneusement reçue dans des bassins en pierre, où elle se repose quelques heures et surnage ; après quoi, on la tire avec une grande cuillier évasée en spatule.

On paye pour tout cela une rétribution faible en apparence, mais le bénéfice le plus clair pour le fermier du moulin, est dans la quantité d'huile qui, par intervalles souvent répétés, se recueille dans les caves dites *enfers.*

On en retire encore une certaine quantité pour l'éclairage, en faisant remoudre les *grignons* et represser la pâte, qui devient après cela une tourbe très-combustible.

La morue en brandade préparée avec de l'huile nouvelle, forme un des mêts les plus exquis, à la Noël ou au premier jour de l'an, pour un grand nombre de familles méridionales.

La terrasse sur laquelle s'appuie le pavillon Racine, offre une charmante vue sur le vallon de Gisfort qui va se joindre à celui de Font d'Eure. En descendant dans ce vallon, tout tapissé de verdure, et par un sentier un peu raide, on rencontrera une tour carrée, qui paraît avoir été construite là pour la défense des moulins établis sur cette petite rivière.

Les roches calcaires qui composent les divers plans de ce vallon sont disposées en strates qui offrent, comme sur les bords du Gardon, plusieurs grottes peu abordables; plus bas on trouve des assises de molasse marine offrant des excavations où la main de l'homme est venue en aide au travail de la nature.

Une grotte monolithe porte le nom de *Temple des Druides*.

On y pénètre par une ouverture à demi-cachée sous les lierres et les plantes grimpantes sarmenteuses.

On aperçoit au fond une autre ouverture à la partie supérieure, et plus bas des vestiges d'escaliers interrompus; à droite, une vaste excavation carrée a dû être pratiquée dans la masse du rocher, et l'on remarque au fond une fente allongée qui donne du jour, à la manière des meurtrières des anciens châteaux, le sol de cette excavation est creusé par des rainures et des trous circulaires.

La grotte entière est formée par une molasse marine assez dure, et le sol est pavé de dalles siliceuses.

Il est assez difficile de se rendre compte de la destination de ces souterrains, dont la seule portion qui offre un caractère vraiment druidique est un bloc de rocher en forme de table, qui rappelle assez les antiques *dolmens*.

En remontant le cours du ruisseau, on s'arrêtera à chaque pas devant ses petites cataractes, auprès des usines qui peuplent le vallon, en utilisant les forces motrices de la Fontaine d'Eure.

On trouvera là quelques ruines de l'aqueduc romain et cette haute et mystérieuse tour de Tournal, et partout on verra les eaux tumultueuses ou les rochers revêtus de mousses et de plantes grimpantes, qui offrent de nombreux motifs pour l'album de l'artiste.

La Fontaine d'Eure qui est le but de la promenade, est non loin de là, auprès de rochers aux échancrures accentuées, au brillant coloris.

On se reposera avec plaisir dans les petites anses de verdure pour se livrer à un repas champêtre, ou à des distractions naturellement suscitées par la présence des fileuses ou des laveuses qui animent ordinairement ces lieux.

Nous remonterons enfin sur la promenade par les allées qu'ombragent des arbres séculaires. Nous passerons devant la statue de l'amiral

Brueys, pour jeter un coup d'œil sur le château ducal, ou comme on dit à Uzès, *le Duché*. L'ensemble des constructions qui le composent reporte l'idée sur les fortifications du moyen-âge, espèce de bastille, qui fut commencée et successivement augmentée dans des styles différents, qui y ont pour ainsi dire inscrit leurs dates.

Ici s'élèvent des tours carrées et massives, construites au onzième siècle; un vaste bâtiment au nord parait être du treizième, tandis que la façade sur la cour, dans le style de la renaissance, est évidemment du seizième. On remarque une chapelle gothique décorée de vitraux coloriés de diverses dates et les tombeaux des ducs d'Uzès dont le plus ancien est de 1660.

La vicomté d'Uzès avait été érigée en duché en 1565 et en partie en 1572 en faveur de la famille de Crussol, qui ayant cédé au roi de France la baronie de Lévis, en obtint en échange, des domaines aux environs d'Uzès, tellement étendus qu'ils couvraient presque tout le diocèse. Depuis cet échange le duc d'Uzès était devenu le premier pair de France.

ANDUZE

On va de Nimes à Anduze par le plan de la Fougasse, les carrières de Barutel, d'où sont sortis pierre à pierre la plupart de nos vieux monuments et où l'on taille encore des blocs de 10 à 15 mètres, et au besoin, d'où l'on pourrait extraire des obélisques de 50 à 60 mètres sans solution ni fissures.

On passe devant Gajan, près de Fons, Montignargues, la Rouvière, Sauzet, et l'on trouve la Calmette, Moussac et Brignon surmonté d'une vieille tour. Boucoiran avait aussi son château dont il reste une vieille tour carrée de 24^m solidement construite en moellons à bossages.

Ce château fut assiégé en 1381 par Louis Grimaldi, contre les partisans du comte de Foix, Gaston Phœbus. Grimaldi s'en empara et fit démanteler les principales constructions.

Ners est à l'embranchement de deux vallées et de deux Gardons, aussi cette plaine basse et étendue est-elle souvent et brusquement visitée par ce double torrent resserré dans son cours supérieur.

Après les forts orages, tous les habitants de cette plaine restent nuit et jour en vigie.

La Gardonnade s'annonce par un roulement lointain, et une tourmente d'air insolite, enfin par une digue liquide jaunâtre et miroitante qui s'avance, accompagnée d'un bruissement particulier ; la masse liquide s'étale dans la plaine, couche les arbres, entraîne animaux et récoltes, et ne laisse que du gravier à la place du limon nourricier qu'elle recouvre ou balaie dans sa course.

Lorsque sa plus grande impétuosité est passée le torrent rentre dans son lit et l'habitant travaille à réparer les ravages de ce terrible visiteur.

On contemple d'ici cette belle plaine de Massanes et de Beaurivage, où Florian a placé l'action principale de son roman pastoral d'Estelle et Némorin.

Après plusieurs détours on se trouve en face du château de Massillargues et les ruines de celui de Tornac qui était autrefois la clef du vallon d'Anduze et l'un des principaux débouchés des Cévennes.

Quelques kilomètres nous séparent d'Anduze que nous voyons comme à l'extrémité du vallon, au fond d'une gorge resserrée entre deux hautes et sombres montagnes. L'existence d'Anduze sous l'époque romaine est constatée par l'inscription suivante trouvée en 1747 dans les fondements d'une maison sur le chemin de Sauve, non loin de la Fontaine de Nimes.

    ANDVSIA
    BRVGETIA
    TEDVSIA
    VATRVTE
   VGERNI
    SEXTANT
    BRIGINN
    STATVMAE
    VIRINN
   VCTIAE
    SEGVSTON

L'on a trouvé au sommet de la montagne de Saint-Julien, au pied de laquelle est batie la ville, des vestiges antiques et des médailles de l'époque gallo-romaine.

Les maisons et les rues s'étagent en amphithéâtre sur ses pentes, et le Gardon la sépare de son faubourg, situé au pied d'une autre montagne plus haute, nommée Peyremale ; un pont joint le faubourg à la ville et un quai élevé la garantit contre les ravages que lui causaient autrefois les débordements de la rivière.

Ses rues sont très-étroites et ascendantes, les maisons vieilles et sombres, et le pavé en galets est peu agréable à fouler. Une large rue en forme de place, lui sert d'entrée. C'est le centre du mouvement, à cause des cercles, des cafés, d'un château flanqué de deux tours, de l'hôtel de ville et du temple.

C'est l'industrie séricicole qui forme la partie la plus importante de l'industrie du pays. Nulle part le mûrier n'est plus abondant ni mieux cultivé, et cependant, c'est ici où la maladie des vers à soie a sévi avec le plus d'intensité.

Ce grand problème se trouve posé depuis bien des années, sans que la science ou la pratique aient encore contribué à améliorer le sort des habitants de toutes ces montagnes qui se sont adonnés exclusivement à cette industrie.

De nombreuses filatures fournissent une incessante impulsion à ces laborieuses populations.

L'Andusien aime son pays, ses prairies, ses côteaux et surtout son Gardon, cependant l'amour du gain le pousse depuis quelques années vers des expéditions lointaines et aventureuses. Comme tous ses confrères des Cévennes, il est à la recherche de la meilleure des graines de versà-soie, de celle qui produira des récoltes assurées et fera consommer sa feuille de mûrier, qu'il est désolé de voir sécher sur branches sans espoir ni profit.

Il a laissé son Gardon pour aller en explorer d'autres plus lointains. Il est allé faire de la graine en Espagne, en Italie, ce qui ne lui a pas mieux réussi, et devenu chaque année plus hardi, il est allé en Turquie, en Valachie, dans le Caucase et en Chine.

Comme un malade incurable il n'a fait que se retourner sur sa couche de douleur, sans trouver un soulagement à ses peines, et sans gagner encore la récompense due à ses efforts.

A cette heure, ce tendre Némorin d'autrefois, ayant changé d'aspirations au souffle pantelant de l'industrie et de la spéculation, a quitté ses prairies et ses capricieux mûriers, et muni de sa presse et de son étuve, il suit, à dos de chameau, la route de Trébizonde à Tiflis, pour aller chercher au loin les cocons que ses mûriers ne produisent pas en assez grande abondance, et dont sa filature ne peut pourtant point se passer.

Si l'aspect de la ville n'a rien de bien séduisant, il n'en est pas de même de la campagne environnante qui est très-pittoresque, de quelque côté qu'on la parcoure.

On est vraiment charmé par les rapides échappées que l'on entrevoit sur les côteaux du Poulverel et de Veyrac, dominés eux-mêmes par la masse calcaire de Lacan. Nous en avons vu les basses pentes cultivées en mûriers ou en prairies, et parfois en vignes et en oliviers, et les plus hautes, en bois de chênes ou de châtaigniers ; on découvre au milieu de cette verdure, des habitations charmantes qui se perchent sur les hauteurs, ou se cachent dans les replis du vallon, et surtout des eaux limpides qui animent le paysage, et y répandent la fraîcheur et la fécondité.

Lorsqu'on s'est lassé de l'agitation des grandes villes, on hume avec délice cet air pur des montagnes qui paraît s'échapper avec une élasticité plus vive du défilé de Saint-Julien, qui sert de cadre au vallon de Labau. On peut s'y rendre de chaque rive du Gardon, en remontant son cours, et après une suite de riantes perspectives, il se termine par deux issues dont l'une, à droite, conduit à Mialet et l'autre à Saint-Jean-du-Gard.

A l'entrée du vallon de Mialet, se trouve le site pittoresque du Rocan, où le Gardon roule ses eaux écumeuses entre des blocs de granit détachés des deux montagnes qui le resserrent en cet endroit. Il y a une mine inépuisable de motifs à paysages où un ami mort trop jeune, J. Roujoux, avait produit là et dans les vallées voisines une série d'études vigoureusement peintes.

On rencontre deux hameaux, Luriers et Paussant, avant d'arriver à Mialet, et si l'on veut suivre plus haut cette vallée, on arrivera aux Aigladines, où la nature est réellement grande et sauvage. Le jeune Gardon presque à sa source, y arrose des prairies où sont quelques maisons isolées et très-rustiques, et le groupe de l'Aigoual termine ce tableau vraiment imposant.

Les montagnes des environs de Mialet renferment des grottes à stallactites, qui ont été le théâtre de drames émouvants, pendant les guerres de religion, et probablement aussi dans les temps préhistoriques ou antédiluviens, puisqu'on y a trouvé des ossements nombreux de mastodontes.

Pour aller à Saint-Jean, la vallée est plus accessible et plus riante. Il y a toujours des prairies sur les bords du Gardon, des châtaigniers et des mûriers et des sources qui embellissent le paysage.

On traverse le Gardon, au pont de Salindres,

où s'y jette la Salindrèse. Au Lauret, la vallée s'élargit un peu, et l'on arrive à Saint-Jean, situé dans un frais bassin dont les prés du Peras forment l'entrée.

On fabrique à Saint-Jean de la bonetterie, mais la principale industrie est celle de la filature des soies, par laquelle cette ville rivalise avec Lassalle, Ganges et Valleraugues.

Dans les environs se trouvent plusieurs châteaux et maisons de campagne très-agréables, où les familles riches de la plaine, vont passer la saison des chaleurs.

En remontant le cours du Gardon on trouvera toujours des sites pittoresques, entre des montagnes schisteuses, et si l'on a de hardis plongeurs, on pourra manger les succulentes truites surprises dans les gouffres de Peyrolles.

Ce délicat poisson qui se reproduit là dans les eaux rapides et froides pendant la saison rigoureuse, est traqué en été par des plongeurs qui ont quelquefois trouvé la mort dans leur poursuite acharnée sous les rochers, tout le menu fretin est même parfois exposé à périr, lorsque les avides pêcheurs ont la funeste pensée de tuer la poule aux œufs d'or, en répandant de la chaux dans les gouffres.

ALAIS

Comme on sait peu de chose sur les premières origines de nos villes lorsqu'il ne reste ni inscriptions ni monuments, nous franchirons plusieurs siècles pendant lesquels les compétitions du haut clergé et des seigneurs d'une part, et les guerres de territoire ou de religion d'autre part, divisaient les esprits des populations et formaient entr'elles des partis hostiles.

Quelques uns des faits généraux que nous avons rapportés, se produisirent ici, comme à Anduze et à Nimes, au sujet de l'introduction de la réforme, qui mirent aux mains une partie de la population contre l'autre. Alais était au pouvoir des réligionnaires, lorsque Louis XIII vint y mettre le siège qui dura neuf jours.

La garnison, composée de 4,000 hommes, se retira avec tous les honneurs de la guerre et le roi fit démolir les fortifications, et laissa dans la ville un régiment de troupes catholiques.

Par mesure de coercition Louis XIV fit acheter le château des Barons en 1689, pour y construire un fort à cinq bastions entourés de fossés; les bâtiments en étaient très-considérables, mais, faute d'entretien, ils tombèrent bientôt en ruine. La place de la Maréchale fut faite au commencement du dix-huitième siècle, lorsque le maréchal de Montrevel commandait les troupes du roi contre les Camisards.

Le Pape Innocent XII érigea la ville d'Alais en évêché par une bulle du 17 mai 1694.

Sous Louis XV, la peste sévit avec une grande intensité pendant une année entière, mais après sa disparition la ville reprit un aspect plus florissant.

La population s'en était successivement accrue par l'introduction de l'industrie des soies et par la culture des mûriers ; de nouveaux éléments de prospérité vinrent s'y ajouter par l'exploitation des houilles et des minerais de fer, les verreries, etc.

La compagnie de la Grand-Combe est l'exploitation houillière la plus considérable, réunissant six concessions au centre de son bassin. La concession de Bessèges, située à l'extrémité nord, sur le versant de la Cèze, a son exploitation sur le bord de cette rivière, à huit kilomètres de Saint-Ambroix ; elle est remarquable par la richesse et la régularité de ses couches, et surtout par la facilité de leur extraction.

C'est surtout dans ces mines que se rencontrent des végétaux fossiles de grandes dimensions, à des profondeurs de 200 à 220 mètres.

Le minerai de fer se montre ici à la surface du sol, et presque toujours dans le voisinage des gissements houilliers. Il se présente en beaucoup d'endroits sous la forme ocreuse, tantôt jaune, tantôt rouge vif, et ces ocres délayées colorent les cours d'eau qui passent dans leur voisinage.

Les lieux d'où l'on retire des masses de minerais concrétionnés sont rarement visités par les curieux, qui portent de préférence leur attention vers les ateliers, où de puissantes machines et les hauts-fourneaux transforment, par plusieurs séries d'opérations, la vile pierre en un des métaux les plus indispensables.

Pour pouvoir entrer dans les ateliers des fonderies il faut demander un permis qu'on ne refuse jamais. Si c'est la première fois que vous visitez des hauts-fourneaux, vous allez tomber de surprise en surprise en voyant fonctionner ces puissants engins, ici avec une effrayante rapidité, plus loin avec une grave lenteur qui semble exclure toute idée de force et de puissance.

Les hauts-fourneaux où s'opère la fusion du

minerai sont d'immenses creusets de 20^m de hauteur sur 5 à 6 de diamètre au ventre. On les charge par le haut de lits alternatifs de coke, de minerai et de pierre calcaire qui sert de fondant, des machines soufflantes de 80 chevaux envoient de l'air dans ces creusets par leurs énormes tuyères, dans la proportion de 1800^m cubes pour brûler 100 kil. de coke et produire 50 kil. de fonte.

Losque cette masse en fusion a rougi les parois réfractaires du creuset, le maître fondeur, attentif au moment propice, débouche le creuset par le bas, au moyen d'une longue pique, et un torrent de feu coule dans plusieurs sillons formés de charbon et de sable où se fige la fonte de première opération nommée gueuse.

Cette fonte, portée dans des fourneaux à reverbère, est soumise ensuite à une nouvelle fusion, qu'on appelle affinage, et qui a pour but de la débarrasser d'une portion des matières étrangères qu'elle contient, telles que la silice, le soufre, le phosphore, pour la transformer en fer pur.

La première fusion a duré plusieurs jours, et celle-ci n'exige que quelques heures, et lorsque le maître-affineur la juge terminée, il débouche le creuset et laisse couler le fin métal dans les lingotières.

Ce sont ces lingots rougis dans d'autres fourneaux, que nous allons voir saisir par de longues tenailles et porter sous des marteaux à cingler, de fortes dimensions. Plusieurs ouvriers présentent ces grosses loupes incandescentes qui sont ainsi pétries sous toutes leurs faces, et enfin laminées en barres, en feuilles ou en rails.

La mécanique a rassemblé dans ces divers ateliers toutes les merveilles de sa puissance ou d'une délicate adresse. Au martinet qui pétrit le fer, on peut faire casser une noix ou une amande ; des cisailles qui tranchent des plaques d'un centimètre d'épaisseur sont rendues à volonté inoffensives, des emporte-pièces percent de fortes tôles comme du carton, et des scies circulaires débitent des rails en longueur, comme ils feraient du bois sec.

Il ne faut pas une mise trop recherchée pour circuler dans tout ce monde des fonderies, et les dames surtout doivent s'abstenir de vêtements trop clairs ou inflammables, à cause du sable noir, des scories ou des étincelles que projettent les martinets. Enfin après avoir absorbé toutes les vapeurs sulfureuses qui nagent dans 'atmosphère, on aura besoin d'aller respirer l'air pur de la montagne, et la promenade complémentaire sera naturellement une visite aux houillières.

Le chemin de fer vous transportera au fond de la vallée de Trescol, où, d'un coup d'œil rapide, vous pourrez apprécier les travaux au moyen desquels on va conquérir, dans les profondeurs du sol, cette précieuse houille qui est devenue, dans notre période de transition physico-mécanique, l'indispensable pain quotidien de toutes les industries.

Mais avant de trouver cet air pur des montagnes, vous aurez à traverser la région des fours à coke qui répandent aussi leur fumée sulfureuse dans la vallée; et il faudra bien pousser jusqu'à Saint-Ambroix qui est agréablement situé sur les bords de la Cèze aux paillettes d'or. Une assez belle rue traverse la ville qui est dominée par un vieux château. Les rochers de Saint-Ambroix prennent des formes assez bizarres à cause des concrétions amygdaloïdes qui y abondent. Au siècle dernier, on y lavait patiemment les sables sur de grosses étoffes de laine pour y recueillir quelques précieuses paillettes, mais aujourd'hui l'industrie des habitants s'est presque exclusivement dirigée vers la production de la soie.

Aurum in Cevennis invenitur in Lapillis nigris, disent d'anciens historiens, mais cette industrie ne fournit pas assez pour nourrir les orpailleurs, puisque les filatures offrent des salaires plus élevés.

Ganges, le Vigan, Valleraugue

Ganges qui est sur notre route en venant de Saint-Hippolyte est une enclave du département de l'Hérault.

En traversant la rivière, on remarque sur l'autre rive, une immense roue qu'on appelle ici la Meuse, à demi-plongée dans un béal profond.

Ces grandes machines qui ont des liens de consanguinité avec nos anciens puits à roue, sont un vieux souvenir de l'agriculture cananéenne que les Arabes importèrent jadis dans le pays, et servent aussi à l'irrigation des terres, au moyen des eaux rapides. Celle-ci qui est gigantesque, sert à élever à une faible hauteur, les eaux nécessaires à l'alimentation des fontaines de Ganges.

C'est ce même appareil, que l'on voit à Lille, près de Vaucluse, où il sert de moteur économique pour les papéteries, les moulins à platre, les filatures et qui n'est plus en harmonie avec les progrès de la mécanique et les nouvelles pratiques industrielles.

En remontant le torrent de Vis, on arrive à Saint-Laurent-le-Minier, situé dans un site agreste au milieu de grands rochers, la Roque de Ganges est aussi un village très-pittoresque contourné par l'Hérault. Les rochers sont ici d'une hauteur prodigieuse et des grottes fantastiques se cachent dans leurs flancs. Tout le monde a entendu parler de la grotte des Demoiselles qui est située dans les gorges de Saint-Bauzile, en descendant l'Hérault.

LE VIGAN

Cette ville de 5,000 âmes est située dans un très-fertile vallon, au pied de l'Espérou. La rivière d'Arre qui la traverse prend sa source au mont Saint-Guiral, l'un des points les plus élevés des Cévennes, et se jette dans l'Hérault. La fraîcheur de son climat et les sites riants qui l'entourent y attirent, ainsi qu'à Lasalle et Valjeraugues, un certain nombre de familles de Nimes ou de Montpellier. Ses marchés et ses oires sont fréquentés par les montagnards de l'Aveyron, de la Lozère et du Cantal.

Le Vigan était désigné sous l'époque romaine sous le nom de *Vindomagus*, bourg situé près de la Fontaine d'Isis ; du reste, des ruines souterraines, des aqueducs et des médailles qui furent trouvées en 1794, sur l'emplacement de la halle aux grains, prouvent bien l'existence d'une ville antique en ce lieu là.

Le Vigan dut subir nécessairement les mêmes cas d'invasions et de destructions que Nimes, sa métropole.

Le souvenir du siège qu'en firent les Sarrasins s'est longtemps conservé sous le nom de *Porto de los Maures*, et le quartier avoisinant garde la dénomination de *lous Maureses*.

La fontaine d'Isis est une des plus belles et des plus abondantes du département, située à un kilomètre du Vigan, elle surgit du pied d'un grand rocher granito-calcaire, qui peut être considéré comme faisant partie de la base de l'Espérou. De son bassin circulaire, une eau vive et abondante se divise en différent canaux pour l'alimentation du Vigan, et l'irrigation de son sol.

Deux rues assez belles traversent la ville, des places et des promenades plantées de châtaigniers en égaient les divers quartiers, et sur l'une d'elles on trouve la statue du chevalier d'Assas, qui périt victime de son dévouement, pendant la nuit du 15 septembre 1760, à Clostercamp. On sait qu'étant en reconnaissance il se trouva en présence d'une colonne ennemie qui marchait en silence pour surprendre les Français. On le menace s'il crie, mais d'Assas n'hésite pas : « A moi Auvergne, ce sont les ennemis ! » s'écrie-t-il, et il meurt percé de coups, pour sauver son régiment. Ce trait héroïque longtemps oublié, a été rapporté par Voltaire, et c'est sous l'influence de cet hitorien philosophe qu'ont été provoquées les tardives récompenses dues à la mémoire de d'Assas.

Sous Louis XVI, on créa pour sa famille une pension de mille livres, réversible aux aînés de son nom, et sous la Restauration on éleva la statue en bronze qui décore la place principale du Vigan.

Les habitants de cette ville sont, en général, industrieux, actifs et économes. Jeunes, ils sont facilement enclins à se fixer dans de plus grands centres, où ils réussissent par suite de leurs qualités natives. Chez eux, ils sont sobres, mais hospitaliers et charitables. Lorsque l'éducation ne l'a pas façonné, le peuple montagnard est superstitieux et crédule,

Le drac, les revenants et la baguette divinatoire y ont leurs plus robustes adeptes, l'amour du tien et du mien fait que l'on n'y est pas non plus étranger aux contestations pour les eaux d'arrosage, ou pour la vraie place de la pierre bornale. Ce sont ces qualités qui en font des hommes positifs; mais peu artistes, et quand ils auront assez amassé, leurs enfants se préoccupperont davantage des satisfactions intellectuelles.

La culture des châtaigniers est un motif de fabrication pour la tonnellerie et la boissellerie; on y produit aussi avantageusement de la bonneterie qui trouve ses débouchés dans les départements voisins et surtout à Paris.

Il y a, en outre, des filatures de soie, des fabriques de chapeaux, des tanneries et parcheminéries; mais l'industrie qui s'y est le plus sérieusement implantée, malgré les diverses chances qu'elle a eu à subir, c'est le cardage des débris de filature pour la préparation des filoselles qui, pour beaucoup de tissus de fantaisie, ont remplacé la soie.

Si l'on veut saisir d'un coup-d'œil l'ensemble de cette délicieuse vallée, on montera jusqu'au château Mareille ; on visitera avec un certain intérêt une filature de coton mue par l'eau du Coularou.

En remontant l'aqueduc, le voyageur suivra les bords de l'Arre jusqu'à Avèze, Arre et Bez, et reviendra par le pont de Mousse. Il y a également une promenade charmante à faire aux bains de Cauvalat et une agréable journée à passer dans le vallon d'Aulas, jusqu'à Arphi, pour jouir de la vue des vertes prairies et des imposantes châtaigneraies. Non loin de là sont situées les carrières importantes de pierres lithographiques, moins estimées que celles d'Allemagne, mais dont certains gissements atteignent de très-grandes porportions. Je prends la liberté de dire au lecteur que j'ai reproduit toutes les gravures de mes ouvrages sur les plus faibles échantillons de ces pierres.

Je proposerai à l'ami de la belle nature qui pourra disposer de quelques jours de plus d'escalader l'Espérou par sa pente abrupte à travers les galets qui s'éboulent au-dessus d'Arphi, et d'aller à Meyrueis par la croix de fer et les causses du Singladou.

On a besoin de rencontrer sur ces hauteurs

un temps calme et sec, ainsi qu'un ciel pur afin de ne pas être privé de la vue des vastes horizons, sur les montagnes de la Lozère et la chaine de la Margeride, et surtout pour ne pas être renversé ou retardé par le vent glacial qui souffle ordinairement entre l'Aigoual et l'Espérou.

Pour donner un aperçu de l'aspect orographique du sol que l'on foule, ou que l'on considère de loin, nous empruntons, au travail de M. d'Hombres Firmas, quelques chiffres sur le nivellement barométrique des Cévennes. Nous notons ici les points les plus élevés de la chaine située à l'extrémité nord du département du Gard.

L'Aigoual au-dessus du niveau de la mer.	1566^m.
L'Hort de Diou....................	1560.
L'Espérou sommet de Peiro-besso..	1415.
L'Espérou sommet de la Luzette...	1386.
Le Saint-Guiral au-dessus du Vigan	1378.
La Besaucle nord-ouest du Vigan..	1367.
Lafage près de Sumène............	1270.
Lasalle sommet du Puech	1153.
Lasalle sommet de Lafosse........	1115.
L'Aire de Coste..................	1071.
Saint-Marcel de Fonsfouillouse (Mont)	1040.
Brion près des Horts	998.

Après avoir passé la croix de fer, station de lugubre mémoire, on atteint le couloir de Bramabiou, et nous engageons sincèrement le voyageur à descendre dans le torrent pour admirer une nature sauvage et mystérieuse.

Vous suivez un ruisseau qui serpente avec un bruit cadencé sur les galets de ses bords. Après quelques détours, il entre dans une haute caverne, dont la voûte naturelle est formée par des couches calcaires d'une parfaite horizontalité.

Des strates entières, tombées de la voute, a diverses époques, forment sur le sol un amoncellement de blocs à travers lesquels le ruisseau poursuit son cours, et par un bruit croissant avec l'obscurité.

Comme il n'est pas possible de le suivre jusqu'au bout, il faut revenir sur ses pas pour aller contempler sa chute au milieu de la nature sauvage qui rappelle la Fontaine de Vaucluse ou de Tivoli.

Un sentier conduit au fond du vallon, que l'on atteint par une pente rapide et rocailleuse, d'où surgissent des grands rochers d'une teinte ocreuse en forme d'obélisques ou de bastions. Une fente énorme les sépare du haut en bas et laisse échapper en brillantes cascades le petit torrent qu'on a vu plus haut s'engouffrer dans les antres mystérieuses de la montagne. C'est là certainement un phénomène naturel qui serait plus apprécié s'il était connu davantage.

Le flanc de l'Espérou, que l'on a laissé sur la gauche, conserve toujours quelques neiges, aussi est-il sillonné par de nombreux torrents et revêtu d'un riche manteau de verdure.

On retrouve ici avec plaisir cet air pur, cette teinte azurée des monts alpestres et ces formes hardies qui caractérisent les hautes chaînes, et dont les Cévennes, à cause de leur peu d'élévation, offrent rarement l'exemple. Il reste à parcourir des plateaux déserts et tristes, où la tourmente et la neige font sentir leurs rigueurs une grande partie de l'année ; des croupes arides se succèdent sans végétation et sans eau, où l'on ne trouve pas un abri si l'orage vient vous y surprendre.

On gagne bientôt le bois de Roquedols et son antique manoir, auprès duquel on entend le bruit d'une scierie mue par un torrent, et Meyrueis se présente tout au fond, avec de bons gîtes pour satisfaire l'appétit et la fatigue récoltés après une longue course.

Meyrueis est une petite ville de 2,000 âmes, du département de la Lozère, qui participe des mêmes éléments de commerce que le Vigan par ses cardages de frisons et déchets de soie et jouit d'une égale prospérité.

On y trouve une agréable promenade embellie par une fontaine à stalagmite, et ombragée par des ormeaux séculaires.

Le rocher qui domine la ville est tout perforé de grottes que l'on utilise pour la préparation des fromages du pays.

Pour ne pas pousser trop loin le voyageur dans les départements voisins, nous nous bornerons à lui signaler une petite excursion dans les gorges du Gueyran, jusqu'à la caverne à ossements qui y fut découverte il y a une quarantaine d'années.

Pour y parvenir, il faut suivre les bords de la Jonte, s'élever sur la droite contre le flanc des rochers de *Cos-méjan* et revenir près des bords très-pittoresques du torrent. Les choucards, les milans ou les aigles voltigent auprès de leurs aires inaccessibles, au sein de cette nature tourmentée et solitaire. Des pitons rocheux s'élèvent à chaque pas comme des tours crénelées ou comme des clochers d'église. On passe à travers des défilés encombrés de luxuriante végétation, tantôt sous des ponts naturels, tantôt contre d'étroites corniches qui surplombent de noirs précipices. La grotte est située vers le milieu de cette gorge, sur le penchant d'un plâteau qui la domine, la voute d'entrée en est extrêmement surbaissée, et l'on ne peut aller bien loin sans se munir de flambeaux.

C'est de cette grotte que l'on a retiré la belle stalagmite qui décore la place de Meyrueis, les ossements sont engagés dans le sol sous des alluvions de terre et de pierres ; leurs dimensions annoncent des ours de grande taille qui vivaient au milieu de ces forêts vierges pendant les périodes préhistoriques.

En descendant la Jonte jusqu'à sa jonction avec le Tarn, on rencontre encore des sites très pittoresques et toujours avec des bouleversements de rochers qui en rendent le passage très-difficile, aussi nous nous rapprocherons de notre centre en gagnant Valleraugues, petite ville de 4,000 âmes, et en suivant le même chemin que nous avons parcouru, jusqu'à la baraque des gardes des forêts de l'État, entre l'Espérou et l'Aigoual.

Le poste n'est pas précisément ce qu'il y a de plus récréatif, car si l'on y domine une grande étendue de pays habité, ces forestiers ne sont pas souvents distraits par le passage des voyageurs.

Valleraugues est au pied de l'Aigoual enserré dans une gorge qui a du lui valoir cette étymologie de Vallisrauca ; on suit pour y arriver, les nombreux lacets de la Serrereido, accompagné par le bruit des cascades, des éboulements, et après une bonne heure de descente, on à la satisfaction d'entrer dans la ville que l'on croyait pouvoir atteindre beaucoup plus tôt.

L'histoire connue de Valleraugues ne remonte pas au-dela du douzième siècle. On suppose qu'il y avait quelques mas ou cabanes habités par des bergers et des bucherons, lorsque les bénédictins d'Aniane vinrent s'y établir et opérer des défrichements. On leur doit, dit-on, l'introduction du châtaignier, qui est devenu depuis l'arbre indigène de toutes ces montagnes.

Cette ville éprouva toutes ses tribulations, au commencement du siècle dernier, comme toute la contrée, mais son château avait été déjà détruit depuis longtemps.

Aujourd'hui elle se distingue par les produits de ses filatures. Sa réputation est depuis longtemps établie, et ses soies sont principalement recherchées dans les villes de fabrique, tant en France qu'en Angleterre ; aussi y trouve-t-on des grands ateliers qui ne laissent rien à désirer sous le rapport de l'application des nouveaux organes mécaniques.

Cette sauvage nature a servi de cadre au sim-

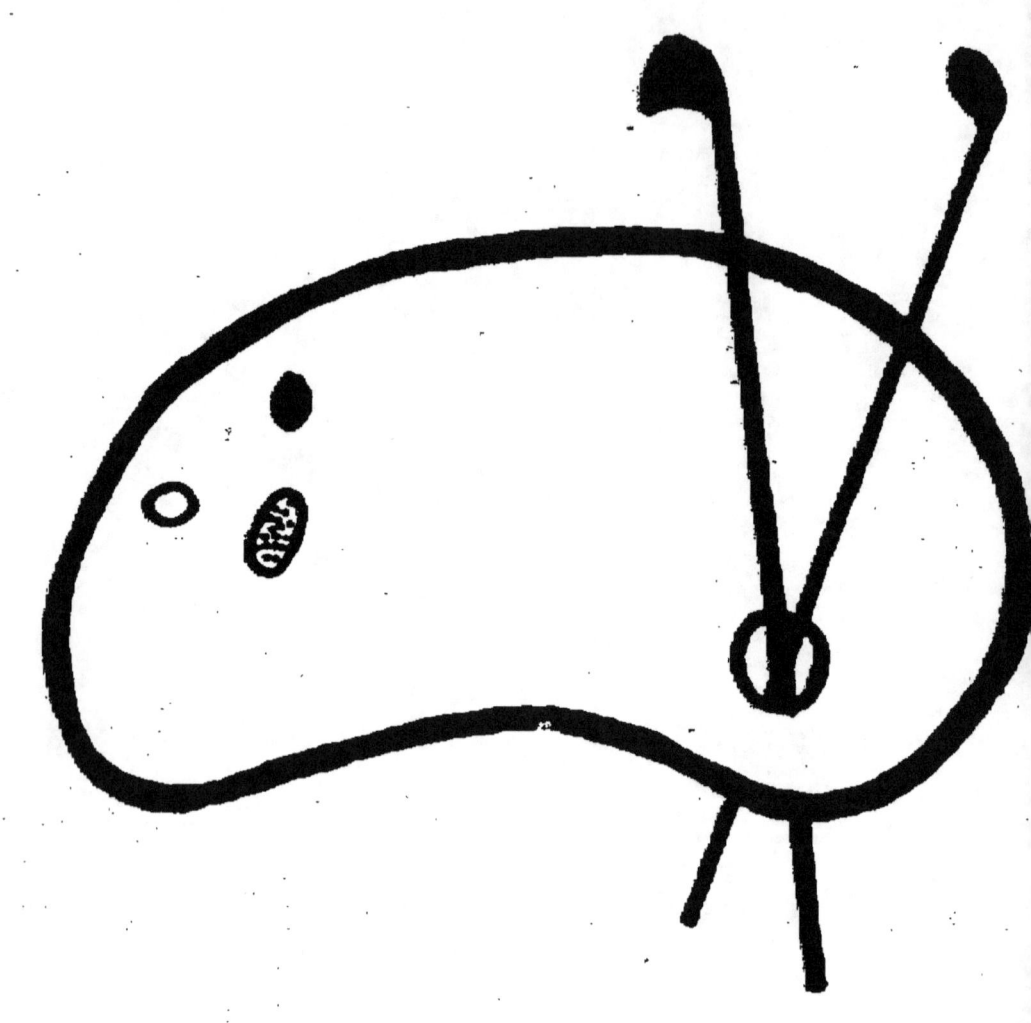

ORIGINAL EN COULEUR
NF Z 43-120-8

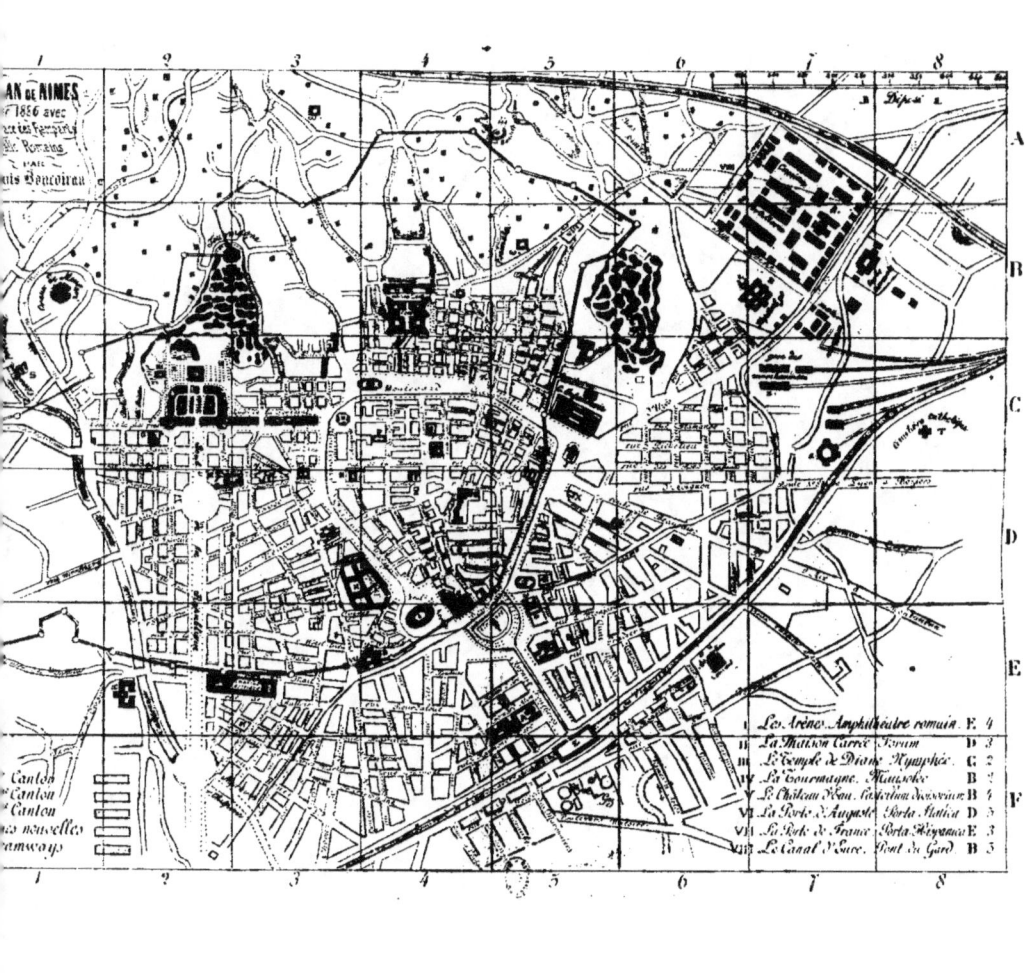

ple récit de *Nivelle* que J. Canonge a esquissé dans une vallée latérale.

Cette édition de mon *Guide* doit être probablement la dernière que j'aurai à fournir au public, et le lecteur s'apercevra aisément que ce volume est le résultat d'une vie semée d'études et de voyages, et presque toujours en compagnie de quelques amis dont le plus grand nombre, hélas! n'est plus là pour relever quelques inexactitudes ou signaler des lacunes involontaires.

J'ai parfois tenté de citer des faits ou des personnages historiques pour fixer les souvenirs sur les lieux visités, ou pour attirer l'attention sur ceux que l'on n'a fait que traverser.

On ne fait point des excursions ou des voyages sans courir quelques dangers ou risquer quelques contusions, mais n'en arrive-t-il pas autant à ceux qui restent au logis, je termine donc avec le bonhomme fabuliste en disant :

« Je reviendrai dans peu conter de point en point
    Mes aventures à mon frère ;
Je le désennuirai. Quiconque ne voit guère
N'a guère à dire aussi, mon voyage dépeint,
    Vous sera d'un plaisir extrême,
Je dirai : j'étais là ; telle chose m'advint ;
    Vous y croirez être vous-même. »

TABLE DES MATIÈRES

	Pages
Avant-Propos	3
Nimes	5
L'Amphithéâtre	6
Les Courses de Taureaux	16
Le Musée, Sigalon, Delaroche	19
La Maison-Carrée	27
Le Jardin de la Fontaine	33
Le Temple de Diane	36
La source	37
Le Nymphée	40
Le Mont-Cavalier	52
La Tourmagne	55
Le Château d'eau antique	63
Murailles et portes	67
La Porte-d'Auguste	70
Le Pont d'Ambrusium	76
Le Pont-du-Gard	77
Le Château de Saint-Privat	88
Nimes moderne	90
Un repas de fum	95
Plan de la ville de Nimes	96
Mœurs et langage	101

	Pages
Beaucaire	109
Tarascon	111
Les Baux	117
Saint-Rémy	123
Arles	126
L'Amphithéâtre	130
Le Théâtre d'Auguste	132
Le Cirque et l'Obélisque	137
Le Dieu Mithra	139
Les Aqueducs	140
Le Forum	143
Le Palais impérial de Constantin	145
L'Hôtel-de-Ville	147
L'Église Saint-Trophime	149
Le Cloître	154
Les Alyscamps	157
Montmajour	163
Arlésiens et Arlésiennes	169
Les Manades en Camargue	175
Avignon	176
Les Papes à Avignon	183
Le Palais des Papes	185
Le Tribum Rienzi	188
Le Pont Saint-Bénézet	213
L'Hospice des Aliénés	216
L'Hôpital Sainte-Marthe	218

	Pages
Églises et couvents......................	219
Le Musée Calvet.........................	222
Villeneuve-lès-Avignon..................	223
Vaucluse, Lille, la Fontaine............	227
Orange..................................	236
Le Théâtre, l'arc de Triomphe...........	238
Carpentras, Vaison......................	243
Le Mont-Ventoux.........................	245
Le miel, les truffes....................	247
Montpellier.............................	252
Le Peyrou (promenade)...................	267
L'École de Médecine.....................	271
Le Jardin botanique.....................	275
Le Musée Fabre..........................	280
Palavas.................................	281
Aiguesmortes, les remparts..............	283
La Tour de Constance....................	289
La Tour Carbonnière.....................	301
L'abbé Bridaine.........................	312
Le Grau-du-Roi..........................	315
Le Gardon...............................	317
Dions, les Buissières, les Espeluques...	319
Le Moulin Charlot.......................	320
Saint-Nicolas de Campagnac..............	321
La Baume, Collias.......................	323
Argilliers, le château de Castille......	324

	Pages
Uzès, la Tour Fenestrelle	325
Le Pavillon Racine	328
Les olives	329
La grotte des Druides	332
La Fontaine d'Eure	333
Le château Ducal, l'amiral Brueys	334
Anduze, la Gardonnaie	335
Mûriers et vers à soie	338
Mialet, le Rocan	340
Saint-Jean, Peyrolles	342
Alais, la Grand-Combe	344
Les hauts-fourneaux, la houille	348
Ganges, le Vigan	349
Le Chevalier d'Assas	352
L'Arre, le Pont de Mousse	354
L'Espérou, l'Aigoual, Bramabiou	355
Les causses du Singladou	356
Roquedols, Meyrueis	357
Les gorges du Gueyran	358
Ossements et Stallagmites	359
Valleraugues, filatures	360

Nimes.— Imprimerie LAFARE Frères, place de la Couronne

www.ingramcontent.com/pod-product-compliance
Lightning Source LLC
Chambersburg PA
CBHW070929230426
43666CB00011B/2368